"十四五"时期国家重点出版物出版专项规划项目

| 推动东北振兴取得新突破系列丛书 |

总主编 林木西

新发展格局下东北地区一体化发展研究

Research on the Integrated Development of Northeast China under the Background of the New Development Paradigm

和 军 著

东北振兴

中国财经出版传媒集团

经济科学出版社

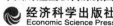

Economic Science Press

图书在版编目（CIP）数据

新发展格局下东北地区一体化发展研究/和军著
. --北京：经济科学出版社，2023.7
ISBN 978 -7 -5218 -4961 -5

Ⅰ.①新… Ⅱ.①和… Ⅲ.①区域经济发展-研究-东北地区 Ⅳ.①F127.3

中国国家版本馆 CIP 数据核字（2023）第 136945 号

责任编辑：于 源 侯雅琦
责任校对：隗立娜
责任印制：范 艳

新发展格局下东北地区一体化发展研究
和 军 著
经济科学出版社出版、发行 新华书店经销
社址：北京市海淀区阜成路甲 28 号 邮编：100142
总编部电话：010 -88191217 发行部电话：010 -88191522
网址：www.esp.com.cn
电子邮箱：esp@esp.com.cn
天猫网店：经济科学出版社旗舰店
网址：http://jjkxcbs.tmall.com
北京季蜂印刷有限公司印装
710×1000 16 开 21.25 印张 303000 字
2023 年 7 月第 1 版 2023 年 7 月第 1 次印刷
ISBN 978 -7 -5218 -4961 -5 定价：86.00 元
（图书出现印装问题，本社负责调换。电话：010 -88191545）

总序

2022年8月16日至17日，在东北振兴的关键时期，习近平总书记再次亲临辽宁视察，对新时代东北振兴寄予厚望："我们对新时代东北全面振兴充满信心、也充满期待。"党的十八大以来，习近平总书记多次到东北考察调研、主持召开专题座谈会，为东北全面振兴、全方位振兴擘画了宏伟蓝图，为开展东北振兴研究指明了前进方向。2017年、2022年，辽宁大学应用经济学学科连续入选首轮和第二轮国家"双一流"建设学科，在学科内涵建设中我们主打"区域牌"和"地方牌"，按照"世界一流"的标准，努力为推动东北地区实现全面振兴全方位振兴提供理论支撑、"辽大方案"和标杆示范。这一总体建设思路曾得到来校调研的中共中央政治局委员、国务院副总理孙春兰和教育部时任主要领导的充分肯定。

辽宁大学在东北地区等老工业基地改造与振兴研究方面历史悠久、成果丰硕。从"七五"至"十四五"连续承担国家社会科学基金重大（重点）项目和教育部哲学社会研究重大课题攻关项目，其中：1992年主持的国家社会科学基金重点项目"中国老工业基地改造与振兴研究"结项成果《老工业基地的新生——中国老工业基地改造与振兴研究》获全国普通高校第二届人文科学科研成果一等奖（1998年）。2004年主持的教育部哲学社会科学研究重大课题攻关项目"东北老工业基地改造与振兴研究”结题验收被评为优秀，结项成果《东北老工业基地改造与振兴》荣获第三届中华优秀出版物图书奖提名奖（2010年）。与此同时，在“九五”211工程、“十五”211工程、“211工程”三期、国家重点学科、国家“双一流”建设学科建设过程中，围绕东北振兴取得了一系列重要研究成果。

2011年以来，在东北振兴研究方面我主编了三套系列丛书。第一套是《东北老工业基地全面振兴系列丛书》（共10部，2011年出版），入选“十二五”国家重点图书出版物出版规划项目及年度精品项目，作为国家“211工程”三期重点学科建设项目标志性成果。第二套是《东北老工业基地新一轮全面振兴系列丛书》（共3部，2018年出版）入选国家出版基金项目，作为首轮国家“双一流”建设学科标志性成果。现在呈现在读者面前的是第三套《推动东北振兴取得新突破系列丛书》，入选“十四五”时期国家重点图书出版专项规划项目，也是全国唯一以东北振兴为主题的入选项目，拟作为第二轮国家“双一流”建设学科标志性成果。第一套丛书系统研究了2003年党中央作出实施东北地区等老工业基地振兴战略重大决策以来的阶段性成果，第二套丛书重点研究了2016年东北老工业基地新一轮全面振兴的重大问题，第三套丛书进一步研究了“十四五”时期在区域协调发展战略下推动东北振兴取得新突破的理论和现实问题。

十九届五中全会审议通过的《中共中央关于制定国民经济和社会发展第十四个五年规划和二〇三五年远景目标的建议》提出“推动东北振兴取得新突破”，《中华人民共和国国民经济和社会发展第十四个五年规划和2035年远景目标纲要》和《东北全面振兴“十四五”实施方案》对此进行了详细阐释。为此，本套丛书设计了“5+X”的分析框架，其中的“5”指：一是《新发展阶段东北科技创新区域协同发展战略与对策研究》，主要分析坚持创新驱动发展，以技术创新为依托，以东北科技创新区域协同发展促进东北区域协调发展，打造东北综合性科技创新中心；二是《新发展阶段东北国企改革与创新研究》，以国企改革创新为突破口，深化国有企业混合所有制改革，补上东北振兴体制机制性改革“短板”，激发东北各类市场主体活力；三是《新发展阶段推进东北区域一体化发展研究》，推动东北地区空间、市场、产业、基础设施、生态环境等一体化，塑造东北区域协调发展新模式，健全区域协调发展新机制；四是《打造东北地区面向东北亚对外开放新前沿研究》，主要研究“双循环”背景下，将东北地区打造成为面向东北亚制度型开放的新前沿、产业链合作新前沿、“一带一路”北向开放的新前沿；五是《推进东北地方政府治理体系和治理能力现代化研究》，以东北地方政府为研究对象，分析政府治理现代化的约束机制、运行机制、评价机制，优化营商环境，推动有效市场和有为政府更好结合。“X”则指根据东北振兴发展实际进行的专题研究，如《东北地区制造业竞争力提升路径研究》等。

近年来，由我率领的科研团队为深入学习贯彻习近平总书记关于东北振兴发展的重要讲话和指示精神，建立了“项目＋智库＋论坛＋丛书＋期刊＋咨询＋协同”“七位一体”的理论和应用研究模式。“项目”建设是指主持了多项国家社会科学基金重大项目和教育部哲学社会科学研究重大课题攻关项目，主持的国家发改委东北振兴司招标课题总数曾列全国高校首位；“智库”建设是指不断扩大中国智库索引来源智库“辽宁大学东北振兴研究中心”在国内外的学术影响；“论坛”建设是指连续成功举办10届“全面振兴辽宁老工业基地高峰论坛”和东北振兴系列高端论坛；“丛书”建设是指主持出版“十二五”国家重点图书出版物出版规划项目及年度精品项目、“十三五”国家出版基金项目和“十四五”时期国家重点图书出版专项规划项目；“期刊”建设是指独立创办《东北振兴与东北亚区域合作》（已连续出版8辑集刊）；“咨询”建设是指在《人民日报》（及其内部参考）《光明日报》《经济日报》等国内外主流媒体、省级以上智库持续发表东北振兴理论文章、咨询建议和研究报告，并曾多次得到省部级及以上领导肯定性批示；“协同”是指建设与国家和地方党政机关、世界一流大学、东北地区高校和科研院所开展有关协同创新研究。

在本套丛书即将付梓之际，谨向长期以来关心支持参与辽宁大学东北振兴研究的各界人士表示崇高敬意，并向中国财经出版传媒集团原副总经理吕萍和经济科学出版社领导及编辑表示衷心感谢！

林木西

2022 年 9 月 5 日于辽宁大学蕙星楼

目录

第一章

绪　　论

第一节　选题背景

当前，在经济全球化遭遇逆流、世界进入动荡变革期的特定背景下，在国内国际双循环的新发展格局中，东北需要通过进一步整合资源实现比较优势的高质量互补，在深度分工协作中推动产业的高标准升级和经济结构的全面转型，实现区域经济的高度一体化，进而为东北全面振兴、全方位振兴奠定坚实的经济基础。

国家高度重视东北经济一体化。早在2007年，国家发改委发布的《东北地区振兴规划》提出，要“建立区域协调互动机制”“推动区域合作，促进协调发展”；2009年，《关于进一步实施东北地区等老工业基地振兴战略的若干意见》提出，“深化省区协作，推动区域经济一体化发展”“建立东北地区四省（区）行政首长协商机制”；2016年，《中共中央　国务院关于全面振兴东北地区等老工业基地的若干意见》提出，深化东北地区内部合作，完善区域合作与协同发展机制，加快推动东北地区通关一体化。2018年9月25日至28日，习近平总书记在东北三省考察并主持召开深入推进东北振兴座谈会时指出：“要培育发展现代化都市圈，加强重点区域和重点领域合作，形成东北地区协同开放合力。”① 2022 年 8 月 16 日至 17 日，习近平总书记在辽宁考察时进一步肯定了东北地区的发展成绩，指出：“党中央高度重视东北振兴，党的十八大以来作出了一系列战略部署，取得了明显成效，党的十二大后还要作出新的部署。虽然东北遇到了一些现实的问题和困难，但前景是非常好的。我们对东北振兴充满信心、充满期待。”② 党中央的重视与相关的政策支持为东北地区区域协作及一体化发展创造了良好的历史机遇。

同时，东北地区近年来一体化发展条件愈发成熟。一是共同的地域空间和雄厚的基础设施优势是东北经济一体化的基础和条件。东北地区是一个相对独立的自然区，拥有较长的国境线和海岸线。东北三省在纬度、气候等自然环境方面比较相似，方言、生活习俗、地域文化等方面认同度较高，人才、技术等方面互补性与合作可能性较强，这为东北区域经济一体化的发展奠定了很好的基础。东北地区交通网络基础设施齐全，目前已形成了由铁路、公路、水运、民航和管道等方式构成的综合区域交通体系。近年来随着投资力度的加大，东北地区的基础设施建设进一步完善，雄厚的基础设施优势也为东北经济一体化提供了先行条件。二是高等教育协同发展的实践为东北经济一体化提供了样板。东北三省一区普通高校开放办学，着力打造协同发展体系，构建了具有东北特色的高等教育开放办学新体系、协同育人新机制和协同创新新机制等，为东北经济一体化提供了参考样板。东北三省一区高等学校通过建立省际协作机制、校际交流合作机制，实施学生联合培养、教师互聘、平台开放、协同创新、国际交流合作项目 176 个。例如，东北大学与吉林大学、哈尔滨工业大学、哈尔滨工程大学等高校签署联合培养本科生合作协议；中国医科大学联合三省一区 130 余家单位组建“东北产科联盟”，举办 20 余场公益培训，累计学员 1 万余人；东北大学与内蒙古大

① 新华社．习近平在东北三省考察并主持召开深入推进东北振兴座谈会［EB/OL］．https：//www. gov. cn/xinwen/2018 -09/28/content_5326563. htm.

② 新华社．习近平在辽宁考察时强调：在新时代东北振兴上展现更大担当和作为 奋力开创辽宁振兴发展新局面［EB/OL］. https：//www. gov. cn/xinwen/2022 - 08/18/content_5705929. htm？ jump = true.

学围绕语言资源利用与机器翻译系统研发，开展协同攻关项目。

但东北地区长期以来存在一定程度的“条块分割”现象，加之计划经济体制的诸多“遗痕”，决定了这里“被动等靠”“封闭发展”“小富即安”等保守思想还有相当市场，从而潜移默化地影响到某些地方的发展视野、发展思路、发展战略。东北区域层面规划及其实施机制尚不健全，使得东北区域经济结构战略调整成为若干空间狭小、资源受限的行政板块结构调整的机械汇总，以致东北全局的经济转型升级长期不见根本性起色。区域层面组织协调机制缺失，使得地方诸多改革事项不得不以现行的“体制划分”“板块边界”为限，以致东北的体制机制创新“热度”总是比国内东部板块差一截。

区域产业同构、产业布局分散也是东北经济一体化发展的突出矛盾。近几年，东北地区产业结构有所优化，但产业同构、布局不优的矛盾仍比较突出。例如，辽宁、吉林、黑龙江三省都同时汇集了汽车、石油和化工、造船、航空、机床、风动工具、电线电缆、重矿设备等产业，在黑色金属矿采选业、食品加工业、医药制造业等领域低水平、重复竞争的矛盾仍比较突出。趋同的重点产业发展方向使得有限的资源消耗在产业低水平发展的重复建设中，不仅造成资源的极大浪费，而且各自为政的发展方式也使得区域产业整体竞争力不高，行政区经济体制还会导致资源配置效率低下。东北地区是最早实行、最晚退出、执行计划经济体制最彻底的地区，受计划经济影响较深。现行的行政区官员考核制度带来了 GDP 增速竞争的惯性思维，各地官员仍将地方 GDP 增速作为主要甚至首要目标，在经济建设和发展中更多地考虑短期目标，造成大量重复投资，导致整体资源配置效率较低。

党的二十大报告深刻阐述了中国式现代化的科学内涵、中国特色和本质要求，强调坚持以中国式现代化全面推进中华民族伟大复兴。东北地区作为中国式现代化建设的重要区域，作为东北振兴战略的实施主体，要以中国式现代化为引领，不断贯彻新发展理念，推动一体化发展进程，进而推进东北全面振兴取得新突破。

第二节 选题意义

国家实施振兴东北老工业基地战略以来，东北振兴取得显著成效。体制改革、机制创新步伐加快，对外开放度不断提高，经济持续快速增长，就业增加，社会保障体系初步建立。东北地区经济社会呈现出的良好发展态势，不仅为区域经济一体化提供了有利的物资条件，也为形成区域经济一体化的共识、促进区域一体化的发展产生了极大的推动作用。东北三省一区已经具备了天时、地利、人和的大好时机，东北区域经济一体化势在必行。

从东北亚区域经济发展看，东北地区与日本、韩国、俄罗斯、蒙古国等国在自然资源、资金供求、劳动力、技术和产业结构等方面有巨大的互补性，东北地区在逐步形成的东北亚国际分工体系中，拥有区位适中、资源和劳动力成本低、重化工业资产存量高、待开发市场广大等比较优势。研究东北地区如何建立统一的市场体系，对实现区域资源的优化配置，吸引东北亚发达国家产业梯度转移，进而在东北建立新兴产业基地、开发国际市场具有重大的战略意义。

从国内国际双循环新格局视角来看，东北地区独有的工业基础和战略资源是国内自循环方不可或缺的一部分；同时，在国际贸易合作中东北地区具有贴近东北亚区域的天然优势，使得东北地区在国际大循环中也发挥着重要作用。一方面，研究东北区域经济一体化进程中地方政府经济行为的协调机制，对我国国内的区域经济一体化的规律进行探索，总结处于转型过程中的中国区域经济一体化的特点、一般可能遇到的问题以及解决问题的途径，将最终通过促进东北地区发展，进而助力国内市场大循环；另一方面，对东北三省一区政府在区域经济一体化过程中的表现以及建立一种什么样的协调机制的探索，对中央政府和地方政府在社会主义市场经济体制下的职能究竟应该如何定位，怎样恰当地发挥政府的作用，如何保障东北地区在国际市场的重要地位等问题的研究，在促进国际市场大循环方面也有重要意义。

从东北振兴的发展现状来看，剖析东北地区区域经济一体化格局，明确东北地区区域经济一体化发展的迫切性、存在的问题、问题产生的原因以及如何抓住关键环节解决问题，必将对进一步加快东北振兴进程、推动东北地区高质量发展产生不可忽视的重要作用。同时，对中央政府设计什么样的地方政府经济行为协调机制，地方政府之间应该建立一种什么样的协调与合作机制的探讨，不仅对东北地区区域经济一体化具有直接的参考意义，而且对全国其他地区加快区域经济一体化步伐也具有借鉴意义。

第三节 国内外研究综述

一、一体化内涵相关研究

（一）一体化在国外初期的发展

“一体化”最初的认识与使用多从对“非一体化”的反向提炼获得。《重商主义》一书中即大量使用“非一体化”一词，用以描述国内因河流、道路通行费等制度导致的地方割据、经济分裂的状态。随后涌现出针对国际经济“非一体化”的诸多研究，从国际社会、政治的崩解，到国际经济贸易的瓦解，以及国际劳动分工秩序的解体等，揭示出当时国际经济走向瓦解、分裂的社会经济现实（Moritz，1938）。该历史背景恰恰映照两次世界大战时期不稳定的国际政治局势，各国极端化实行贸易保护主义，关税壁垒及外汇管制、配额限制等非关税壁垒割裂了国际经济往来。20 世纪 40 年代，随着二战接近尾声，国际局势逐渐恢复平稳，正面意义的“一体化”开始被广泛使用。其语义指通过协调各国贸易政策、消除地方主义保护等壁垒与歧视，建立关税同盟或统一的经济单元等，增进国际贸易流通与经济协作，促进区域经济均衡（Hitgerdt，1943）。

（二）一体化在国内初期的发展

国内“一体化”的内涵与国际经济一体化的语义相一致。20 世纪 70 年代末、80 年代初，我国掀起农工商联合企业热潮，“工农商一体化”或“农业一体化”等成为热词。该“一体化”主要是上下游产业的纵向整合或企业联合，即将农业生产资料的供应，农业生产，农产品加工、储运、销售等环节连成一体的农业组织管理形式。20 世纪 80 年代初期，“一体化”衍生出国家内部区域层面的含义，即“建立以劳动地域分工为基础的，实行专业化协作和综合发展相结合的区域性经济联合体系”，旨在打破行政区经济的地区封锁与条块分割。20 世纪 90 年代起，“一体化”的语义内核由劳动分工向要素流通侧重，即在区域经济层面促进要素流动、建立统一市场（上海经济区发展战略课题组，1985）。随着经济一体化的推进，“一体化”进一步强调要素自由流通，即“消除阻碍生产要素自由流动的行政壁垒和体制机制障碍，形成统一市场，公共服务共建共享、生态环境联防联治”。[①]

（三）国内一体化语义变化轨迹

“一体化”的语义变迁轨迹中包含企业、国内区域、国际三个维度，其本意都是消除经济体之间的边界或壁垒，促进商品和要素流通与资源合理配置、降低交易成本，但其各自的边界或障碍来源各有不同：企业层面的一体化源于交易成本决定的企业与市场之间的边界，其本质在于将市场中的交易活动内部化；国内区域一体化意在消除地方行政区之间的经济壁垒与歧视，形成全国统一的经济单元；国际一体化针对各国之间基于主权

① 《国务院关于进一步推进长江三角洲地区改革开放和经济社会发展的指导意见》提出“坚持一体化发展，统筹区域内基础设施建设，形成统一开放的市场体系，促进生产要素合理流动和优化配置”。

产生的关税与非关税壁垒等经济流通障碍，旨在消除各国之间的贸易阻隔，促进经济流通与互补。其中，企业是一体化在微观层面的重要主体，国内区域一体化或国际经济一体化促使企业进行专业化生产、产业分工及规模经济的实现，并在一定程度上促进企业纵向一体化。鉴于企业合并层面在我国已有特定法律表达，因此目前一体化的适用领域主要集中在宏观层面的国际和国内区域经济一体化。

我国“一体化”的语义内涵也经历了微观层面企业联合到区域层面的一体化，且区域层面的一体化重心由劳动地域分工到要素合理流通再到要素自由流通等表现出不同维度或程度的侧重，但其核心仍围绕消除地区间行政壁垒、促进经济流通与协作的经济一体化展开。根据《长江三角洲城市群发展规划》，“一体化”的适用是一种特定历史话语，从历史发展的维度审视，其内涵具有从静态向动态、由微观经济向宏观经济领域、从反面意义向正面蕴涵演化的变迁轨迹，体现出强烈的时代特点。首先，“一体化”的内涵由静态、平衡的社会关系向动态的国际社会经济融合转变。现代意义上的“一体化”更加突出不同主体之间的动态融合过程以及在融合基础上所实现的一体化状态，表征出强烈的动态意涵。其次，动态意义上的“一体化”以经济一体化为核心，从微观层面的企业合并，演化出省际、国际区域经济联系的宏观蕴涵。最后，“一体化”的语义运用还表现为从反面意义向正面向度的转变历程，其对立面“非一体化”或“碎片化”是“一体化”发生的逻辑起点。

二、区域市场一体化相关研究

（一）国外关于区域市场一体化相关研究

国外学者们对市场一体化内涵纷纷给予界定，很难达成一致，但存在以下共识：依据主体不同，一体化主要分为两个层次——国际范围内国家间的一体化和一国内部各区域间的一体化；其本质都是国家间或区域间实现市场一体化，则各国或各区域可以享受到分工合作所带来的利益，并最终实现提高各个国家或地区的经济实力和竞争实力的目标。

布鲁斯特等（Bruszt et al.，2014）认为市场一体化意味着成员国机构应具备执行跨国共同规则的能力；这些规则包括从维护经济自由到多个领域实施协调的法规和政策等。市场一体化程度越深，共同规则对政策领域的监管就越多，实力较强的经济体关心实力较弱经济体的动机就越高（Bruszt et al.，2019）。对国外典型情况的阐述主要针对欧盟市场一体化，为了缓解地区经济发展不平衡的问题，1988 年欧共体对地区政策进行了大幅改革，创立了完整的地区政策体系，设立了结构基金，包括欧洲地区发展基金、欧洲社会基金、欧洲农业保证及指导基金等（叶婷婷，2010）。根据《罗马条约》的规定，关税同盟的主要内容是对内在成员国之间分阶段削减直至全部取消工业界关税和其他进口限制，实现共同市场内部的工业品自由流通。全球化的大背景为国家间合作提供了广阔的舞台，同时也对国家间合作提出了全面的挑战。“尽管国际合作已广泛展开，但全球性和区域性组织还未能应对不断增强的相互依存的挑战。在所有层面上，在个人、民族与国家的需求和满足他们需求的体系的能力之间依然存在差距”（The Commission on Global Governance，1995）。20 世纪 80 年代，英国为削减机构层级，撤销“大伦敦议会”，而将伦敦市划分成 32 个行政管理区，实行分块管理（毛艳华，2018）；日本国会于 1956 年提出建立都市圈整备局，其实质是推行大都市圈建设的政府执行机构，不仅负责编制大都市圈发展规划，而且还负责协调与土地局、调整局等关系（张学良等，2019），其成员包括地方政府和企业领导，以及大学教授，这为区域发展提供了政治、资金和专业性等的保障。

（二）国内关于区域市场一体化相关研究

国内学者在借鉴的基础上，也纷纷对市场一体化展开相关界定。国务院发展研究中心课题组（2005）认为，市场主体行为主要受供求关系的调节，而市场一体化则要实现区域间的市场边界消失，最终达到商品和生产要素能够在不同区域内自由流动的目的。陈昭和林涛（2018）将市场一体化分为商品、要素和服务三个细分市场一体化，并认为市场一体化在不同层面上具体表现为共同市场、自由贸易协定和关税同盟等。在市场一体化状态下，资源将会得到最优配置，同质资源价格将趋于一致。雷娜和郎丽华（2020）把市场一体化理解为，处于不同发展阶段、具有不同发展条件的地区通过分工协作来拓宽市场，从而依靠规模经济提升国际竞争力。龚新蜀等（2021）认为国内市场一体化主要表现为省与省之间、以特大城市为中心的城市群和经济带间的市场联系紧密程度。

三、区域经济一体化相关研究

区域经济一体化是指地理位置相邻近的两个或两个以上国家（地区），以获取区域内国家间、地区间的经济集聚效应和互补效应为宗旨，为促使产品和生产要素在一定区域内的自由流动和有效配置而建立的经济区域集团。其实质就是降低区内交易成本，使产品、要素自由流动，在市场作用力下形成资源的最优配置。国内外学者对其进行了大量的理论和实证研究，这对区域经济一体化的不断发展具有理论价值和现实意义。

（一）区域经济一体化相关理论研究

理论研究方面，国内外学者在区域经济一体化领域取得了较为丰富的研究成果，区域经济一体化理论中的关税同盟、共同市场、大市场理论、新经济地理学、新区域主义等理论，强调打破行政壁垒，建立统一的市场制度，实现市场大融合。

1. 区域经济一体化理论的早期发展

古典经济学和关税同盟理论。19 世纪古典经济学家就已详细探讨过某些优惠贸易条约对贸易活动的影响。亚当·斯密、大卫·李嘉图和麦卡洛克先后论述过关税互惠条款对两国福利的影响，即两国间的关税互惠可以使两国都获利，也可能使两国都遭受损失，这是国际经济一体化理论形成的思想基础。美国经济学家雅各布·维纳（Vina，1950）提出了关税同盟理论，认为关税同盟对成员国和非成员国带来了不同的经济效应，即静态和动态两种效应。前者是指贸易创造效应和贸易转移效应；后者主要指规模经济效应、竞争强化效应、投资扩大效应和技术进步效应等。贸易创造具有福利改善效应，贸易转移则具有福利恶化效应，关税同盟的总效应取决于两者的对比。米德（Meade，1955）提出了高效率成员体的贸易扩张效应，认为维纳的贸易创造和贸易转移都是针对低效率成员体的，而对于高效率成员体是不适用的。约翰逊（Johnson，1965）扩充了维纳的贸易创造效应，认为低效率成员体国内市场上的产品价格会随着高效率成员体低价产品的大量进入而下降，消费者得到剩余，生产者福利会减少，贸易创造效应是生产效应和消费效应二者之和。

自由贸易区理论及对关税同盟理论的完善。英国学者罗布森（Robson）于2001年在关税同盟理论基础上提出了系统的自由贸易区理论，认为由于自由贸易区的原产地规则无法阻止间接贸易偏转的存在，关税同盟与自由贸易区相比在静态经济效益上是次优的。通过消除区内贸易壁垒来实现成员国之间的贸易自由化，对外实行统一的关税和贸易政策是贸易自由区的基本形式。

2. 区域经济一体化理论的近期发展

规模经济和不完全竞争理论引入区域经济一体化中的研究。1980年以来，规模经济概念已与许多不完全竞争下的国际贸易新模型联系在一起，着眼于研究产业内贸易问题，即规模经济与产品差异化的相互作用或不完全竞争市场上企业的行为特征，规模经济导致生产成本降低，专业化分工导致服务成本降低，竞争加剧导致市场分割程度降低，市场规模扩大导致商品品种增加等。史密斯和维纳伯斯（Smith & Venables，1988）研究了规模报酬递增、不完全竞争和市场分割对一体化成员贸易和福利的影响。克鲁格曼（Krugman，1983）的相互倾销模型认为，如果一体化降低或消除了市场分割所造成的价格歧视，那么会引起各成员国福利和整体福利两方面的增加。温斯特（1984）认为区域一体化在有助于形成规模经济的同时，也有利于成员国产品的差异化和市场垄断力量的增强，从而提高其竞争力。

对政策一体化理论的研究。盖茨奥斯（Gatsios）和卡普（Karp）于2001年建立了关税同盟的非合作博弈模型，分析得出：关税同盟的最佳共同政策选择不仅取决于同盟与世界其他国家的策略行为，还取决于同盟内成员间关于对外政策制定权的选择。

区域经济一体化的外部性问题即区域主义与多边主义。若区域一体化改善了成员的福利，又不降低世界其他国家的福利，那么它与多边体制或全球贸易自由化是一致的。克鲁格曼（1993）认为，世界区域性经济组织数目减少时，贸易转移会因共同对外关税上升而增强，区域一体化会导致世界福利下降；后来又证明：在国际经济一体化初期，区域一体化使世界福利恶化，但是到了后期，大多数国家会参与区域经贸组织，降低整个世界的贸易保护程度，从而促进全球贸易自由化，达到世界福利最大化。

共同市场理论是在关税同盟理论的基础上，提出促进生产要素自由流动，扩大市场实现规模经济，进而实现经济利益的主张。关税同盟和自由贸易区理论假设成员国之间要素不自由流动，而共同市场不仅实现了产品市场的一体化，而且要求实现要素市场的一体化，比关税同盟更高一个层次。林德特（Lindt，1996）首先分析了区域间劳动力自由流动对区域工资的影响。

西托夫斯基（Scitovsky，1958）提出了“大市场理论”，研究消除劳动力和资本等要素自由流动的障碍后成员国所获得的竞争效应，其核心：一是建立大市场以获得规模经济，实现经济利益；二是市场扩大使竞争激化，促成规模经济和技术利益。大市场理论主要通过消除要素自由流动障碍，扩大市场，进而增强竞争获取规模经济效应。

新区域主义理论是在20世纪50年代，学术界为应对欧洲城市工业化中出现的一系列问题而提出的，其主要特征体现在：主张区域空间开放，加强区域合作与联系，综合考虑区域经济、社会、文化等多目标，强调多元主体参与，主张区域间平等协商关系。20 世纪 80 年代，克鲁格曼等学者创建了新贸易理论，将规模经济、不完全竞争、多样化偏好以及产品的异质性等范畴纳入了规范的贸易理论分析之中。这些研究视角的变化彻底改变了经济学者对区域经济一体化所能带来的收益、如何进行量化等问题的看法。由此可见，这些理论成为区域市场一体化发展的主要理论基础，尤其是近年来，随着新经济地理学和新区域主义理论的发展，区域经济一体化发展实践不断推进。

3. 区域经济一体化理论的最新发展

新经济地理学和新区域主义理论对区域一体化的研究。新经济地理学试图在经济现象的地理视角下集中研究区域一体化进程中的各种问题。克鲁格曼（Krugman，1995）认为，当运输成本下降、规模经济上升时会产生产业集中，由于关税过高和汇兑的管制，欧洲国家之间的专业化程度低于美国各区域之间的专业化程度，但欧洲区域一体化的发展会加强其产业的地方化和专业化。沃纳科特（Wownakot）于 1996 年认为外国贸易壁垒和运输成本两个因素会影响国际贸易和区域经济一体化的形成。如果进口国贸易壁垒过高或者进出口国之间运输成本很大，将使得出口国生产者所得的与进口国消费者所付出的缺口过大，从而阻碍两国之间的贸易合作和区域一体化组织的建立。克鲁格曼（1995）认为，实行区域一体化以后，随着运输成本的下降，产业并不一定会从生产成本较高的中心地区转移到生产成本较低的外围国家，规模收益的原因可能使生产集中在成本较高但更为接近市场的地方更有效，一体化过程相反可能会阻碍外围地区产业发展。20 世纪 90 年代以来，在区域一体化过程中出现了一些小国在与大国之间签订贸易协定时，做出了更大妥协或者额外支付，即“新区域主义”现象。

随着区域经济一体化的发展，国内学者从不同角度对其进行了探索。首先，探索了区域经济一体化的形成角度，即区域经济一体化的影响因素。促进区域经济一体化的积极因素主要集中在网络性基础设施、地区开放程度、经济分权等方面；阻碍区域经济一体化的消极因素主要集中在政治晋升、政府竞争、财政分权、方言多样性等方面（刘志彪，

2014；邓明，2014）。其次，从测量角度研究了区域经济一体化程度的测量方法及其测量结果。研究方法根据测量原理及测量数据的不同分为产出结构法、技术效率法、贸易法、价格法等8种。国内学者使用不同的测量方法对区域经济一体化的程度判断不同，主要有两种对立的观点，即国内区域经济正在走向“非一体化”和区域经济一体化水平正在提高（董洪超和蒋伏心，2020）。最后，从实证的角度分析了区域经济一体化的影响及经济后果。在宏观层面，许多文献集中在探究区域经济一体化与经济增长之间的关系；在中观层面，国内学者对区域经济一体化与产业结构、产业集聚和扩散之间的关系进行了研究；在微观层面，通过对企业行为的研究，国内学者发现区域经济一体化对企业异地投资、对外出口等方面产生了影响。这些研究为促进我国区域经济一体化和实现经济高质量发展提供应对策略（饶品贵等，2019）。

（二）区域经济一体化相关实践研究

1. 国外经济一体化相关实践研究

区域一体化作为政策工具的实践运行主要表现在经济领域。纵观各国或国际组织的一体化实践，普遍率先从经济一体化开展，并以经济一体化作为引擎带动其他领域的一体化进程。欧洲一体化的启动从煤炭、钢铁领域的经济一体化开端，各成员国的诸多行动如市场一体化、货币一体化以及共同体的竞争、贸易、产业政策等都围绕经济一体化展开，且整个一体化进程由经济目标决定（Hooghe & Marks，2001）。经济发展水平、要素禀赋结构是决定一体化能否实现的基础要件。成员之间不同的经济发展水平和经济基础结构，能否基于互补的要素禀赋结构产生比较优势和整体经济效益，能否基于经济的自由流通激发共同的利益关切，是决定区域经济一体化成效的关键。一方面，成员之间能否挖掘经济互补性，是一体化能否发生的关键。古典经济学理论认为，消除贸易壁垒、资本及劳动力的流动将促进生产与生活水平的均等化。资本将转移到贫困地区，以利用剩余劳动力降低成本，劳动力将转移到增长地区，以寻求就业和工资的提高（Keating，1998）。

（1）欧盟市场一体化。

市场经济结构改革方面，欧共体设立结构基金，推进区域一体化进程。其设立结构基金旨在促进落后地区的发展和结构挑战，尤其是在工业落后地区进行结构调整，解决失业问题。特别是在年轻人失业问题上，欧共体培训劳动力使其适应产业结构调整和技术更新，从而加快农业结构调整目标、促进农村地区发展。到 1992 年，近 300 项措施中已有 219 项通过，193 项正式付诸实践；到 1996 年，欧盟成员国将统一大市场立法转化为国内法的平均比例已达 92.9%，统一大市场的巩固和完善工作基本完成（杨逢珉和张永安，2008）。

政策体系制度方面，欧共体建立完善的一体化法律法规体系，区域性商品统一定价。欧盟各国于 1994 年 2 月协议取消了 6400 多种进口配额，这大大促进了欧共体内部的商品贸易。实际上他们是将对外贸易保护与对内经济自由化结合在一起，并由此论证欧洲共同体由关税同盟向单一市场转化的客观必然性（Baldwin & Venables，1995）。欧盟的地区发展政策使其在实现东扩前的 4 个人均收入较低国家——希腊、葡萄牙、西班牙和爱尔兰在 1986～1996 年的 10 年间，人均收入由欧盟平均水平的 2/3 增加到 3/4。其中，爱尔兰最为突出，其人均国内生产总值在 1983 年是欧共体平均水平的 64%，1993 年增加到 80%，1995 年增加到 90%（张荐华，2001）。

人才高效利用方面，欧盟形成信息透明的人才制度，刺激人才流动。欧盟提出在各地区构建完备的信息交换系统，借助欧盟内部流动信息网站，提供职位流动、学习机会、能力认证等相关信息，帮助劳动者在地区间顺畅地迁移。20 世纪 90 年代末，随着成员国间公安、海关和司法合作的深化，以及更多欧洲国家加入，协定才真正发挥作用，人员自由流动得以基本实现。

（2）日本市场一体化。

中央政府统一立法来保障区域一体化。为保证首都圈的区域协调发展，涉及区域协调发展的事项都是由日本中央政府统一制定法律来解决问题。此外，日本政府专门出台相关法律法规来明确东京都市圈政府的权力和义务，在法律保障的基础上，都市圈政府可以对圈内特别行政区、城市和农村地区进行统一管理，而不用担心行政权力划分不明确的问题（卢明华等，2003）。

分解都市圈功能带动相对落后地区发展。随着城市的发展和产业结构的调整，日本逐渐形成了三大都市圈，分别为首都圈、近畿圈和中部圈，其中首都圈的发展水平远高于其他两个都市圈，因此为促进都市圈之间商品、要素的流动，日本开通了连接它们的新干线（华智和李朝阳，2018）。

（3）英国市场一体化。

设立“大伦敦议会”协调区域发展。早在1800年，伦敦就形成中心城市和近郊区的城市经济圈，但是由于其分属于众多、不同的行政区划管辖，其一体化协调发展难以顺利展开。为解决行政壁垒带来的问题，1964年建立“大伦敦议会”，主要职能是负责区域的总体协调发展，虽然在一定程度上促进了一体化发展，但是仍然存在权力分配的问题，而且也存在增加行政级别和行政成本等问题。

分块管理和中央管理相结合。当涉及协调发展和综合发展的区域性事项时，则提交至中央政府来统一进行战略规划和相互协调。这一制度既调动了地方政府的主动性，也促进了一体化的发展（毛艳华等，2014）。

设立各种机制促进区域一体化。英国设立了各种机制来协调区域的发展，专职进行区域统一战略规划，如先后成立“伦敦规划咨询委员会”“区域发展机构”“大伦敦市政权”等。

不少学者对区域经济一体化效应进行了研究（吴朝阳，2007；刘志伟等，2007）。雀（Choe，2001）考察了10个东亚国家的商业周期同步性是否受到经济一体化的影响，说明了双边贸易依赖性的增加与商业周期有很大的同步性。维纳伯斯（Whalley，1996）认为，两国间贸易壁垒的降低使相互间贸易增长，减少相互间水平直接投资而增加垂直型投资。汉森（Hanson）在1996年、1998年的研究表明美国和墨西哥的经济一体化导致了美国重新部署两国边境区域的经济行为，经济一体化会导致美国边界城市经济活动的扩展。蒲加（Puga）和维纳伯斯

（Venbus）在1996年认为，在一个“中心—外围”型的区域一体化组织中，企业更偏好聚集于中心地区国家。耶普尔（Yeaple，2003）通过三国模型分析了企业投资的联合一体化策略，联合一体化在潜在的东道国间产生的互补性对投资决策很重要。当区际贸易成本很低时，容易形成北—南型的垂直一体化策略；很高时，为北—北型的水平一体化策略；处于中等水平时，则为两者共存的联合一体化策略。曼佐齐（Manzocchi）于2001年通过内生增长模型分析了一体化对成员国和非成员国的福利效应，若一体化促进了全球经济增长，非成员国也能得到总量小于成员国的增长利益。

2. 国内区域一体化相关实践研究

国内关于区域一体化的实践研究较为丰富，包括省级层面的一体化以及城市群层面的一体化。具体来看，主要有长三角一体化、珠三角一体化、京津冀一体化、粤港澳大湾区一体化、成渝一体化、呼包鄂一体化、东北地区一体化，以及其他区域一体化。

（1）政策机制。

乔颖和孙晓燕（2005）等都对政府在我国区域经济一体化中的定位进行了研究。主要观点为，政府在区域经济一体化进程中应该打破观念的障碍，转变政府职能，建立服务型的地方政府，以市场改革和社会服务为导向，合理设置地方政府机构，加强协同，构建一体化的协商机制。罗航（2013）对城市群间多政府间的互动及态度演变对一体化程度的影响情况进行了模拟，认为行政措施的引导效果更佳，政府或协调机构应针对性地采取合理的调控手段，从而提高一体化收益。国家层面应形成引导和规范区域一体化和经济合作的法律规范，同时，地方层面应形成促进一体化的具体法律规章。

（2）产业结构。

市场一体化是经济一体化的终极形态，其水平表征了区域资源要素优化配置和重组的能力。市场一体化与市场分割相对应，既是产业专门化的前提条件，也由交通等基础设施水平决定，与产业一体化和基础设施一体化相辅相成（卓凯和殷存毅，2007）。随着市场一体化加深及生产要素和商品跨区域流动，产业的地理集中和专业化分工更易实现。产业一体化通过合理的生产布局和专业化生产可降低经济活动成本，在区域内实现产业协调发展、低成本扩张、增强区域经济组织与创新。区域一体化的实现需要区域产业间合作、互补和外部性支撑，其中产业功能互补和产业纵向一体化是实现经济一体化的关键（吕典玮和张琦，2010）。中国经济发展的空间结构正在发生深刻变化，国内产业格局呈现“大分散、小集聚”的特征。中西部地区生产能力和经济水平不断发展，使得这些地区省内的产业链逐渐完善，很多产品的生产、销售、使用在省内即可实现。因此，中间产品在空间上的流动需求降低。

（3）经济布局。

贾丹华（2003）以长江三角洲为研究对象，对我国发达地区经济一体化的困境和出路做了分析。他认为，我国以消耗不可再生资源支撑的传统产业为主导的经济增长范式是长三角经济一体化发展陷于困境的关键的内在制约因素，而区域网络经济的崛起，形成了区域经济一体化发展的内在需求，激发了区域经济一体化发展的原动力。因此，加快区域网络经济发展是长江三角洲地区走出经济一体化发展困境的根本出路。

（4）空间开放格局。

金世斌（2017）指出城市群一体化需要借助发达的基础设施网络，使资源在群内各城市间能合理配置，并通过推进资源、功能、治理、制度等多方面的统一，形成经济联系紧密、城际分工协作、空间组织紧凑的区域经济发展格局。方创琳（2017）指出基础设施建设的互联互通与共建共享是实现一体化的重要保障，通过建设基础设施走廊，可以实现跨区域的共享共用。

不少学者对一体化程度进行了测算。学术界对一体化程度的测算主要采用单一指标、构造综合指标体系以及建立模型等方法。（1）单一指标测度。刘志彪等（2019）、胡艳等（2021）通过变异系数法，用标准差与平均值的比值来表示一体化水平。（2）构造指标体系。有学者构建一体化综合指标体系，并结合层次分析法、加权平均法、综合评价法、熵权法等，对一体化水平进行测度。李雪松等（2013）结合专家咨询法，利用层次分析法对指标的权重进行了估测。张晓瑞等（2018）基于“总指数—分指数”的区域一体化发展综合测度，采用线性加权求和及层次分析法计算了区域一体化的总指数和分指数。（3）构建模型。对一体化建模的方法主要为通过引力模型或经济联系强度模型来代表其一体化水平。汤放华等（2018）用长株潭城市群内部与湖南省地级市的经济联系强度总量比值来反映区域一体化程度。

我国区域经济一体化的障碍主要源于区际制度性壁垒与歧视。一体化的实现障碍包括自然、历史因素和人为制度性障碍，前者如区域内部的山川、河流等自然因素形成的空间阻隔，以及历史人文、习惯差异等形成的流通阻隔；后者主要是基于体制、机制、政策等不合理形成的人为壁垒，即由“地方立法、地方‘红头文件’形成的行政壁垒以及计划经济时期中央立法遗留的权力经济痕迹”（叶必丰，2012）。一体化的最终目标在于实现区域整体的高质量协调发展，但各地区经济结构基础差异、要素自由流通下的极化效应等不可避免会造成区域内中心—边缘的发展失衡格局。因此，需通过对区域经济结构利益关系中法律主体地位的确认、对经济强势主体与经济弱势主体之间权力与权利的适当配置等，协调区域经济结构中不同主体的意志、行为与利益关系（陈婉玲，2017），保障区域整体的协调、平衡发展；通过设置区域发展基金、利益补偿制度、区域互助机制等必要的利益分配机制，缩小各地区经济发展、居民收入水平差距，使各成员在一体化进程中均衡获益，增强区域合作的动力和凝聚力。

四、文献评述

东北区域经济一体化发展，是以区域化打破多年以来的行政区划限制，用一体化的思维统领区域内各种资源的配置，对区域产业、市场、基础设施、制度与政策等领域进行统一规划和布局，分工协作，优势互补，提升东北整体的区域竞争力，进而实现区域经济的良好发展。东北一体化有其必然性。

1. 现实基础优异，激活区域间活力

东北经济区位于东北亚中间地带，根据第七次全国人口普查报告，截至2021年东北地区总面积124.14万平方公里，约占全国土地面积的12.9%；全区人口为1.12亿，占全国人口的9.6%。东北地区具有边疆、临江、近海的特点。北部和东部隔黑龙江、乌苏里江与俄罗斯相望，西部与蒙古人民共和国接壤，西南与河北省比邻，东南部与朝鲜隔江相望，南临渤海与山东半岛相对。

东北地区通往国内外的运输十分便利。全区基本上形成了以铁路、公路为主，包括航空、海运、管道在内的交通运输网，是全国铁路分布密度最高的地区。东北经济区拥有12条公路，同朝鲜、俄罗斯、蒙古国相接；全区共有15个大小港口，不仅可以同近70多个国家和地区通航，与世界上150多个国家和地区间有贸易往来。另外，东北经济区还有被誉为“神州第一路”的沈大高速公路，而且区内的港口、海运、航空等方面也有较好的基础。哈尔滨、齐齐哈尔、长春、沈阳、大连等城市不但是东北的工业重地，更是民营经济迅速发展和外商集中投资的中心，加强这几个重点城市的经济合作能够促进资金、人才、信息等要素的横向贯通，形成平等发展的“板块式”经济结构，从而带动周边资源枯竭型中小城市的发展，使其符合自身发展特点，有别于珠江三角洲、长江三角洲等地区的“环形”发展模式（甄艳和刘力臻，2006）。

2. 政策机制扶持，政府高度重视

构建东北区域经济一体化的措施与对策在驱动模式转换中由政府推动型为主转向经济促动型为主，政府部门在制定区域政策时更加注重体制机制的创新，不断推动东北区域统一的经济运行与管理体制创新、东北区域统一的产业规划与产业结构调整体制创新、合理的投资管理体制创新、东北区域基础设施建设和环境保护的协调体制创新、规划协调的体制创新等（甄艳和刘力臻，2006）。

3. 完善产业结构，提高资源配置

东北老工业基地区域经济一体化不同于珠三角、长三角，不可能主要依赖轻工业，也不可能以民营经济、中小型企业和市场作用为主，而必须始终围绕重化工业，以发挥国有工业和政府作用为主。作为东北三省区域经济一体化的重要载体，商品市场一体化是首要的也是最有条件推进市场一体化的内容。商品市场既包含有形商品市场，也包含无形商品市场（服务贸易、技术贸易等）和金融商品市场。商品市场一体化的核心是以市场的扩大获取规模经济效益和市场竞争效益（周大成，2009）。

第四节　研究方法

一、文献研究与实地调研

本书充分利用知网、万方等电子图书资源以及报刊等线下资源，对相关文献资料进行收集整理，以便了解现有的研究方法与研究方向，为写作积累了充足的依据。

实地调研是指取得第一手的调查资料，有利于研究和调查有效顺利开展。本次调研主要以观察法和访问法为主，对东北地区展开市场调查。

（一）文献研究

基于已有文献对一体化、区域经济一体化、东北区域经济一体化、东北地区空间形态研究等多方面的研究，本书在以下领域依据时间以及空间维度进行文献收集与整理。

一体化相关研究以及区域市场一体化相关研究以国内外不同学者对一体化内涵的阐述与研究对文献进行整理，并对一体化在国内语义变化轨迹进行文献回顾。基于此，了解到一体化的语义发展环境包含政治、经济、企业发展、国际同盟等多方面。

区域经济一体化相关研究分为理论与实践两部分。理论部分按照经济一体化时间发展顺序分为早期、近期以及最新发展三个阶段，同时将经济一体化理论发展从关税同盟理论代入规模经济与不完全竞争理论，再到最新发展阶段中的新区域主义理论对区域一体化的研究。实践部分从国外与国内两个角度展开。其中，国外多以欧盟为研究对象，研究结果不一。国内实践研究较为丰富，具体包括长三角、珠三角、京津冀、粤港澳大湾区、东北地区、成渝、长株潭、呼包鄂等区域一体化。研究主要集中在一体化发展水平的测度、区域一体化的经济效应和区域一体化对高质量发展的影响研究三个角度。

文献研究部分通过回顾、分析与收集已有文献，对东北地区经济发展用一体化的思维统领区域内各种资源的配置，在区域产业、市场、基础设施、制度与政策等领域进行统一规划和布局，分工协作，优势互补，提升东北整体的区域竞争力，进而实现区域经济的良好发展。

（二）实地调研

本项调研以辽宁省（本溪、营口、葫芦岛、朝阳、辽阳等市）、吉林省（长春、吉林、辽源、四平、松原等市）、黑龙江省（哈尔滨、绥化、齐齐哈尔等市）为主要调研目标。通过实地调研了解东北地区各地发展现状、资源优势、营商环境、民营企业发展、产业一体化发展等方面情况，并对已有一体化发展进行研究，探讨东北地区一体化发展问题与其发展的必要性、东北地区城市带动发展的现实性以及东北一体化发展在不同方面的效能反应，为东北地区的资源合理利用提供有力的现实依据，同时对东北地区一体化进程提供有效政策建议。

二、系统构架和比较分析

系统构架可快速厘清研究脉络，找到主干，采用文章逻辑透析研究内容。

本书对国内外实行一体化发展区域的现状进行对比分析，为研究东北一体化发展问题奠定基础，同时对影响东北一体化发展因素进行检验分析。

（一）系统构架

东北地区基础雄厚、资源富饶、高等教育以及创新等新势能突出，但目前东北各省各自为战，存在产业趋同、重复建设、恶性竞争等现象，因此须统筹推进东北地区一体化发展，构建一体化发展合力，释放一体化发展的必然性。本书从东北地区现状、一体化发展的必要性、一体化发展实证分析等部分为东北地区一体化发展问题提供全方位的理论依据，系统分析新发展格局背景下东北地区一体化发展理论及必要性，结合实证分析、实地调研，揭示东北地区一体化发展存在的问题及原因，总结了国内外区域一体化发展经验及启示，构建了东北地区一体化发展优化机制。

本书共包括八章内容：绪论、区域经济一体化理论分析、东北地区一体化发展现状、新发展格局下东北地区一体化发展的必要性分析、东北地区一体化发展实证分析、东北地区协调发展实证分析、国内外区域一体化发展经验分析及启示、东北地区一体化发展优化机制构建。本书通过文献收集、理论分析、比较分析等对东北地区一体化发展进行定性分析，并结合实证分析、实地调研进行定量研究，为东北发展提供一个新的研究视角和理论支撑，旨在填补此领域的研究欠缺，为后续相关研究提供借鉴，为东北地区一体化发展的相关政策制定提供理论依据。

（二）比较分析

1. 国内区域一体化发展策略

区域一体化是最有活力的经济发展模式之一，推动世界经济的迅猛发展，国内一体化发展主要包括长三角一体化、珠三角一体化、京津冀一体化、成渝城市群、粤港澳大湾区。本书将对长三角一体化、珠三角一体化、京津冀一体化、成渝城市群、粤港澳大湾区从发展背景、城市发展特征以及一体化发展的主要成效进行阐述。

长江三角洲高质量发展的核心在于市场一体化，政府制度的支持、产业层面整合与交通运输的融合以及都市连绵带的新兴发展，有效地调节了区域内资源的配置，有利于充分利用资源、促进经济高质量快速发展；珠江三角洲在粤中地区形成了“广佛肇”都市圈，珠江东岸和西岸形成了“深莞惠”“珠中江”都市圈，逐渐形成了“中部地区领先，东西两翼齐飞”的区域发展格局；京津冀一体化发展在产业协同上呈现良好的发展趋势，京津冀城市群创新联系网络呈“极核式”发展特征，核心城市的中心地位不断提高，城市群创新联系带动了周围城市的中介作用；成渝城市群具有独特民族、文化、地理特征等历史与空间结构特征，形成了“点、线、面”三点资源要素发展禀赋；粤港澳大湾区包含“三套法律体系”“两种制度”“三个关税区”，是我国重要的区域增长极。由此可见，城市群能够持久蓬勃发展的关键在于一体化，依托于城市间基础设施及制度的衔接，使得资源要素在城市群内更快速流转及合理配置，从而加强地区整体均衡发展。推动建设城市群一体化是国内发展形势的需要，也是区域经济发展内生的客观要求，更是引领大局观念发展的需要。

2. 国外区域一体化发展策略

区域一体化是一个多维度的空间现象，也是一个多学科参与的科学问题。欧洲、日本和美国的发展模式，新兴的图们江区域和中蒙俄经济走廊一体化发展也独具特色。

欧盟在商品、服务以及生产要素三个市场追求一体化发展，由于涉及领域的复杂性，欧盟无法像商品市场一样制定一个统一的框架，因而只能按照不同领域区别对待。在欧盟的计划当中，生产要素市场大致被划分为金融资本、劳动力、技术三个方面，并逐步形成金融资本可行性、劳动力高度自由流动、技术与知识产权公开化发展一体化融合发展。日本为政府主导型国家，且首都圈的人口密度大，日本政府在每一轮的“首都圈整备规划”中都对产业做出了相当篇幅的具体布置。政府为了避免决策主体和利益主体的矛盾以及对某一地区的倾向性，往往是从首都圈的大局出发，在宏观角度下进行决策。美国是市场主导型的国家，政府干预相对较弱。纽约都市圈通过市场机制的调节作用，更多地借助民间组织及微观经济活动进行都市圈内各城市产业分工的细化与深化，发挥其地理位置的优势，充分利用全球资源、发达国家的先进技术等，加强了城市功能的互补性，加快了生产要素的自由移动，增加了区域发展的收益，推动了都市圈经济的发展。

中俄蒙经济走廊是丝绸之路经济带的一部分。中蒙俄经济走廊有两个通道：一是华北通道，从京津冀到呼和浩特，再到蒙古国和俄罗斯；二是东北通道，沿着老中东铁路从大连、沈阳、长春、哈尔滨到满洲里和俄罗斯赤塔。三方跨境输电网建设，开展旅游、智库、媒体、环保、减灾救灾等领域务实合作。三方可以深化在上海合作组织框架内合作，共同维护地区安全，实现共同发展；图们江区域（珲春）国际合作示范区，地处中朝俄三国交界处，该中心是集综合监管、物流、仓储、托运中转、国际运输代理于一体的物流平台，全面实现一次报关、一次查验、一次放行的“三个一”综合查验模式，标志着珲春主动承接国家“一带一路”倡议、加快推进区域互联互通迈上新的台阶。

3. 东北一体化发展分析

国内外一体化发展形势促进各自发展空间与区域内经济、文化、产业形态等高质量发展，形成了具有一定优势的城市效应带动群。由此纵观东北地区一体化发展条件，地理位置国内国际双接壤，国际与俄罗斯、朝鲜接壤，与日本、韩国隔海相望，国内与内蒙古东北部、河北西北部紧邻，处于东北亚地理中心位置；物质资源工农双基础，东北地区拥有肥沃的黑土地，是我国重要的粮食生产基地，同时工业实力也很强，木材、矿产资源丰富，尤其在钢铁、能源、飞机制造领域，有很重要的地位；人才储备知识技术双强军，东北地区基于一定的资源，在高校开展不同领域的人才培养，技术与知识两方面强强联合，形成了沈阳、大连、长春、哈尔滨人才储备“东北四市”。区域一体化在整体局中发展自我优势，做到整齐划一，个体带动，全体发展效能。东北地区的城市关联性是区域一体化发展的重要前提，其政策扶持力度是推动区域经济一体化发展的重要保障，同时，现实资源雄厚是区域市场一体化发展的重要发展力量。

三、理论研究与实证分析

在理论方面，梳理一体化发展的相关理论，分析东北一体化发展影响的内在机理。在实证方面，构建引力模型进行指标测度，对东北一体化发展的影响进行分析，运用熵值法以及耦合协调度模型对东北一体化协调发展进行研究。

（一）理论研究

1. 关税同盟理论

系统提出关税同盟理论的是美国经济学家维纳和英国经济学家李普西。维纳和李普西的代表作分别为《关税同盟》一书和《关税同盟理论的综合考察》一文。按照维纳的观点，完全形态的关税同盟应具备以下条件：一是完全取消各参加国之间的关税；二是对来自非成员国或地区的进口设置统一的关税；三是通过协商方式在成员国之间分配关税收入。因此，关税同盟有着互相矛盾的两种职能：对内实行贸易自由化，对外则是差别待遇。关税同盟理论主要研究关税同盟形成后，关税体制的变更对国际贸易的静态和动态效果。

关税同盟的静态效果意为在关税同盟形成后，关税体制对内取消关税、对外设置共同关税，降低生产成本；出现贸易转移效果，实现关税同盟对外实行保护贸易，导致从外部非成员国较低成本的进口转向从成员国较高成本的进口；形成贸易扩大效果，即 A 国 X 商品的价格在贸易创造和贸易转移的情况下都要比缔结关税同盟前低，从而使 A 国进口量增加；减少征收关税的行政支出费用；减少走私并助于提高全社会的道德水平；可以增强集团谈判力量，利于同盟成员国地位的提高和贸易条件的改善。

关税同盟产生的动态经济效果主要表现为：促进生产要素的自由流动；获取规模经济效益；刺激投资，扩大市场，改善投资环境；提高技术水平；推动经济增长。

2. 大市场理论

大市场理论的核心：一是通过扩大市场获得规模经济，从而实现技术利益；二是依靠因市场扩大而竞争激化的经济条件，实现上述目的。两者之间是目的与手段的关系。大市场具有技术、经济两方面的优势。大市场的技术优势在于它的专业化规模生产，特别是大批量的流水线作业，它可以使机器设备得到最充分的利用，使专业化的工人、设备、销售渠道得到合理的使用，从而提高生产效率，降低成本；大市场的经济优势体现在加剧竞争，降低成本。

3. 政策一体化理论

共同市场要实现要素市场的一体化，除了需要制定一个废除一体化之前就已存在的限制成员国之间要素自由流动的立法，还需要制定一些积极的一致的政策措施，以确保在一体化内部市场上公平对待劳动力、资本和企业。因此，共同市场在实现了产品市场一体化和要素市场一体化之后，实现政策一体化似乎是顺理成章的事。经济同盟便是在共同市场基础上发展起来的，它不仅实现了产品市场一体化和生产要素市场一体化，而且还实现了政策一体化。

4. 区域经济一体化的理论基础

本书中所涉及的区域经济一体化理论基础主要包括区位选择理论、分工协作理论、区域经济空间演进理论。其中，产品区位论按照要素与资源的不同禀赋分为产业区位论、工业区位论和市场区位论对一体化市场进行分析。分工协作理论根据不同分工对区域经济增长的刺激分为比较成本论、要素禀赋论和技术差距论。区域经济空间演进理论考虑多方面要素，如经济、社会、文化习俗、生产、自然条件等的反映，分为增长极论、区域间经济发展理论和辐射论。

（二）实证分析

1. 东北地区一体化发展实证分析

一体化测度体系各不相同，本书从东北地区的实际情况出发，将一体化内涵加以定义，其中具体包含区域协调、市场共建、产业协同、基础设施互联互通、公共服务便利共享以及生态环境共保联治部分。基于此对东北地区一体化发展指标体系进行划分。其中，一级指标包括区域协调发展、市场一体化、产业一体化、基础设施一体化、公共服务一体化以及生态环境一体化六部分；区域协调发展的二级指标为区域联动能力和城乡差距，而区域联动能力则指中心城市辐射带动区域经济发展的能力，这对东北地区中心城市带动周边城市发展有进一步指导作用。此外，产业一体化的二级指标为产业协同发展指标，而协同意味分工协作。在东北一体化发展过程中，企业产业各地区依照资源禀赋不同，进行分工协作，进而推进东北地区经济发展。

实证结果表明东北地区一体化发展水平普遍落后，中心城市群发展以及带动能力较差，东北地区整体围绕时间节点呈现波动式变化。从结果所现问题出发，实证部分将体制、结构作为实证的核心解释变量，并引入城市经济发展水平、开放水平、投资水平这三个控制变量，探讨影响东北地区一体化发展的影响因素。

2. 东北地区协调发展实证分析

本书运用合适的区域协调发展水平测度方法对所选指标在辽宁、吉林和黑龙江的34个地级市的情况进行了实证分析。其中，经济系统指标以“十四五”时期经济社会发展主要指标为基础，同时兼顾经济发展的数量与质量。借鉴已有相关文献，构建包括经济潜力（P）、经济规模（S）、经济结构（C）3个维度的综合指标体系。生态环境系统指标结合中共中央、国务院颁布的《关于加快推进生态文明建设的意见》以及中国科学院发布的《中国可持续发展战略报告》，遵循“共同抓好大保护、协同推进大治理”的建设原则，以生态保护的“压力—状态—响应”（Pressure-State-Response，PSR）理论为依据，构建生态环境指标体系，包括发展压力（P）、发展状态（S）和发展响应（R）3个维度。从综合发展水平层面、经济、资源环境、民生系统层面以及耦合协调发展层面分析实验结果，进而研究东北地区协调发展问题，并对东北地区协调发展问题所产生的原因进行剖析。

第五节 创新与不足

一、创新之处

第一，对区域经济一体化的理论进行了分析总结，把区位选择理论、区域分工协作理论和区域经济空间演进理论统一在一个框架内进行探讨。从逻辑上分析了产品区位论中的产业区位论、工业区位论和市场区位论，区域分工协作理论的比较成本论、要素禀赋论和技术差距论，以及区域经济空间演进理论的增长极论、区域间经济发展理论、辐射论和一体化阶段论，尝试剖析了区域一体化的实现机制。

第二，从空间一体化、市场一体化、贸易一体化、产业一体化、基础设施一体化、创新一体化等多个视角，利用科学方法对东北地区一体化发展现状进行了全面分析。特别在空间、市场、贸易一体化方面，克服了以往研究只进行理论梳理的弊端，引入了大量数据进行刻画推理，使得结论更加翔实可靠。同时提出了建立区域政府利益分享和补偿机制、建立具有协调与仲裁功能的区际协调组织结构等创新建议。

第三，伴随着东北地区的不断发展和融合，东北地区一体化发展水平如何、有何特征，体制机制障碍与结构性问题对一体化发展的影响如何？成为了提高东北地区区域一体化水平和促进东北地区高质量发展亟待分析的关键问题。本书从区域协调、市场共建、产业协同、基础设施互联互通、公共服务便利共享以及生态环境共保联治视角出发，基于发展水平、市场一体化、产业一体化、基础设施一体化、公共服务一体化以及生态环境一体化 6 个方面构建指标体系，基于熵值法这一客观赋权方法对东北地区一体化发展水平进行了评价，根据各项指标观测值所提供的信息量大小来确定指标权重，进而确定城市的一体化发展指数，消除了主观赋权法的随意性，保证了评价科学性。同时，基于面板数据模型创新性地探究了体制因素对东北地区一体化发展水平的影响，摆脱了以往只从理论分析体制对东北地区一体化影响的局限。

第四，采用引力模型对区域协调发展水平进行了测量，既能反映经济中心城市对周围地区的辐射能力，也能反映周围地区对经济中心辐射能力的接受程度，保证了测量准确性。以东北地区 34 个城市为研究对象，构建了经济发展和生态环境两大系统综合评价指标体系，利用熵值法和耦合协调度模型测度其耦合度与耦合协调度，并依据评价标准判定各城市两系统耦合协调关系及类型，借此提出东北地区经济与生态环境协调发展的优化路径，对指导东北经济社会可持续发展及东北区域一体化发展提出了一些新见解。

第五，本书不仅讨论了东北地区区域一体化的发展格局，还与长三角一体化发展、珠三角一体化发展、京津冀一体化发展、成渝城市群一体化发展及粤港澳大湾区一体化发展进行了对比分析，从而更好地剖析这些地区为东北地区一体化发展所带来启示，便于东北地区在区域一体化过程中吸收相关经验。同时，考虑了国外区域一体化发展策略模式所带来的启示，对美国“市场主导”型模式、日本“政府主导”型模式及欧洲“多层治理”型模式进行了多角度分析，进一步总结了适合东北地区一体化发展的经验。

二、不足之处

本书也存在一些不足之处，一是虽然在理论上进行了总结，并结合东北地区的具体情况，根据相关理论进行了分析，但并未在理论上取得新突破；二是虽然从多个视角探索了东北地区区域一体化的发展现状及优化路径，但区域一体化涉及的方方面面因素或有遗漏；三是东北地区作为最早实行计划经济体制、最晚退出计划经济体制、受计划经济影响最深的地区，计划经济的遗留影响对东北区域一体化有着不可忽视的作用，但由于相关数据较难获取，本书只通过理论分析对这部分内容进行了研究。

第二章

区域经济一体化理论分析

第一节 理论基础

区域经济一体化理论基础主要包括区位选择理论、分工协作理论、区域经济空间演进理论。其中，区位选择理论可分为产业区位论、城市区位论和市场区位论。分工协作理论可分为比较成本论、要素禀赋论和技术差距论。区域经济空间演进理论可分为增长极论、区域间经济发展理论和辐射论等。

一、区位选择理论

区位选择理论用于解释人类经济活动的空间分布规律，是区域经济学的基础理论之一。在不同的区域中，决策主体面临的区位因素不同，所拥有的市场、技术以及资源禀赋也不尽相同。因此各决策主体需要根据自身的需求以及所面临的资源禀赋来选择不同的区位。在决策主体进行区位选择的过程中需要考虑哪些因素，以及需要依据什么理论来进行选择，这些构成了区位选择理论的内容。区位选择理论主要包括产业区位论、城市区位论和市场区位论。

（一）产业区位论

1. 农业区位论

1826年，德国经济学家杜能（Thünen，1826）在《孤立国同农业和国民经济的关系》一书中对自己多年经营农场的经验进行了理论总结。为了使研究简化，杜能（1826）进行了一系列的假设条件，将复杂的社会假设成为一个孤立国。假设只有一个城市，且位于肥沃平原的中央，城市供给人工产品，周围的平原为城市供给食物。杜能（1826）排除土壤肥沃程度、土质、气候等其他因素的干扰，采用孤立化的研究方法，按照市场距离因素的作用进行探讨。在农产品品种相同的情况下，产地距离城市越远，则运费越高，利润也就越少。当农产品的产地与城市的距离达到一定程度时，农产品的利润为0。此时，这一地点就是农产品的耕作极限。与城市的距离超过这一地点，就会出现亏损。

由于农场主选择地租收入最大的农作物进行生产，就出现了围绕城市由内向外农场土地利用的圈层结构：以城市为中心，由里向外依次为自由式农业、林业、轮作式农业、谷草式农业、三圃式农业、畜牧业这样的同心圆结构。杜能进一步指出，农业生产的空间配置，一般在城市周围生产新鲜易腐且难以运输的农产品，而随着距城市距离的增加，农场主则种植相对于农产品的价格而言运费少的作物。

杜能的农业区位理论主要表明农业土地利用类型，不仅取决于土地的天然情况，还取决于土地与城市的距离以及运输费用等经济因素。杜能对区位经济理论的贡献是采取了“孤立化”的研究方法，为以后研究区位理论的学者提供借鉴。杜能根据运输费用的差异，建立农业生产的空间差异模型；从级差地租出发，建立农业集约化经营模型，被广泛用于工业、农业空间布局研究。然而，随着经济社会的发展和社会的进步，运输费用不断下降，运输业也不断发展，运输费用占农产品的比重越来越小。杜能的农业区位论与现实模型并不相一致。

2. 工业区位论

德国经济学家韦伯（Weber，1909）首次创建了工业区位论，在

1909 年出版的著作《工业区位论》中，对德国的工业区位、人口集聚及相关问题进行了综合分析，提出了工业区位论。韦伯（1909）将工业生产活动作为研究对象。通过研究工业生产活动的区位原理，来解释人口的地域间大规模移动以及城市的人口与产业的集聚原因。

韦伯（1909）在工业区理论中提出了四个假设条件：第一，假设自然资源禀赋是均匀分布的，各地区的原料分布位置都是已知的；第二，各地区的消费地域已知，并且位置和大小保持相同，对商品的需求量是一定的；第三，劳动力供给地区是已知的，工资水平保持不变，劳动力的供给数量是无限的；第四，火车是唯一的运输工具，运费取决于货物的重量和运输距离。在众多影响生产成本的因素中，韦伯（1909）认为起决定性作用的是运输费用、劳动力费用和集聚费用。韦伯为了分析简便，只考虑运输费用对工业区位的影响。运费主要取决于运输重量和运输距离。工业生产中的运输重量主要取决于工业原材料的性质和状况。按照工业原料空间分布的不同，可将工业原料分为遍在原料与局地原料。遍在原料是指在任何地方都普遍存在的原料，如普通沙石；而局地原料是指只有在特定场所才有的原料，如铁矿石。按照生产时重量转换的状况不同，韦伯又把局地原料分为纯原料与损重原料。纯原料为所有重量全部进入最终产品的局地原料，损重原料为只有部分重量进入最终产品的局地原料。

在不同情况下，运费对工业区位有不同的影响。在原料产地与消费地已知的条件下，工业区位会位于最小的地区。当只有一种市场和一种原料时，根据原料的性质，工业区位可能有三种形式：若原料是普遍存在性的，那么工业区位选在市场；若原料是局部存在和非损重的，工业区位则应选在市场和原料产地之间的任意一点；若原料是局部存在和损重的，则工业区位应位于原料产地。后来，韦伯又加入了劳动力费用的影响，对工业区位论进行了修正。劳动费用是指 1 单位重量产品所包含的工资。如果选择在劳动力费用相对低廉的地点布局，所节约的劳动费用大于由于选择劳动力费用低廉的工业布局点所产生的运费增加额，那么劳动费指向就占据主导地位。并且，韦伯提出了劳动费指数概念，即

1 单位重量产品的平均劳动费用。如果劳动费用指数越大，则工业区位从最小运费布局点转向劳动力相对低廉的布局点的可能性也就越大；反之，可能性越小。在人口密度高的地区，劳动力费用差距较大，工业区位倾向于选择劳动力费用指向；而在人口稀疏的地区，劳动力费用差距较小，工业区位的选择就倾向于运费指向。并且韦伯进一步研究了集聚对运费指向和劳动力指向的影响。企业生产规模的扩大会产生集聚，多个企业在空间上集中也会产生集聚。韦伯认为当集聚带来的生产和销售成本的节约大于运费指向或劳动力指向所节约的成本时，便产生了集聚。

韦伯的工业区位论运用微观的分析方法，从单个企业出发，通过成本分析，以追求成本最小化为目的，做出最优的区位决策。韦伯首次将抽象和演绎的方法运用于工业区位的研究中，建立了完善的工业区位理论体系，为之后的区位论学者提供了研究工业区位的方法论基础。然而，韦伯的工业区位论也存在着一定的缺陷，并没有考虑技术进步，完全竞争的条件也并不符合现实，并且仅运用了微观经济学中的静态分析方法。之后的区位论学者对韦伯的工业区位论进行了补充，形成了动态、宏观的工业区位论。

（二）城市区位论

德国地理学家克里斯塔勒（Christaller，1933）在著作《德国南部中心地原理》中系统地阐述了中心地的数量、规模和分布方式，创建了中心地学说。中心地学说通过研究城市的空间和布局，探索城市体系最优化的一种城市区位理论，对地理学具有重要的意义。克里斯塔勒（1933）提出了以下概念：

中心地，是指向外围地区提供货物和服务的地区。根据提供货物和服务的级别，中心地可以分为不同的等级。中心地具有向外围地区提供中心商品的职能，中心商品是中心地生产并用以提供中心地及外围地区居民消费的商品。

中心性，是指相对于中心地的周围地区而言，中心地的重要性或中心职能的发挥程度。在数值上等于中心地供给外围地区中心商品的数量，即中心地提供中心商品的数量减去提供给中心地自身使用的中心商品的数量。

商品服务范围，是指通过中心地能够提供货物所能够到达的范围。商品服务的上限是指对中心商品的需求所限定的，中心地的某一商品能够被消费者购买到手中的空间边界。商品服务范围的下限是中心商品的供给所能确定的边界。中心地为供给某种中心商品而必须达到的该商品最小限度的需求量，叫作门槛值。

经济距离，是指由货币价值换算得到的地理距离。由费用、时间和劳动力三者共同决定的，是决定中心地商品供给范围大小的重要因素。

中心地的分布形态，在市场、交通和行政因素的制约下，会形成不同的中心地系统模式。在市场原则下，中心地的供给要以利于中心商品的供给为原则，每一个中心地通过六个次级中心地来对外围中心地进行中心商品的供给，每一个次级中心地同时又要接受三个中心地的中心商品的供给。因此，每一个中心地平均服务量包括外围两个次级中心地商品的供给，以及自身一个次级中心地的服务量。在 1 个中心地所属的 3 个二级市场中，一个是一级中心地，两个是二级中心地，呈三角形分布。低一级的中心地位于高一级的中心地所形成的等边三角形的中央，形成了 K = 3 的序列。

在交通原则影响较为显著的地区，中心地系统受到交通原则的制约。各级中心地布局在两个比自己高一级的中心地的交通线上的中心点上。克里斯塔勒从交通便利的角度出发，将位于六边形六个顶点上的各个中心地设置在六边形六条边的中点上。这使得同一级中心地的交通线都会将次一级的中心线连接起来，形成一种新的模式。每一个中心地的平均服务量为外围三个次级中心地中心商品的供给与自身中心地商品的供给，形成了 K = 4 的序列。

在行政职能影响显著的地区，中心地系统受到行政原则的制约。克里斯塔勒认为，按照行政管理的角度，一个中心地只隶属于一个高级中心地。在一个六边形中存在着 7 个行政单位，1 个高级行政区单位对 6 个基层行政区单位进行管理，形成 K = 7 的序列。

交通原则、市场原则和行政原则相互联系，市场原则是中心地系统的基础，交通原则和行政原则是市场原则上形成的中心地系统的修正。克里斯塔勒对交通原则、市场原则、行政原则的适用范围进行了分析。高级中心地对远距离交通的要求较大，需要按交通原则布局，中级中心地按照行政原则进行布局，低级中心地则依靠市场原则进行布局。

克里斯塔勒的中心地理论是现代地理学发展的理论基础，被广泛用于研究城市等级划分，城市与腹地之间的联系，城市的区位、规模以及职能。克里斯塔勒的中心地理论也存在着一定的缺陷，克里斯塔勒只重视货物供给的上限分析，并且在中心地系统中，假定中心地的数量固定不变与现实不相符合。另外，中心地理论忽视了集聚利益，也没有对需求的增加、交通的发展、人口的移动所带来的中心地的变化加以论述。

（三）市场区位论

德国经济学家廖施（Losch，1940）在1940年出版了《区位经济学》，以追求最大利润为原则，在区位分析之中引入了空间均衡的思想，分析了市场规模以及市场需求结构对区位的影响，创立了市场区位论。市场区位论被视为古典区位理论的终结，它的出现代表着区位论发展一个大阶段的结束。

廖施的市场区位论对区位论的阐述主要集中于以下三个方面。

第一，以最大利润为原则的基础出发，综合研究供给和需求对市场区位的影响。廖施（1940）认为供给和需求都是每个企业在配置时必须考虑的问题。其将市场上的经济单位分别归为生产和消费两大部门，即供给区和消费区，二者合称为市场区。相比于先前的古典区位理论，这是对之前农业区位论和工业区位论的综合。廖施（1940）认为，区位是由生产和消费两种因素共同影响并作用的，需要综合考虑生产成本和总收入的影响因素。单一地只考虑生产成本抑或是总收入都是片面的，而以利润最大化的原则去研究区位选择。

第二，区位系统平衡理论。其产生与当时的时代背景有着密切的关系。廖施身处的时代是垄断式资本主义蓬勃发展，资本主义国家内部形成了诸多利益集团，垄断市场代替自由市场的时代。当时凯恩斯主义的国家干预学说盛行，区位平衡理论与凯恩斯主义遥相呼应。廖施（1940）认为，在进行区位选择的时候应当考虑各种因素的影响，综合考虑各个经济单位的相互依存关系，以谋求整个体系的平衡。这是廖施对于区位理论最为突出的贡献，先前的理论大多着眼于个别企业的定位之上，而忽略了经济主体之间的联系。廖施的市场区位论充分考虑了各类外界条件和因素，探索了空间均衡的一般条件，并且提出了一般区位方程。

第三，关于市场区和市场网的研究。市场区位论首先存在以下两点假设：一是生产环境是均质的平原，各个方向的运输成本相同，生产资源均匀分布；二是人口均匀分布，且劳动力均有相同的技术知识和生产能力。在这样的假设条件之下，廖施（1940）认为产品的销售范围是以企业为圆心，以最大销售距离为半径的圆形区域之内。而由于各个圆形之间存在空隙，就意味着有一部分消费者的需求没办法得到市场的供给。在自由竞争的假定条件之下，各个企业都想要占领空隙部位的市场份额，于是新企业进入市场，随着空隙不断建立新企业，最终市场就会演变为六边形的市场网格。当然，市场区位论所推导出的六边形市场网是建立在一系列近乎完美的假设之中的，但是也为当时的区位理论做出了重大贡献。在实际生活中，这些区域几乎不会呈现六边形的形状，其形状的不同大多归因于资源禀赋、道路交通、劳动力以及市场等方面的差异和变化。廖施从理论上剖析了市场区形成的机制，为城市规划和区域规划提供了一套基本的理论方法。

二、分工协作理论

各个区域之间分工协作的形成和演进，是区域经济增长的重要源泉。近几十年的全球化历程已经证明，区域之间的分工合作能够促进区域经济发展，提高地区的区域竞争力。在国民经济乃至世界经济范围内，形成合理的区域分工能够提升资源的利用效率。与此同时，区域分工在不断迭代的发展过程中，由于资源和技术等要素禀赋的变化，伴随着经济活动分布布局和区域经济利益格局的变动，形成了激烈的区域竞争。

由于对区域分工的方式的认识有所差异，古典政治学家提出了不同的区域分工理论。这些理论早期是针对研究国际分工与贸易而提出的，后来被应用于区域分工。早期的区域分工理论主要有比较成本论与要素禀赋论。在20世纪50年代，区域经济学成为一门独立的学科之后，其经济学思想取得了革命性的发展。这一发展主要是遵循两个路径：第一是放宽了古典区域分工理论的假设，逐渐发展并形成了要素替代理论，新要素禀赋理论等；第二是更广泛地考虑了除传统的劳动力和资本以外的其他能够影响区域分工协作的因素，主要形成了技术差距论和产品生产周期理论等。本书主要介绍比较成本论、要素禀赋论以及技术差距论。

（一）比较成本论

比较成本论是从比较各个国家和地区之间的生产成本来对区域之间分工协作进行解释的理论。主要包括英国经济学家亚当·斯密的绝对利益论和李嘉图的比较利益论（李小建，1999）。

亚当·斯密是研究国际贸易和区域分工协作问题的开拓者。1776年亚当·斯密出版了著名的《国民财富的性质和原因的研究》，认为国际（区际）贸易的原因是商品成本之间的差异，进而讨论了国际分工。他认为劳动生产力上最大的增进以及运用劳动时所表现得更加熟练，技巧和判断力，都是分工的结果。他从一般工厂的分工开始，进而延伸至分析国家和社会的分工，认为国家之间应当按照绝对优势分工，即如果每个国家和地区都利用自身绝对有利的生产条件进行生产，然后彼此之间进行交换，则会对所有国家都有利。换言来说，每个国家都利用自身优势进行生产就能在最大化劳动生产率的同时最小化成本。斯密认为，在国际和区际贸易的背景之下，用成本较低的商品去换取自身生产成本较高的商品能够增加国民财富。亚当·斯密绝对利益论的提出为扩大世界贸易奠定了一定的理论基础。然而，该理论也存在着明显的缺陷，如果有一个区域在任何产品的生产中都没有绝对优势，是否还会发生区际贸易？在现实生活中答案显然是肯定的，但是亚当·斯密的绝对利益论并没有对这种情况给出合理的解释。

针对亚当·斯密绝对利益论中所存在的缺陷，古典政治经济学家大卫·李嘉图在其 1817 年出版的《政治经济学及税赋原理》中提出了“比较利益学说”，解决了绝对利益论中无法解释的问题。与绝对利益论不同的是，比较利益论认为不应该把绝对成本作为国际分工和贸易的准则，而应当以比较成本进行区域和国际分工。具体来说，在诸多产品都具有绝对优势的国家不需要生产所有的产品，而应当在其中“优中选优”，选择相对其他产品具有最大优势的产品进行生产；在诸多产品中都没有绝对优势的国家则应当选择相对而言不利程度最小的产品进行生产。在这样的国际（区际）分工之下，这两个国家（地区）依旧可以通过对外贸易获得利益。

李嘉图比较利益学说的发展具有十分积极的意义，即不论一个国家出于什么样的发展阶段，都能够通过比较成本确定自身的优势。在自由贸易的制度之下，各国应该充分利用国际分工和贸易，将有限的资源投入发展相对优势的产业当中，以获取经济利益的最大化。但与此同时，比较利益学说同样有其缺陷（段亚丁和车维汉，2014）。第一，比较利益学说没有对优势的形成给出合理的解释，其将原因归根于不同国家和地区的劳动生产率和技术差异，而这并不能解释当时复杂的区域分工。第二，比较利益论和绝对利益论在国际分工的分析之中，都没有引入生产要素在国际流动这一重要因素。而实际上，尽管在现实生活中存在着各种阻碍要素流动的因素，国际合作和区际合作都无法忽视要素流动所带来的影响。因此，绝对利益理论和比较利益理论一样，在区域分工中的实际应用上都有待完善。

（二）要素禀赋论

各个区域的比较优势是客观存在的。但是比较成本论并不能说明为什么各个区域在产品的生产上有其比较优势。要素禀赋论由瑞典经济学家赫克歇尔（Heckscher，1919）在1919年首先提出，之后由其学生俄林（Ohlin，1933）在1933年出版的《区际贸易与国际贸易》一书中比较全面地阐述了要素禀赋理论，简称“H－O模型”。

要素禀赋论的基本思想是：各个国家地区之间存在的要素禀赋差异，是国际（区际）分工的最主要原因。在要素禀赋论中，形成产品成本差异有两个基本假定：（1）各个区域之间的生产要素禀赋不同；（2）不同商品生产需要不同的要素组合。以劳动和资本两个要素举例，在资本丰富的国家或区域，利率水平会低于工资水平；而在劳动力相对丰富的国家或区域，工资水平会低于利率水平。由于劳动力和资本可以相互替代，因此，在分析各个区域的生产优势的时候，应当按照各个区域能使得成本最低、产出最优的方式去进行比较。这样的话，资本更加丰富的国家可以选择生产资本密集型产品，而劳动力更加丰富的国家可以选择生产劳动密集型产品，发挥各自的比较优势，再通过国际分工，这些国家便既能发挥各自的比较优势，实现更大的经济利益，又能满足相互的需求。

赫克歇尔和俄林的“要素禀赋学说”具有严密的逻辑结构，以现代经济学和供求价格理论为基础。要素禀赋学说填补了比较成本学说的一部分空白，找到了各个国家之间存在比较成本的原因，同时告诉我们，各个国家和区域只有根据各自的要素禀赋去参与国际分工，实现优势互补，才能有利于各个国家的经济增长。但是，在20世纪50年代，美国著名经济学家里昂惕夫为了验证要素禀赋论的真实性，运用投入产出的分析方法对美国对外贸易商品的结构进行计算。根据要素禀赋论，美国是资本丰富的国家，其应该更多地出口资本密集的商品，而进口劳动密集型商品。然而，统计验证的结论却和要素禀赋理论得出的结论恰恰相反，使得西方经济学界将其称之为“里昂惕夫之谜”。

（三）技术差距论

技术差距理论是美国经济学家波斯纳（Posner，1961）于1961年在《国际贸易和技术变化》中首次提出的。技术差距理论被视为要素禀赋理论的动态扩展，因为其加入了时间作为动态要素，同时又首次将技术作为一种生产要素独立于劳动要素和资本要素进行分析。

技术差距理论是以国家之间的技术水平差距和模仿时滞来解释国际贸易模式的理论（Porsner，1961）。该理论认为：由于一国最初的技术进步，在某一个行业中会形成国际技术差距，由这种技术进步所引起的创新国产品向另一国的出口会持续改变进口国的投资结构，直至仿制出这种产品并重新占据国内市场为止。这种“最初的技术进步”，往往建立在某国经济一系列的制度性内生变量之上。制度性内生变量是指一个国家或地区所拥有的能够引发技术进步的内生性优势和条件。这些条件从供给和需求两个方面提供了技术进步的可能性。

波斯纳在提出技术差距理论的时候引入了模仿时滞的概念。其将国家分为创新国和模仿国两大类，并将模仿时滞定义为从产品创新至进口国模仿生产的这段时间。模仿时滞可以分为国外反应时滞、国内反应时滞和学习期。“国外反应时滞”是指由创新国产品创新的发生到模仿国意识到新产品对自身产品产生威胁的一段时间；“国内反应时滞”是指从模仿国出现仿制品至国内其他厂商感受到威胁并纷纷进行仿制的一段时间；从开始仿制到新产品量化生产的一段时间称为“学习期”。利用模仿时滞的概念，波斯纳指出，由于各个国家之间制度性内生条件所导致的创新速度的差异，形成了国际（区际）分工的格局。

由于技术差距理论引入了技术创新这个要素，其在一定程度上解释了先前理论无法解释的“里昂惕夫”之谜。并且技术创新理论在传统的国际贸易理论的基础之上，系统论证了在要素禀赋相似的两个国家和地区之间，技术领先也会形成比较优势，从而发生贸易（孙赫，2013）。

三、区域经济空间演进理论

“空间”是人类进行经济活动的场所。空间结构是人类各种经济活动在特定经济区域内的空间分布状态和空间组合形式，是经济、社会、文化习俗、生产、自然条件等各方面的综合反映。通过梳理和了解空间演进理论的演进规律、机制与手段，可以为实现人口、资源与环境的可持续发展提供启示方向。区域经济空间演进理论主要包括增长极论、区域间经济发展理论、辐射理论。

（一）增长极论

增长极理论最早由法国经济学家佩鲁提出。增长极理论是西方区域经济学中经济区域理念的基石，是区域经济不平衡发展理论的依据之一。增长极理论认为，一个国家并不是平衡发展的，经济增长通常是由一个或数个增长中心向其他部门和地区传导，因此可以将特定的经济区域选作增长极，以带动经济的发展。增长极可以分为区域产业增长极和区域空间增长极。

1. 区域产业增长极

20 世纪 50 年代，法国经济学家弗朗索瓦佩鲁提出增长极理论。1955 年，佩鲁（Peru，1988）在《略论“增长极”概念》中对增长极理论进行了详细阐述。佩鲁将在一定时期内对经济起支配和推动作用的单位称作“增长极”。增长极作为经济单位，是位于经济空间上的一个或一组经济部门，该部门具有较强的创新能力和增长能力。佩鲁（1988）认为，“增长”不是同时出现在所有地方以及所有行业，而是首先出现在一些具有创新能力的企业和新兴部门，形成经济增长核心或“增长极”。增长极先是产生“极化效应”，吸引周边资源向增长极靠拢，推动产业集聚，不断增强经济活动，为增长极地区的发展创造有利条件，形成巨大的规模效应。当增长极发展到一定程度时，会对其他地区形成扩散效应，通过外部经济和产业关联，带动邻近地区和相关产业的发展。

佩鲁（1988）认为，并不是所有的地区都可以成为增长极，形成增长极至少具备三个条件：一是该区域拥有一定数量的具备足够创新能力的企业和企业家群体；二是该区域必须具有一定的规模经济效益；三是该区域必须要具有有利于经济发展的投资环境和生产环境。而创新是经济增长与发展最主要的动力。增长极理论的实质就是通过区域经济的差异化发展，将有限的经济资源投入增长潜力巨大、具有明显的规模效益和投资效益的部门和地区，强化增长级的创新和增长能力。通过主导产业和少数地区的优先发展，带动和辐射其他部门和地区的发展，最终实现整个区域的发展。

根据佩鲁的观点，区域增长极的确立依赖于推进型产业的确立。为了促进增长极的形成，应大力发展推进型产业或企业。推进型企业或产业在增加产出和服务时，能够增加另外一个或几个产业的产出水平或增强相关产业的购买能力。推进型企业可以通过技术创新活动，产生极化效应，并推动整个地区全要素生产率的提高，带动整个区域的快速发展，“使整个国民经济总产出的增长远远超过自身产出的增长”。

2. 区域空间增长极

在20世纪60年代，增长极的概念发生了变化，被赋予了地理空间的含义。法国经济学家布代维尔将增长极概念中的经济空间推广到地理空间。布代维尔认为经济空间中不仅包含了经济变量之间的结构关系，也包含了经济现象的区位关系和地域结构关系。因此，增长极概念中具有两层含义：一是在经济意义上特指推进型主导产业部门；二是在地理意义上特指区位条件优越的地区。1966年，布代维尔（Boudeville，1966）在著作《区域经济学规划问题》中提到，创新集中于城市的主导产业中，而这种主导产业是在城市中的一组扩张并带动区域经济活动进一步发展的产业。主导产业所在的城市就是增长极，通过扩散效应带动周边地区的发展。不同规模的中心城市构成增长极的等级体系，不同等级的“增长极”与其腹地构成地理空间的基本体系。

布代维尔（1966）认为，佩鲁所提出的抽象的经济空间可以分为三类空间：均质空间、极化空间和规划空间。均质空间是一个连续的均质区域，任一单元的经济构成与其他单元高度相似。极化空间是按照不同组成部分相互依赖的程度划分的区域，如按照城市功能划分的城市等级结构。极化空间是一个异质空间，次级经济中心与发展极之间的商品和服务的流通量要远远多于次级经济中心之间商品和服务的流通量。规划空间是政府政策的实施区域，在规划空间中，区域内各组成部分的发展取决于同一决策机构所制定的发展目标。布代维尔将“增长极”分为受市场机制影响形成的“增长极”和受计划机制诱导而形成的“增长极”。

布代维尔（1966）认为，需要政府的干预和规划政策培养一批新的“增长极”，尤其是一些幅员辽阔并区域发展极不平衡的国家，应该减小扩张效应和收缩效应的差距，对“飞地”的现象进行有效的控制。

（二）梯度转移理论

梯度被广泛用来在地图上表示地区间经济发展水平的差距，以及由低水平地区向高水平地区过渡的空间变化的速度。各国在现代生产布局的研究中普遍遇到的一个问题是地区之间经济发展的不平衡，各国需要根据地区经济发展的梯度图来解决区域发展不平衡的问题。地区经济发展梯度图表示在国家或地区范围内经济发展水平由高到低的发展状况。梯度转移理论源于弗农提出的工业生产的产品生命周期理论。产品生命周期理论认为，工业各部门及各种工业产品，处于生命周期的不同发展阶段，即经历创新、发展、成熟、衰退四个阶段。此后威尔斯和赫希哲等对该理论进行了验证，以及充实和发展。区域经济学家将这一理论引入区域经济学中，于是就产生了区域经济发展的梯度转移理论。

梯度转移理论认为，区域经济的兴衰主要取决于一个地区产业结构的优劣，而产业结构的优劣主要取决于地区的经济部门，尤其是主导产业部门在工业生命周期中所处的不同阶段。如果一个地区的主导产业主要由处在创新阶段的新兴产业组成，那么就会带来区域经济的快速发展和居民收入水平的快速提升，该地区就被称为经济发展的高梯度地区。如果一个地区的主导产业部门大多是处在衰退阶段的衰退部门，则该地区必然呈现出经济增长缓慢、人均收入水平较低的特征。这个地区就被称为经济增长的低梯度地区。

新产业部门、新兴产品、新技术、新的生产管理和组织方法大多来源于高梯度地区，随着时间的推移和工业生产阶段的变化，创新活动较为活跃的产业部门，新技术、新产品、新兴先进的生产模式会按顺序逐渐由高梯度地区向低梯度地区转移。创新活动的梯度转移主要通过多层次的城市系统扩展开来，主要有局部范围扩展和大范围扩展两种形式。局部范围的扩展指创新活动由发源地按照距离远近向经济联系比较密切的邻近城市转移。创新大多发源于人口密集、周围城市众多的中心城市。由于社会上对新产品的需求增大，处在创新发源地的中心城市的生产能力便不能满足。周围城市由于距离较近，纵使技术水平较低，仍然可以通过与中心城市展开协作，承接中心城市一部分新产品的生产。大范围扩展指创新活动按照行政区域城市系统等级顺序向广大地区扩展。这时，接受新事物的能力决定梯度转移的取向，并可以按照接受新事物的能力进行梯度划分。处在第二梯度的城市接受新事物能力较强，有能力很快接受来源于第一梯度的创新产业部门和新产品。同时，随着产品生命周期的成熟和演进，产品的生产会依据城市系统等级顺序向第三梯度、第四梯度的城市进行转移，并且由城市向农村、乡镇进行推移。发生在农村地区中的农业、林业、农产品加工业等方面的创新也是先反馈到城市系统，然后再扩展到全国有需要的地区。

来自瑞典的经济学家缪尔达尔（Myrdal，1957）进一步研究了造成区域发展梯度变化的原因及其趋势，提出了“循环累积因果论”，对区域经济空间由低度均衡向非均衡演化的过程进行解释。缪尔达尔（1957）在《经济理论和不发达地区》中提出了两种累积循环因果运动。第一种是中心城市对周围落后地区发展主要起阻碍作用，即回波效应。回波效应促使生产要素向中心城市回流，产生中心城市与周围落后地区的经济发展水平差距扩大的运动趋势。第二种是中心城市对周围落后地区发展的推动作用，即“扩散效应”。扩散效应促成了生产要素从增长极向周围落后地区的扩散，使得中心城市与周围落后城市的经济发展差距呈现出缩小趋势。缪尔达尔认为，扩散效应一定程度上促进了较低梯度国家和地区的发展，而回波效应会遏制低梯度地区的发展。

（三）辐射理论

在区域经济发展理论中，辐射是指经济发展水平较高的地区与经济发展水平较低的地区进行资本、人才、技术、市场、信息等要素的流动以及思想观念、思维方式、生活习惯的传播。要素的流动和思想观念的传播，会提高周围地区的资源配置效率。新的思想观念会取代旧的思想观念、生活方式、行为习惯。辐射主要是通过交通条件、信息传播手段和市场机制等方式。经济发展水平较高的地区被称为辐射源。

辐射可以分为点辐射、线辐射、面辐射。点辐射是指以中心城市点为辐射源的辐射。线辐射是指以濒临沿海的陆地、江川河流，以及河流湖泊延边航道、公路干线等线状的区域为辐射源的辐射。面辐射是指以经济发展水平较高的地区为辐射源的辐射。

1. 点辐射

点辐射以大型中心城市为辐射源，向周围城市展开，呈波浪状由中心向外围扩散，逐步扩散到较远的地区。中心城市的经济发展水平较高，在资本、人才、技术、信息等方面具有优势，居民的思想观念、生活方式、行为习惯也比较先进，不过中心城市的自然资源、劳动力等方面较为匮乏。而周边地区具有较为充足的劳动力以及自然资源，在资本、人才、技术、信息等方面较为匮乏。因此，中心城市可以和周围城市实现优势互补，从而大大提高以中心城市为核心的地区发展速度。点辐射的进行有赖于良好的交通条件、信息传播手段和市场机制。因此，为提高中心城市与周围城市的辐射效率，促进以中心城市为核心的地区发展，需要在中心城市和周围城市间建设完备的公路、铁路等交通运输网络以及良好的通信网络。同时，也要重视中心城市和周围城市的市场机制的建设，促进要素在城市间自由流动。

2. 线辐射

线辐射以濒临沿海的陆地、江川河流、河流湖泊延边航道、公路干线等带状的区域为辐射源，向两翼或周围地区铺开。濒临沿海的陆地、江川河流、河流湖泊延边航道、公路干线等被称为辐射干线。经济发展水平较高的城市和地区通常位于辐射干线上，而经济发展水平较低的地区通常位于辐射干线的两翼地区。线辐射也能够实现城市间的优势互补。来自辐射干线上的城市和地区的资本、先进的人才、技术等要素以及思想观念、生活方式会向两翼地区进行传播和扩散，从而促进整个地区的经济发展水平的提高。

3. 面辐射

点辐射和面辐射提高了辐射区域的整体发展水平，形成以中心城市和辐射干线为核心的经济发展水平较高的区域。中心城市和周围城市连成一片，形成具有较强辐射能力的辐射源，进一步和周围落后地区进行辐射。由于在地图上，中心城市和周围城市连成面，可以称这种辐射为面辐射。

根据面辐射的特点，可以分为摊饼式辐射以及跳跃式辐射。摊饼式辐射是指经济发展水平和现代化水平较高的地区逐步向周边地区进行资本、人才、技术、信息等要素的传播，使得周边地区的发展进一步加快，并逐渐向外部地区推移。这种辐射是渐进式的辐射，在空间上呈现出连续性的特征，因此，被称为摊饼式的辐射。跳跃式辐射是指经济发展水平较高的地区跳过一些地区直接与落后地区进行资本、人才、技术、信息等要素的流动以及思想观念和生活方式的传播，以促进落后地区经济发展水平的提高。这种辐射从空间上看是跳跃式的，经济发展水平较高的地区与落后地区之间存在一个盲区。

点辐射和线辐射是抽象的相对概念，地图上任何一个点和线在现实中都是一座城市和河流等区域，因此更加呈现出面辐射的特征。这并不意味着点辐射与线辐射并没有面辐射重要，在分析不同地区的经济发展问题时，尤其在分析不同地区间差距以及相互影响时，点辐射和线辐射的概念就显得尤为重要。点辐射、线辐射、面辐射并没有固定的顺序，三者可能同时进行。从辐射的机制来看，点辐射最简单，大量的点辐射构成更加复杂的辐射网络，形成线辐射。面辐射是最复杂的辐射形式，在面辐射中，既有可能包含大量的点辐射，也有可能包含大量的面辐射。当点辐射和线辐射相互影响交织并向外推进时，就形成了面辐射。

点辐射、线辐射和面辐射对于实现区域经济一体化具有较强的政策含义。点辐射的进行需要发达的交通网络，因此需要地方政府建立以发达地区为核心的完善的交通设施以提高辐射的效率。线辐射要求重视铁路干线、公路干线以及周边路线的配套基础设施的建设问题。面辐射则启示我们要在先进地区和落后地区间建立发达的道路基础设施网络。面辐射对于当下我国缓解东西差距、南北差距问题具有重要的政策启示意义。东西地区、南北地区之间要通过政府建立东西、南北的互助关系，并利用现有的交通基础设施网络，推动资金、人才、技术、信息等要素向落后地区流动，从而缩小区域发展差距，促进经济协同发展。

（四）倒“U”形论

1955 年美国经济学家西蒙（Simon，1955）在《美国经济评论》中首次提出了倒“U”形假说，即在笛卡尔坐标系中，将收入差距作为纵轴，经济增长作为横轴，可以绘制出倒“U”形的曲线，被称为“库氏曲线”。这个假说理论在当时是极具开创性的理论，但是其在做实证分析的时候选用的时间序列数据只局限于时间跨度不大、极少数国家的及其零散的数据，并不具有普遍性意义。因此，在 1965 年，威廉姆森（Williamson，1965）发表了《区域不平衡与国家发展过程》一文，通过选取长达 110 年的经济数据，同时根据全球 24 个国家的数据资料进行截面分析和时间序列分析，提出了现在的倒“U”形理论。其理论内容为：在区域经济的发展过程中，区域经济空间增长差异呈现明显的倒“U”形的变化方式。在国家经济发展的初期阶段，区域差距会逐渐增大；但是在经济发展进入成熟阶段后，区域差异将会随着经济增长而逐渐下降（伍新木和高鑫，2006）。

威廉姆森将这种倒“U”形的变动归因于以下四个方面的因素（Williamson，2002）。第一，劳动力的迁移。在经济发展初期，运输条件不发达的情况之下，劳动力的较高的迁移成本会制约劳动力迁移的规模。这时，只有具有一定技能、接受过良好劳动教育的人才会倾向于向发达地区进行迁移。但在经济进入蓬勃发展阶段之后，运输条件得到改善，逐步下降的迁移成本使得劳动力迁移的选择性下降，之前相对低技能的劳动力也会选择进行迁移流动。与此同时，发达地区的劳动力市场也接近饱和，开始反向回流到不发达地区。第二，资金的流动。在经济发展初期，发达地区具有更高的投资价值和更广阔的潜在市场，具有外部聚集经济效应，因此不发达区域的资金倾向于流向发达区域。但随着经济的不断发展，发达地区的投资趋近于饱和，而不发达地区由于劳动人口和资源的回流，带来了更多的消费能力，因此资金趋向于流向不发达区域。第三，国家发展目标的选择。在经济起飞及发展阶段，全国整体经济的发展水平提高是中央政府制定一系列政策的出发点和目标。根据不平衡发展理论，实现国家快速发展目标的最优方式是优先发展一部分区域，这部分区域往往具有出色的比较优势以便进行国际分工和贸易。因此，中央政府将调配人力、物力、财力集中于条件优越的地区，也会使用一些财税政策来助力该区域的产业发展。之后随着经济的发展，国家发展目标会转向全社会的协调发展，由发达地区带动欠发达地区的增长，从而实现区域一体化发展。第四，区域之间沟通渠道的完善。经济发展的初期阶段，区域之间的沟通较为单一，使得各个区域之间的经济交流较为闭塞，各种进入壁垒使得全国市场分化成独立的小市场，各自为战。这会使得区域间的协同效应较差，导致发达区域的技术进步、社会变革、收入乘数等的波及效应缺乏传播渠道，致使区域之间的发展差距进一步加剧。随着区域经济的不断发展，地区的沟通渠道不断完善，进入壁垒被逐步削弱，区域间的连锁反应逐渐增强，发达地区的经济影响力将逐步带动落后地区的经济增长，从而实现区域一体化发展。

（五）一体化阶段论

美国经济学家弗里德曼（Friedman，1966）在1966年出版的《区域发展政策》中提出的区域一体化发展阶段理论较具代表性。在佩鲁、赫希曼和缪尔达尔等人的研究基础之上，弗里德曼根据对一些发展中国家区域发展的演进特征分析，提出了一套有关空间发展阶段的理论体系，其中最著名的就是中心—外围理论，已经成为发展中国家研究空间经济的最主要工具。

弗里德曼的区域经济一体化演进理论认为，任何国家的区域经济结构都是由两部分构成的——经济中心区和经济外围区。经济中心区是指按商品经济活动的内在联系自然形成的一定经济区域内商品生产和交换的集中地，它是有着较强的创新变革能力的子系统。经济外围区，则是根据其与经济中心区的依附关系而由中心区决定的地域子系统。其中，经济中心区在区域经济中处于支配地位，经济外围区在区域经济中处于从属地位，经济外围区依附于经济中心区而存在。在区域经济的发展过程之中，在集聚和扩散的相互作用之下，会经历四个阶段，即离散型均衡阶段（传统农业时期）、集聚型非均衡阶段（工业化初期）、扩散型非均衡阶段（工业化中期和后期）、网络一体化均衡阶段（后工业化时期）。

1. 离散型均衡阶段

此阶段占据较长的历史时期，当时处于传统农业时期。农业在经济结构中占据主要优势，工业产值的比重不足10%，各地之间的经济发展水平差异不大，经济发展水平较为低下，只能满足基本的生活需求。在一定区域范围内，逐渐出现了以居住为主要职能的居民点；但由于社会发展缓慢，交通基础十分薄弱，各个地区之间的人员、物资、信息交流很少，没有形成区域经济发展的疏密问题，整体呈现低水平的空间均衡发展状态（Friedman，1966）。

2. 集聚型非均衡阶段

该阶段处于工业化初期。18世纪的工业革命所引发的工业化进程，有力地推动了世界范围内的城镇化，传统的以家庭、作坊经济为主体的分散式的城乡空间格局迅速瓦解，区域空间结构开始进入由分散走向集中的发展阶段。区域工业产值在10%～25%。社会变革和科学技术的发展促进了经济的较快增长，社会分工明显加快，水上交通、铁路和公路运输的出现使商品生产和交换的规模进一步扩大。在这个阶段，区域经济空间由单个相对强大的经济中心和落后的外围地区组成。区域经济中心以经济发展的相对优势吸引外围地区的要素不断向它集聚，其经济实力越来越强大，而外围地区经济则越来越趋向落后，进而致使区域经济空间日益不平衡。

3. 扩散型非均衡阶段

该阶段处于工业化中期和后期。区域工业产值的比重在25%～50%。随着区域经济活动的发展，区域从单一中心形成了向多中心的发展。新的经济中心在原有的经济中心上进一步发展和组合，逐渐变为多核心结构，城镇职能分工和等级体系初步形成。由于集聚经济在社会经济区位决策中的统治地位，社会及产业主要集聚于高等级的城市和轴线上，“点—轴系统”逐步形成，区域间经济发展不平衡愈演愈烈，空间结构仍处在变化之中（周恩毅等，2011）。

4. 网络一体化均衡阶段

该阶段处于后工业化时期。在这个时期，经济发展到了较高水平，各个区域之间的经济交往日益紧密和多样。与此同时，不同层次和规模的区域经济中心和外围地区的联系也越来越密切。各地区的空间和资源得到更加合理的利用，以城镇群为主导的“点—轴”空间系统逐步完善，等级差别越来越小，区域经济最终走向一体化。

弗里德曼从创新的视角认为，可以把区域经济发展看作是由基本创新群最终汇集成大规模创新系统的不断积累的过程。大城市往往具备优秀的基础设施、劳动力和资本，具有实行创新的条件，而创新常常从大城市向外围区进行扩散。因此，弗里德曼认为，政府应该把高技术产品的生产及从事科学研究的机构布局在经济中心区，而把低工资的劳动密集型产品的生产活动布局在外围区，以此来推动区域经济朝经济一体化方向发展。

第二节 区域经济一体化的实现机制与影响

一、区域经济一体化的内涵

我国学界广泛引用的“一体化”源于英文单词“integration”，原意为更新。在经济学领域中，这个术语最早出现在产业组织理论中，主要针对企业兼并和合并的现象，指厂商通过协定、卡特尔、康采恩、托拉斯及兼并等方式联合而成的工业组织。荷兰经济学家丁伯根（Tinbergen，1966）认为，经济一体化就是将有关阻碍经济最有效运行的人为因素加以消除，通过相互协作与统一，创造最适宜的国际经济结构。美国经济学家米德（Meade，2013）则认为，一体化是达到一种联盟状态的过程。不仅要消除各成员体经济单位之间的歧视，而且要形成和实施协调的和共同的政策，其范围应足以保证实现主要的经济与福利目标。法里佐夫在（1986）《发展中国家间的经济合作》一书中指出，区域经济一体化是指经济发展水平相近的国家在国民经济之间发展深刻的相互联系和开展分工的客观进程。它不仅包括这些国家的对外开放交往领域，也包括市场联系，而且渗透到物质生产领域，使这些再生产过程的相互联系越来越密切，各国民族经济紧密地结合起来，并建立区域经济综合体。

王雨和张京祥（2022）认为，区域经济一体化是指在一个主权国家范围内，地区之间通过制度创新消除彼此间的差别待遇，要素跨域流动的额外成本逐渐接近于零的区域经济空间现象。不同于以往国内学者对国内区域经济一体化的研究集聚在物质空间层面，王宇和张京祥认为制度障碍才是制约区域经济一体化的更为深刻的力量，因此需要在制度距离视角下对区域经济一体化建立解释性框架。

赵俊平等（2012）将一体化定义为：两个或两个以上的国家或地区，通过协商并缔结经济条约或协议，实施统一的经济政策和措施，消除商品、要素、金融等市场的人为分割和限制，以国际分工为基础来提高经济效率和获得更大经济效果，把各国或各地区的经济融合起来形成一个区域性经济联合体的过程。

罗蓉和罗雪中（2009）认为，区域经济一体化一方面是一种动态演变过程，在这种动态演变过程中，区域经济系统各元素相互作用、相互影响、相互促进，具有比孤立分割下的经济体更高效的运转效率；区域经济一体化同时也是一种相对稳定的静态表现，在这种相对静止的状态下，区域经济各系统中各单元分工合作、相互依存、彼此联系，具有比孤立分割状态下的经济体更优越的性能和特征。

上述对区域经济一体化概念的界定，表明经济一体化具有三个层次：国内区域经济一体化、国际经济一体化和全球经济一体化。国内区域一体化是指一国境内各区域间的区域经济一体化。国际经济一体化是指通过签署贸易协议，并进一步实行共同的经济政策、货币政策和财政政策，实现若干国家之间的一体化。全球经济一体化是指在全球范围内，实现经济一体化，世界各国经济之间形成相互开放、相互联系、相互依赖的有机整体。在不同的发展阶段，还可能有特定部门的一体化，如能源部门、农业部门和工业部门。

经济一体化既是经济发展的过程，又是经济发展的状态。正如美国经济学家巴拉萨（Balassa，1962）于 1961 年提出的，一方面，两个独立的国民经济之间，如果存在贸易关系就可认为是经济一体化；另一方面，经济一体化又指各国经济之间的完全联合。作为一个过程，经济一体化意味着不同国家或不同区域之间，通过签署协议形成一个统一的市场，不断消除不同国家或地方间的经济歧视和地方保护，促进要素、商品和服务的自由流通。作为事物的一种状态，它表示各国和各地区经济之间不存在任何形式的歧视，一国不同地区或不同国家间的要素、商品和服务实现了自由流通和最优配置，并且已经实行了统一的经济政策，各国和各地区间的经济实现了相互依存、互惠互利和共同发展。

区域经济一体化可以定义为：不同国家之间或不同区域之间，达成一定的经济和贸易协议，通过实行统一的经济和贸易政策，促使要素、商品和服务能够自由流动，提高各地区的经济运行效率，按照各自的比较优势参与国际分工，推动各国和各地区成为一个统一的经济联合体，并且实现财政、金融、货币政策协调向更高层次发展的动态过程。区域经济一体化的实质是各区域按照自己的发展阶段和产业结构优势，参与分工协作，获得经济一体化的收益，并带动本地区的产业转换、调整和升级，解决本地区的区域发展问题和区域发展差距。区域经济一体化表现为政府间通过协商、实施统一的经济政策和贸易安排，并通过制度保障消除地区间的歧视，减少地区间的贸易成本，促进地区间发展水平的提高。

二、区域经济一体化的实现机制

所谓的区域一体化实现机制，则是指区域市场生产要素所有者和企业、区域内各经济地域单元政府、对整个区域有直接管辖权的行政区政府、区域内民间组织以及区域内合作组织等在促进区域经济一体化的过程中所产生的相互影响的关系。从现代社会经济运行经验来看主要存在市场机制、政府机制、治理机制三大方面。

一国内部的区域一体化实现机制由政府机制、市场机制、治理机制相互联结和相互影响的关系构成。其中，市场机制是基础作用机制，是实现区域一体化的核心。主要表现在市场边界的动态变化之中，激励生产要素突破行政区划限制实现自由流动，促进市场主体基于地区比较优势进行空间分布与区位调整。政府机制通过对于区域一体化的规划、区域一体化的政策对市场机制不能发挥作用的地方进行补位，是一种推动作用机制。治理机制通过协调各方利益、监督政府行为等对政府不能发挥作用的地方进行补位，是一种协同参与的监督作用机制。

（一）区域一体化的市场机制

1. 市场机制的内涵

市场机制的发挥是有其内在假设的，其中最重要的假设就是亚当·斯密的“理性人”假设。“理性人”假设市场中的每个人都是理性且利己的，每个人的效用最大化即是自身利益最大化。在理性人的假设之下，市场中“看不见的手”的机制得以实现，这就是“市场机制”。市场机制是一个有机的整体，一般是指在任何市场都存在并且会发生作用的机制，主要包括供求机制、价格机制、竞争机制和风险机制。有效的市场机制主要表现为市场边界的动态变化，激励生产要素突破行政区划限制实现自由流动；竞争机制是影响区域市场行为、市场结构和市场绩效的重要因素，是优化市场结构、提升市场绩效的原动力。区域协调发展并非排斥竞争，而是要消除行政干预造成的资源配置效率扭曲现象，建立公平、有序的竞争机制。通过竞争机制激发微观主体的活力，为实现产业结构优化、区域经济增长和空间布局优化注入内生动力（刘志彪，2019）。

2. 市场机制的作用路径

（1）促进各个分割的小市场融合成统一的大市场。

只有以市场一体化为核心，才可以使得分割的“行政区经济”聚合为开放的“区域型经济”，才可以把各个区域狭小的市场聚合为区域巨大规模的统一市场。如果统一的大市场能够实现，产能过剩的企业将会被市场其他企业吞并，从而在市场机制的作用下，生存下来的企业达到最优规模。但是在如今市场分割仍然存在的情况之下，各个企业和地方往往各自为战，竞争性项目缺乏市场协调，省际企业收购兼并阻力重重。显然，只有打破市场分割，实行区域间开放，放手让高效率企业收购兼并低效率企业，使企业成为微观一体化决策主体，才有可能真正形成一体化统一市场，实现区域一体化。

（2）促进生产要素自由流动。

在市场经济体制条件下，尤其是发达的完全市场经济国家和地区，区域一体化主要还是依赖市场机制实现的。在完全市场经济体中，生产要素自由流动，企业为了实现利益最大化，在市场竞争驱动下进行相互之间的联合与兼并，从而形成区域经济一体化。在生产要素层面上，市场机制作用表现为劳动力、资本与企业家的流动和聚集以及知识、技术向外扩散与溢出的过程。市场化配置生产要素，实现更大范围内的自由流动和组合，特别是劳动力自由流动和竞争性配置，是市场一体化的核心内容。只有劳动要素市场化配置才能真正实现区域一体化，否则任何所谓的一体化都是不完整的。而且，“分割治理”主要是行政上限制生产要素的市场化配置。以此为基础展开的区域发展竞争主要体现在要素流动不充分条件下的高速度、高投入和低质量的经济发展。

（3）虹吸创新要素，实现高质量发展。

区域一体化发展只有以市场一体化为核心，才可以据此虹吸全球先进的创新要素，发展全世界发展中国家的创新经济，实现产业链向中高端攀升，实现高质量发展。对于我国而言，应当充分利用国内超大市场规模的比较优势。这种强大的区域统一市场或国内强大市场，既有利于促进企业取得规模经济效应和国际产业竞争力，又有利于企业家“走出去”投资办企业，还有利于本土企业利用自己的巨大需求把研发、设计等知识密集环节向国外企业发包，在这个过程中学习外国企业的知识和技术。总之，其有利于我国企业广泛吸收东道国的知识资本、技术资本和人力资本，形成新的全球分工或产品内分工格局，使我国企业从全球价值链低端的成员，成为全球创新链中的有机组成部分。

（二）区域一体化的政府机制

1. 政府机制的内涵

政府机制即政府对经济干预的机制，其存在的意义是在市场机制的自动调节作用失效的时候，政府对宏观经济所采取的政策手段和行政措施的功能。在西方经济学中，政府干预主要存在两种主张，即自由放任主义和国家干预主义。

在整个资本主义自由竞争的时期，自由放任主义一直在西方经济学占据主导地位，但是在资产阶级掌握国家政权的时候，以劳动价值论为基础的古典政治经济学已经不再适用于其倡导经济自由主义的要求。他们想要的是一种既可以继续行使剥削劳动的行为，而又可以掩盖资本主义剥削本质的经济自由理论。在这个时候，著名的萨伊定律便应运而生。萨伊定律从“供给会创造其自身的需求”出发，认为社会可以自动实现充分就业，因此政府不需要对经济进行干预。但是随着经济社会的发展，这一套论证自由放任的经济理论，既不符合经济发展的实际，也不适合已经居于统治地位的垄断资产阶级的要求，其破产是历史发展的必然。

随着20世纪30年代凯恩斯主义的出现，西方政府的经济理论和政府政策出现了由自由放任主义向国家干预主义的转变。凯恩斯主义指出，古典自由主义的完全市场竞争假设在现实生活中是不存在的，现实生活总是存在一定程度的“市场失灵”。在“市场失灵”的情况之下，政府应当主动采取一些经济政策干预经济，并适时地应用货币政策、财政政策等手段来实现国民收入的再分配。

战后西方国家推行凯恩斯主义国家干预经济的政策，缓解了一定的社会经济压力，但是与此同时也导致了新的矛盾的产生。其集中表现就是20世纪70年代的“滞胀”的出现，从而引发了现代新自由主义的兴起。以货币主义、供给学派和理性预期学派为代表的新经济自由主义的理论都将批判的矛头指向了政府对经济过多的干预。20世纪80年代之后，在对斯蒂格里茨对福利经济学的“市场失灵”理论，以及公共选择学派的“政府失灵”理论进行总结的基础之上，一种比较温和的国家干预理论被提出了。在这样的理论指导之下，西方社会完成了政府经济职能的转变，转向了政府和市场相结合的混合型经济。政府的基本经济功能主要包括维护产权制度、培育市场体系、处理经济活动的“外部性”、提供公共物品、保护竞争并防止垄断、调整收入再分配以及避免经济运行的周期性震荡。

对于当下的我国而言，交错纵横的政府间多重利益博弈是区域协调发展亟待破解的难题。地方政府作为区域发展的决策主体必然面对与市场机制相互作用的问题。我国行政管理体制体现为中央政府与地方政府分权管理的块状模式，也具有中央职能部门与地方职能部门之间的条状格局，条块交纵体制均以行政区划为空间载体进行资源配置，地方政府的策略选择深刻影响着资源配置效率。与此同时，地方政府保留了大量国有企业，其对这些国有企业仍然具有利益分配权利，从而促使地方政府与国有企业之间形成了复杂的利益联盟，强化了地方政府的地方保护动机。

2. 政府机制的作用路径

（1）弥补市场失灵。

要实现区域经济一体化，必须建立统一协调的要素市场。各经济区域政府必须遵守要素市场规则，防止政府权力和垄断力量扭曲生产要素市场。政府要充分发挥政府的主观能动性，发挥市场配置要素的决定性作用。如果生产要素不能有效地配置整个区域，那么在自由竞争的环境下，各市场主体将很难实现有效、公平的竞争。为了消除局部经济利益对区域整体经济利益的侵蚀，政府应在各经济地域单元的基础上形成区域经济一体化发展内在机制，清理各种法规文件，取消一切阻碍区域生产要素一体化流动的制度和政策规定，实施统一的生产要素市场规则，制定具有约束力的一体化政策与制度规范，实现政府体系内的超经济地域单元的协调与管理，促进区域生产要素市场的发育和完善（陆大道，1998）。

政府应以服务型行政理念培育区域合作发展的生产要素市场机制，创造一个开放、成熟的生产要素流动环境；同时，应在区域经济一体化的基础上，为各经济区域的各类群体和组织提供政策、信息等公共服务。在竞争日益激烈的情况下，区域内各经济区域的政府应为外来资本创造良好的投资环境。

（2）促进产业升级。

区域间产业结构趋同导致区域间过度竞争，是区域经济发展过程中普遍存在的共性问题。产业结构趋同不仅表现在各经济区域单元之间存在着相似的产业结构，而且在各经济区域单元政府制定的发展规划中也存在着相似的产业结构。不同经济区域单元确定的发展重点和主导产业大致相同，必然导致区域重复建设。解决产业结构趋同问题，需要市场这只“看不见的手”来解决，但更需要政府这只“有形之手”来干预。政府应制定科学的区域产业整合政策，充分发挥各区域的比较优势，形成区域合理的产业空间结构和区域分工格局。具体而言，第一，政府应根据区域经济一体化的要求，加大对各经济区域单元产业发展的规划力度；第二，政府可以在区域内推行国民待遇，统一土地、税收和财政补贴政策，使不同经济区域的市场主体享有同等的待遇，避免恶性竞争（刘志彪，2019）。

（3）统筹引领经济发展规划。

区域一体化的发展必须在政府的指导之下进行发展，政府需要担任补位的角色，在市场机制不能发挥作用的地方进行补充。具体的方式就是通过制定和实施区域一体化发展规划，打破行政区划的界限，实现各个区域之间的分工协作，发挥各自的比较优势，进而实现区域一体化发展。

要实现区域经济一体化，各经济区域政府应遵守要素市场规则，更好地发挥政府权力，防止诸如地方垄断等扭曲市场配置资源的行为。因为市场机制存在一定的缺陷，如不能提供公共物品、存在外部性等，所以在自由竞争的环境之下，仅靠市场机制很难完全实现资源的有效配置。因此，就需要充分发挥政府的主观能动性来制定地区经济发展计划。区域政府应紧密结合区域基础设施、公共服务和产业布局现状，紧紧抓住市场机制缺陷，打破行政区划限制，综观全局，放眼未来，通过制定适合本区域经济一体化发展的各项中长期战略规划，加强对区域各经济地域单元经济发展的协调和指导，实现区域经济、社会、生态环境协调发展。实现区域经济一体化，关键在于实施好发展规划。区域内各经济区域政府应根据本地区的实际情况，认真地按照区域经济一体化的战略规划，制定和实施具体的经济发展方案，调整自身在基础设施建设、公共服务供给、产业布局、生态环境保护等方面的行为，并积极与区域内其他经济区域政府进行有效的联动（马波和王双，2005）。

（三）区域一体化的治理机制

1. 治理机制的内涵

治理机制一词，究其定义就是约束人们行为的规则。在现实生活中，人类只要生存和发展就需要合作，有合作的地方就需要规则和约束。因此，无论是人们的日常生活还是宏观经济的运行，都需要制度对个人和组织的行为进行约束。治理机制包括非正式治理机制和正式治理机制。非正式治理机制就是指人们在长期的社会交往中无意识形成的，具有持久生命力，并构成代代相传的文化传统的一部分，包括价值信念、伦理规范、道德观念、风俗习惯、意识形态等，是对人们行为的不成文的约束，是与法律规章等正式制度相对的概念。正式治理机制是指人们（通常是政府、国家或统治者）有意识创造并以正式的方式加以确定的各种法律和规定，包括政治规则、经济规则和契约，以及由这些规则构成的一种等级结构。非正式治理机制和正式治理机制相互联系、相互依存并且互为补充。相比于正式的法律法规相关制度，非正式治理机制如社会的民间组织、行业协会等，被认为是一种新兴的社会组织主导形式和发展趋势。治理机制通过非政府、非营利组织，以社会道德、社会舆论以及公众参与的方式进行经济调整，如通过道德舆论去消除负外部性的产生。相比于政府和市场，治理机制以非营利的治理为其主要特征，同时对政府的行为起到一定的监督作用。

2. 治理机制的作用路径

（1）协调各方之间的利益冲突。

区域经济空间调整是一个系统工程，涉及区域内各经济单位之间的关系。由于各个经济单位利益目标的不同，各经济地域单元政府与企业之间的利益差异，以及不同主体对区域经济空间调控政策的理解存在差异，进而会导致政策调整、利益冲突的出现（Williamson，2002）。这种冲突主要表现在以下几个方面：第一，经济地域单元与政府之间存在利益冲突；在逻辑上，有了经济地区单元和经济地区政府的划分，就产生了经济地区单元和经济地区政府的利益。在计划经济体制中，地方政府在权力与利益的关系中居于从属地位，最根本的选择就是利用中央政府赋予的权力实现国家整体利益。在向市场经济体制转轨过程中，最显著的变化是地方政府对经济有一定的自主权和相对独立的利益，地方政府既是宏观经济总量平衡的受控主体，又是地方经济活动的控制者。但是，区域经济空间布局存在一定的外部性，各地方政府都知道在经济空间布局中对某些产业的扩张必然会导致区域产业结构不合理，但仍为了不失去眼前的发展机会和利益而不断地扩张，造成区域产业结构趋同化、低级化。要改变这一现状，首先应建立区域统一的市场体系，打破区域经济地域分割的局面。但是行业协会在这个过程中所起的作用也不容忽视。行业协会可以利用自身的特殊属性突破区域封锁与分割，有效地调整和重组区域经济空间布局，实现资源空间的优化配置。第二，各个企业之间存在着利益冲突。区域一体化的过程必然会对区域经济空间产生一定程度的影响，这样就会涉及一部分的利益调整，进而使得一部分企业进入或退出市场。面对政府在区域经济空间调整方面的政策时，各个企业都希望其他经济单元的企业退出市场，而希望本企业留在市场之中。具体原因就是：由于在市场条件之下，企业是独立的市场主体，各个企业之间的利益是相互独立的，同时在一些经济单元的企业退出市场后，产品供给减少，价格就会上升，从而使得留在该行业的企业利润增长，这就是区域一体化的外部性。在这种情况之下，行业协会作为一种治理机制就可以对企业之间的利益进行协调。一方面，行业协会可以筹集产业调整基金，推动进入机制和退出机制的快速建立，削弱一定市场变革的阻力；另一方面，可以通过发挥行业协会的组织作用，通过对企业的重组、兼并等方式，实现各个产品生产之间的互补，化企业之间的恶性竞争为良性竞争。

（2）监督政府决策与维护企业利益。

在市场经济之下，企业是微观主体，而政策却是由政府进行制定和调整的。在这种制度之下，企业的利益就可能受到侵害。因此，行业协会的存在可以发挥其监督政府政策、维护企业利益的职能。从理论上来说，政府作为区域经济统筹协调各方的主体，应当根据自身区域经济发展情况，吸收各行业各部门的意见，制定科学合理的产业政策，对企业的经营行为进行引导和调控。换句话说，政府应当根据各企业的利益，使用各种宏观调控政策去协调各方之间的利益关系，使得在企业做出相应利益最大化决策的同时，达成整个区域经济发展的最优选择。

但是，如果政府的职能转变不到位，就会在个别地方、个别部门中蔓延。若政府主管当局在制定政策时采取单向操作，即既没有充分讨论，也没有相关信息反馈，就采取强制执行政策，其直接后果是作为经济空间调整的企业利益没有得到应有的重视和尊重，从而损害了企业的利益。为了解决这一问题，行业协会可以发挥其维护会员企业利益的职能，向政府有关部门提出交涉，反映企业意见，维护企业利益。如果发现政府机关的决定严重侵害企业、行业整体利益或本组织参与权，则协会有权依法代表或支持会员企业或直接作为原告提起行政诉讼。

三、区域经济一体化的影响

（一）有利于促进区域内经济增长，缩小经济发展差距

区域经济一体化能够通过要素自由流动、产业结构升级、区域协作三种路径，促进经济增长。区域经济一体化能够消除要素流通的限制，促进产品和要素实现跨区域流通，形成统一的产品市场和要素市场。要素的自由流动，提高了区域整体技术效率。由于要素不断向报酬率高的地区集聚，集聚效应带来的劳动力市场匹配优化、产业关联度提高以及空间外部性改善都对区域经济增长起到了促进作用。同时，区域经济一体化消除了区域间的贸易壁垒，商品、劳动力和资本的流动促进了产业结构的调整与升级，从而实现差异化的发展，区域内的资源得到更充分利用，为实现规模经济提供了保障。各国和各地区之间随着区域经济一体化水平的提高，加强了区域间的协作，促进了各地区的利益共享和信息共享，以及各地区的经济增长。并且区域经济一体化能否促进经济增长取决于扩散效应和回波效应的大小。根据增长极理论，在增长极附近存在使得发达地区经济更加发达、不发达地区经济更难发展的“回波效应”和增长极带动周边经济落后地区经济发展的“扩散效应”。在区域经济一体化程度较高的区域，不发达地区受到“回波效应”的消极影响往往大于“扩散效应”的积极影响，经济增长受到阻碍。在区域经济一体化程度较低的区域，落后地区受到的“扩散效应”可以弥补“回波效应”带来的负面影响，随着区域经济一体化程度的提高，区域经济得到发展。

（二）有利于加强科技协作，促进科技协同创新

区域经济一体化水平的提高，增强了区域内各国和各地区的国际竞争力。竞争力的提高能够加速全球人才和技术向区域内部流动，产生虹吸效应。为区域高质量发展提供支撑，吸纳更多的高质量要素。随着科学技术的不断发展，科技创新呈现出协同创新的趋势。各个国家和地区间能够通过区域经济一体化实现创新要素共享，充分释放人才、资本、信息、技术等创新要素的活力，实现创新深度合作。科研项目呈现出科技知识综合利用、人才结构齐备、投资规模较大的特点。科研项目投资往往周期较长、风险较大，并且投资收益往往并不明显。区域经济一体化可以促使各国和各地区间建设一批可以实现科技重点突破的协同创新平台，从而加速各国科技成果转化。当前我国面临重大核心技术卡脖子的问题，更需要加强与各国的科技交流，充分利用国内国际两种资源，持续提升科技创新合作支撑能力；增强创新政策引领作用，利用创新政策来打开创新协作新局面；持续优化创新协作系统，稳步拓宽科技创新协作的新路径；充分利用我国高水平多层次的科技创新协作平台，不断加强与国际的科技交流合作。

（三）有利于扩大市场规模，提高各国的分工水平

亚当·斯密在关于市场规模限制劳动分工的定律中指出，分工取决于市场规模，而市场规模又取决于分工。区域经济一体化带来市场规模的扩大，对生产工序和生产技术产生进一步的需求，使得各国生产专业化水平得到提高。另外，分工水平的提升有利于降低生产成本，低成本又进一步刺激需求不断扩大和生产不断扩张，进一步提升专业化水平，并能够使得市场规模进一步扩大。分工发展和市场扩展具有循环累积的关系。区域经济一体化使得各国和各地区间能够按照各自的比较优势，参与国际分工。各国和各地区能将有限的资源生产出效益最高的产品，促进了各国生产的分工和生产的专业化。同时，生产规模的扩大以及由区域经济一体化带来的产业结构调整，有利于各国和各地区获得规模经

济效益和范围经济效益，降低生产成本，从而增强各国的产业竞争力，提升各国分工协作水平。

（四）有利于推动贸易自由化进程，实现贸易总量不断增长

第二次世界大战后，区域性经济一体化组织不断成立。例如，欧洲共同体（欧盟）、北美自由贸易区以及中国—东盟自由贸易区。这些区域性经济联合组织往往实行共同的经济贸易政策，达成统一的关税协议，在同盟国内部消除关税壁垒，并对外实行统一的关税，从而实现区域内部没有国界限制的商品的自由流通，推动了全世界的贸易自由化进程，实现了世界范围内贸易额的不断增长。进入20世纪90年代之后，新的区域贸易协定不仅包括传统的货物贸易自由化所涉及的关税和非关税壁垒减让规则，还包括了服务贸易自由化、农产品贸易自由化、投资自由化、贸易争端解决机制、竞争政策、知识产权保护机制等一系列原则，促进了资金、技术、劳动力的自由流动，从而不断提高全球范围内的商品、服务、要素的贸易自由化和便利化水平。区域经济一体化水平的不断提高，有利于各国发挥比较优势，积极参与国际分工。当前我国提出建设以国内大循环为主体，国内国际双循环相互促进的新发展格局，应充分利用所加入的区域性经济一体化组织，不断提升对外开放水平，积极开展国际多边合作。

（五）有利于充分发挥竞争促进效应，提升区域内部企业竞争力

区域经济一体化具有规模经济效应和竞争促进效应。美国经济学家巴拉萨（Blassa，1962）认为，经济一体化可以使得厂商获得重大的内部和外部经济利益，内部规模经济主要来自对外贸易的增加，以及随之带来的经济规模的扩大和生产成本的降低。外部规模经济则来源于整个国民经济或一体化组织内的经济发展。国民经济各部门之间是相互关联的，某一部门的发展可能在许多方面带动其他部门的发展。同时，区域性的经济合作会导致区域内部市场的扩大，从而导致区域内各行业竞争

程度的增加，提高各行业的竞争力水平。区域经济一体化使得各成员国之间的国内市场连接成统一的区域市场，有利于推动企业生产规模和生产专业化的扩大。通过一体化，有利于提高区域内各国运输、通信等基础设施建设水平，降低企业的信息搜寻成本和合约成本。竞争促进效应是指区域内各国之间通过相互取消关税的方式，使企业参与市场公平竞争，从而提高企业效益。关税的取消意味着保护的消除，被保护的企业不得不直面市场竞争，企业不得不提高技术水平，加强内部管理，优化企业组织形式，增强企业自身竞争力。

第三章

东北地区一体化发展现状

第一节　空间一体化

东北地区是一个相对独立的自然区，拥有较长的国境线和海岸线。东北三省在纬度、气候等自然环境方面比较相似，方言、生活习俗、地域文化等方面认同度较高，人才、技术等方面的互补性与合作可能性较强，是东北区域空间一体化的先决条件。东北地区交通网络基础设施齐全，目前已形成了由铁路、公路、水运、民航和管道等方式构成的综合区域交通体系。随着近年来投资力度的加大，东北地区的基础设施建设进一步完善。东北地区雄厚的基础设施优势也是进一步深化东北地区空间一体化的重要因素。

本部分主要从省际经济差距及经济辐射能力等方面来说明东北地区空间一体化现状，为增加研究的客观性及合理性，将东北三省相关数据与全国平均水平、苏浙粤等地区水平进行比较，多采用比重、增长率及人均指标。数据来源于相应年份全国及各省统计年鉴、国民经济和社会发展统计公报、国家统计局数据库，部分数据由原始数据整理计算所得。

一、省际经济差距

（一）投资结构

从全社会固定资产投资来看（见图3－1），2003～2020年，除辽宁之外，其余省份均呈现上升趋势。江苏、浙江、广东三省增势强劲，分别从2003年的5233.00亿元、4740.27亿元、4813.2亿元增加至2020年的59251.06亿元、39393.29亿元、49786.15亿元；吉林、黑龙江两省分别从2003年的969.03亿元、1166.18亿元增加至2020年的12234.12亿元、11851.03亿元，但吉黑两省2011～2014年出现小范围交叉波动，个别年份全社会固定资产投资总额有所下降；辽宁从2003年的2076.36亿元增至2020年的7139.32亿元，但2013年出现骤减。可以看出，首轮东北振兴战略实施以来，东北三省依靠投资取得了一定的发展成果，但由于体制固化等原因，市场竞争力不断下降，2013年以来出现了投资下滑的现象，特别是辽宁，恶化趋势明显。而同时期东

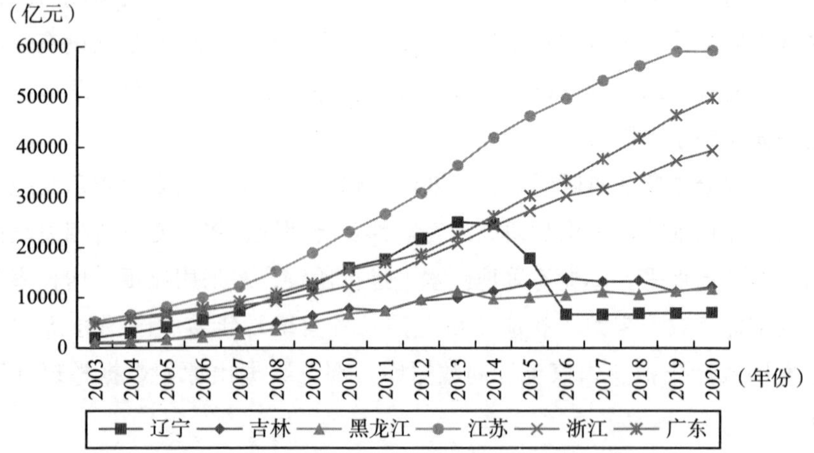

图3－1　2003～2020年全社会固定资产投资

南沿海地区由于区位优势及市场化程度的不断提高，投资吸引力进一步增强，发展势头迅猛。有学者认为东北地区经济失速与固定资产投资波动密切相关，近期持续下挫的投资增速是东北经济“断崖式”下跌的主要原因。

按资金来源分，从固定资产投资中利用外资情况来看（见图3-2），江苏、广东两省利用外资远高于其他省份，但发展态势不平稳，存在较大波动，近年来均有大幅下降；辽宁、浙江两省情况相近，利用外资总额低于江苏、广州两省，但高于吉林、黑龙江两省，2016年辽宁开始出现上升趋势，但2019年又大幅回落；吉林、黑龙江两省情况不容乐观，利用外资额处于4亿~77亿元，远不及其他省份，且多年来没有明显变化。可以看出，与苏浙粤三省利用外资情况相比，东北三省不占优势，东北三省应充分利用区位优势，积极开辟国际市场，尤其是以俄、日、韩、朝、蒙为中心的东北亚市场有可能开辟直通到欧美的北极航线，积极参与“一带一路”建设，进一步加大外资利用额度。

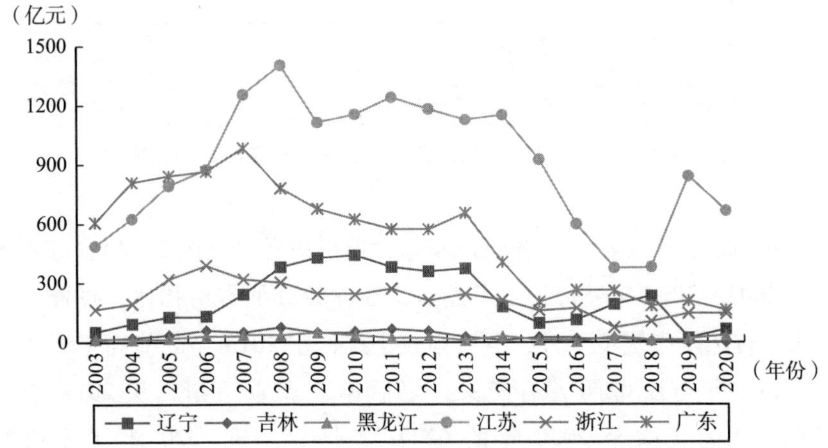

图3-2　2003~2020年全社会固定资产投资中利用外资

按隶属关系分，从固定资产投资（不含农户）中央项目来看（见图3-3），广东增势显著，其余省份波动频繁且增幅较小。2003~2020

年，广东从357.22亿元增至2853.46亿元，江苏从351.99亿元增至955.98亿元，浙江从256.36亿元增至729.22亿元，吉林从155.01亿元增至606.43亿元，辽宁从250.90亿元增至616.63亿元，黑龙江从290.41亿元增至598.70亿元，年均增长分别为138.68亿元、33.56亿元、26.27亿元、25.08亿元、20.32亿元、17.13亿元。可以看出，较2003年相比，东北三省中央项目投资额度增长速度不及东南沿海地区，黑龙江增长最为微弱。

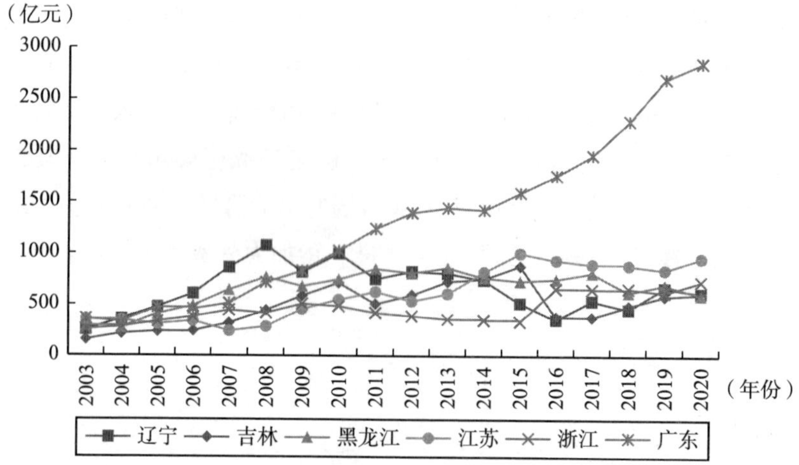

图3－3　2003～2020年固定资产投资（不含农户）中央项目

从固定资产投资（不含农户）地方项目来看（见图3－4），苏浙粤三省2003～2020年呈持续上升趋势，江苏较其他省份相比，投资额度突出；吉黑两省缓步上升，但增幅较小；辽宁2013年之前高于浙粤两省，2014年与浙粤两省有交叉，之后出现严重下滑，从2013年的23985.29亿元跌至2020年的6274.32亿元，与2020年江苏相差51668.22亿元、与广东相差40208.65亿元、与浙江相差31701.94亿元、与吉林相差5107.98亿元、与黑龙江相差5361.76亿元。从固定资产投资（不含农户）地方项目占全国比重来看，黑吉两省远低于其他省份；辽宁虽然个别年份高于发达的浙粤两省，但2010～2017年占比持续下降，总降幅达5.48%，2017年占比0.97%，位于所有省份最低水平，仅为江苏的11.33%。

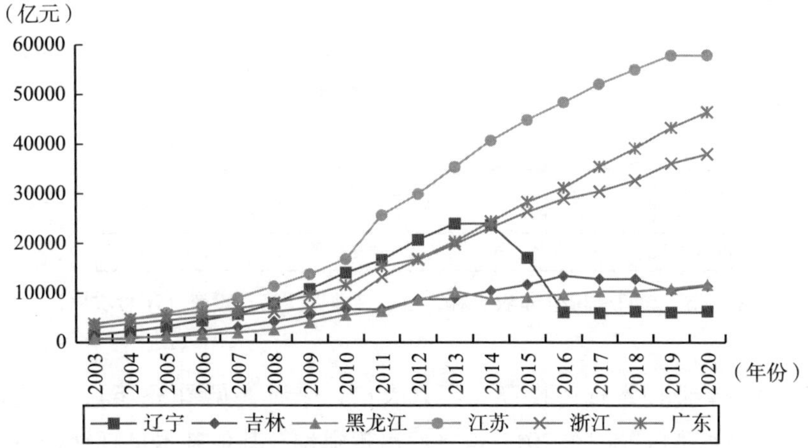

图3-4　2003~2020年固定资产投资（不含农户）地方项目

按行业分，从农、林、牧、渔业固定资产投资（不含农户）来看（见图3-5），辽宁有较大波动，2003~2014年稳步上升，年均增幅为50亿元，之后年份开始下降，2015~2017年年均降幅为150亿元，2018~2020年稍有回升；其他省份呈现稳步上升趋势，黑吉两省上升幅度较大，远高于其他省份，苏浙粤三省也均有所提升。按行业分，从农、林、牧、渔业固定资产投资占全国比重来看，黑吉辽三省在农、林、牧、渔业所占比重高于苏浙粤地区。但自首轮东北振兴战略实施以来，东北三省占比开始下降，辽宁由2003年的4.38%降至2020年的0.73%；同期吉林从2.95%降至1.75%；同期黑龙江从6.77%降至4.46%；但同期苏浙粤三省所占比重降低较少。可以看出，东北三省虽然农、林、牧、渔业固定资产投资（不含农户）总量较高，但占比正在逐年下降。

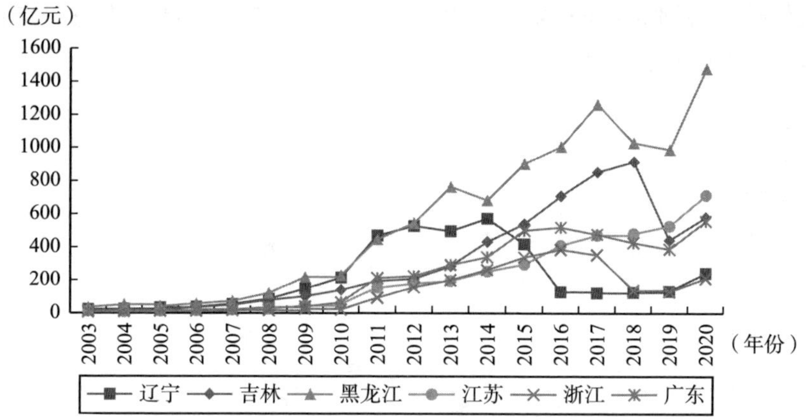

图 3－5　2003～2020 年农、林、牧、渔业固定资产投资（不含农户）

从采矿业固定资产投资（不含农户）来看（见图 3－6），一直以来，苏浙粤地区除广东 2012 年之后出现突增，其他基本呈现缓慢增长趋势，且波动不大；辽吉黑三省变化趋势呈倒“U”形，2003 年三省采矿业固定资产投资分别为 91.56 亿元、48.78 亿元、135.06 亿元，之后开始增加，辽宁、吉林在 2012 年分别达到最大峰值 683.69 亿元、547.81 亿元，黑龙江在 2013 年达到最大峰值 634.1 亿元，随后转增为降，2020 年三省分别为 167.48 亿元、270.62 亿元、433.09 亿元。东北地区是我国老工业基地，又是重要的资源基地，长期以来为全国经济发展做出了重要的贡献。近些年来，东北三省由于一些重要资源趋于枯竭，资源开发与经济社会生态可持续发展的矛盾较为突出，与之相关的资源型产业出现萎缩，相关行业投资开始锐减。破解资源枯竭、投资结构固化等难题，应摒弃局限于区域资源禀赋而不思进取的思维，要从产业的创新、转型、升级等角度出发，重新审视东北地区的投资结构。东北地区资源型城市普遍面临资源枯竭问题，相应产生了投资结构失衡、城市功能缺位、就业压力大等问题。整体来看，接续替代产业虽然有了一定发展，但规模普遍较小，大多处于成长阶段，尚未形成规模和集群效应，支撑作用较弱，难以弥补资源主导产业下降带来的负面影响。

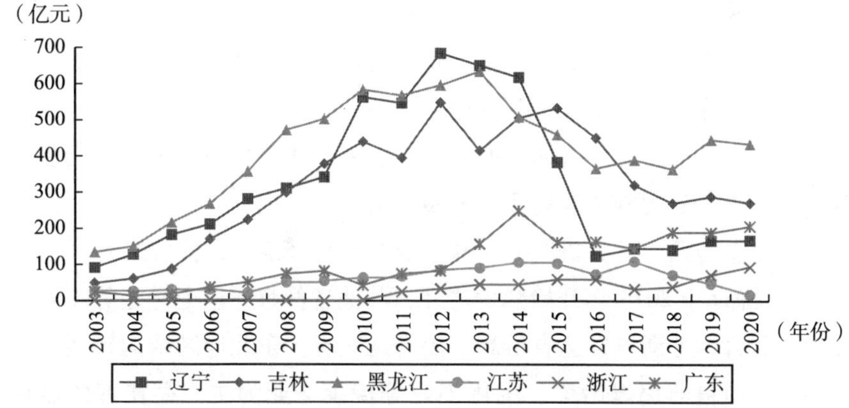

图 3－6　2003～2020 年采矿业固定资产投资（不含农户）

从制造业固定资产投资（不含农户）来看（见图 3－7），2003～2020 年，江苏、浙江、广东、黑龙江、吉林、辽宁六省年均增长分别为 1372.74 亿元、509.23 亿元、497.94 亿元、180.86 亿元、167.70 亿元、62.00 亿元，不难看出江苏年均增长速度远快于其他省份；辽宁呈倒“U”形趋势，2003～2014 年稳步上升，年均增幅为 763.31 亿元，之后年份开始下降；其他省份上升趋势平缓稳定。现阶段东北三省制造业固定资产投资总额低于发达地区，但吉林、辽宁两省制造业固定资产投资占全省全社会固定资产投资比重高于其他省份，黑龙江也呈现出良

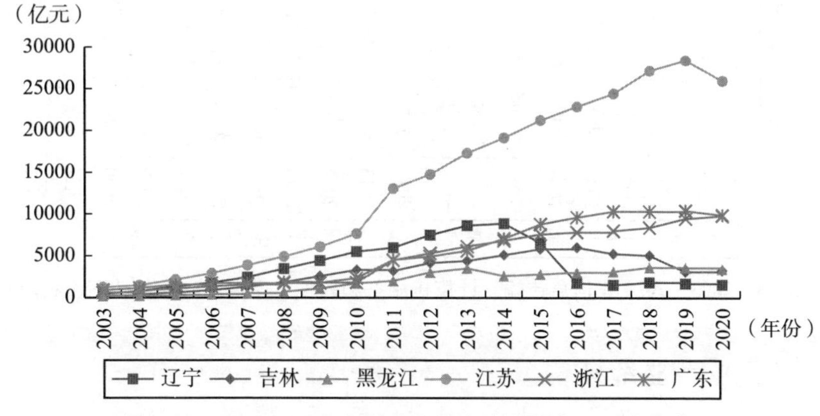

图 3－7　2003～2020 年制造业固定资产投资（不含农户）

好的增长趋势。东北地区一直是我国制造业重镇，拥有良好的制造业基础，是我国数控机床、重型机械、轨道交通、汽车及其零部件、航空及发动机、海洋工程等重大装备的产业基地。目前，东北地区处于工业化中后期，由于受计划经济体制的影响，发展模式存在路径依赖，仍多为粗放式发展，实现制造业高质量发展仍需多方发力。

从信息传输、计算机服务和软件业全社会固定资产投资来看（见图3-8），除辽宁2014年开始减少之外，其他省份整体呈上升趋势。就投资额度而言，苏浙粤发达省份高于黑吉辽三省。东北地区结构转型喊了很多年，但目前仍以冶金、重化工业等传统产业为主，存在着体制僵化、结构布局不协调、不均衡、产品相对单一、创新乏力、竞争力不足等一系列问题，传统工业模式仍起主导作用。经济发展进入新常态，面对新的时代要求，面对内外交织的困局，实现东北地区转型发展是当务之急，应加大信息传输、计算机服务和软件业等高新技术行业投资，加快东北地区转型调整。

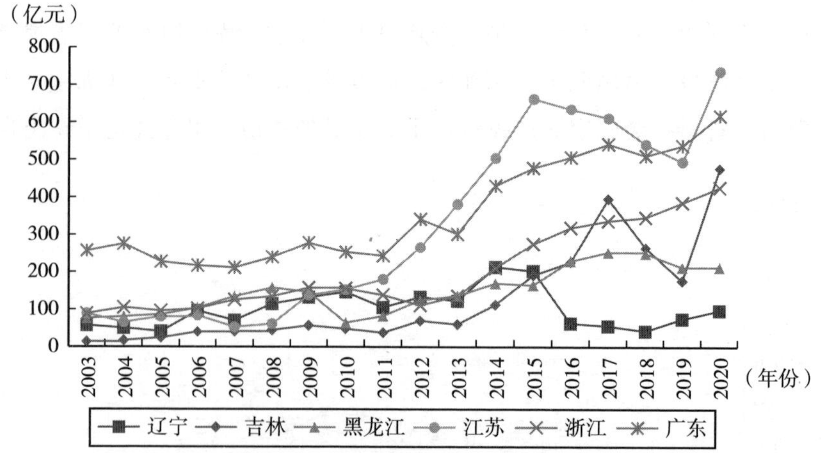

图3-8　2003~2020年信息传输、计算机服务和软件业固定资产投资（不含农户）

（二）产业结构

从第一、第二、第三产业增加值占GDP比重（见表3-1）总体来看，东北三省第一产业增加值占 GDP 比重高于苏浙粤地区，且黑龙江一直呈现出增长趋势，出现“逆工业化”现象。2020 年黑龙江第一产业增加值占 GDP 比重是同期辽宁的 2.76 倍、吉林的 1.99 倍、江苏的 5.68 倍、浙江的 7.48 倍、广东的 5.83 倍；相较于 2003 年，2020 年辽宁第二产业增加值占 GDP 比重下降了 22.49%，吉林下降了 14.83%，黑龙江下降了 50.51%，江苏下降了 21.07%，浙江下降了 22.16%，广东下降了 18.14%。可以看出，辽宁、黑龙江两省下降比例较大，吉林降幅略小。整体来看，黑龙江形式较为严峻，第二产业增加值占 GDP 比重 2006～2018 年基本处于下滑状态，2018 年黑龙江第二产业增加值占 GDP 比重为 25.64%，分别较同期全国平均水平、辽宁、吉林水平低 15.50 个百分点、14.96 个百分点、17.89 个百分点，低于同期江苏 19.91 个百分点，低于同期浙江 17.19 个百分点，低于同期广东 17.20 个百分点。可以看出，东南沿海地区经济的快速发展和水平的提升是工业化进程加快所导致的，工业份额向东南沿海地区集中，造成空间格局向沿海倾斜，产业布局开始发生变化。

东北三省第三产业增加值占 GDP 比重整体低于苏浙粤，但呈上升趋势。辽宁占比于 2016 年超越江苏、浙江两省，之后保持平稳增长，但辽宁占比除 2004 年、2017 年外，其余年份均低于全国平均水平；吉林整体处于三省末位，但 2014 年之后保持较快增长趋势，2019 年占比为 53.76%，超越辽宁、黑龙江两省；黑龙江 2018 年达到峰值 57.02%，之后开始下落，2020 年占比回落至 49.47%，但较 2003 年的 36.18% 仍有较大提升。可以看出，东北三省第一产业发展依旧占据优势地位，是全国的农业重地，第二产业增长乏力，第三产业发展正在崛起。目前东北地区 GDP 增速、第二产业产值增速都低于全国平均增速。可以看出，相对于其他地区，东北地区市场规模相对萎缩，这种市场规模的萎缩反过来引致经济活力的萎缩。因此，应致力于构建稳定而充满活力的社会环境，促进各方面协调发展，从而进一步扩大东北地区的市场规模及创造新的市场。

表 3－1　　2003～2020 年三次产业增加值占 GDP 比重　　单位：%

指标	省份	2003年	2004年	2005年	2006年	2007年	2008年	2009年	2010年	2011年	2012年	2013年	2014年	2015年	2016年	2017年	2018年	2019年	2020年
第一产业增加值占GDP比重	辽宁	10.26	11.97	10.97	10.10	10.15	9.53	9.30	8.84	8.62	8.68	8.14	7.98	8.32	9.77	8.13	8.03	8.74	9.10
	吉林	18.34	18.22	17.28	15.74	14.83	14.27	13.47	12.12	12.09	11.83	11.24	11.04	11.35	10.14	7.33	7.70	10.98	12.61
	黑龙江	12.44	12.75	12.42	12.08	12.89	13.10	13.44	12.57	13.52	15.44	17.12	17.36	17.46	17.36	18.65	18.34	23.38	25.10
	江苏	9.34	9.12	7.86	7.11	6.98	6.78	6.56	6.13	6.24	6.32	5.81	5.58	5.68	5.27	4.71	4.47	4.31	4.42
	浙江	7.40	6.99	6.65	5.89	5.26	5.11	5.06	4.91	4.90	4.81	4.66	4.42	4.27	4.16	3.74	3.50	3.36	3.36
	广东	6.77	6.62	6.33	5.76	5.34	5.36	5.09	4.97	5.01	4.99	4.77	4.67	4.59	4.57	4.03	3.94	4.04	4.31
第二产业增加值占GDP比重	辽宁	48.29	45.89	48.08	49.08	49.66	52.37	51.97	54.05	54.67	53.25	51.31	50.25	45.49	38.69	39.30	39.60	38.26	37.43
	吉林	41.26	42.59	43.67	44.80	46.84	48.20	48.66	51.99	53.09	53.41	52.67	52.79	49.82	47.41	46.83	42.53	35.26	35.14
	黑龙江	51.38	52.35	53.90	54.18	52.02	51.96	47.29	48.47	47.39	44.10	40.45	36.87	31.81	28.60	25.53	24.64	26.56	25.43
	江苏	54.55	56.24	56.59	56.49	55.62	54.85	53.88	52.51	51.32	50.17	48.68	47.40	45.70	44.73	45.02	44.55	44.43	43.06
	浙江	52.51	53.66	53.40	54.15	54.15	53.90	51.80	51.58	51.23	49.95	47.80	47.73	45.96	44.86	42.95	41.83	42.61	40.88
	广东	47.92	49.20	50.35	50.66	50.37	50.28	49.19	50.02	49.70	48.54	46.41	46.34	44.79	43.42	42.37	41.83	40.44	39.23
第三产业增加值占GDP比重	辽宁	41.45	42.15	40.95	40.82	40.19	38.10	38.73	37.11	36.71	38.07	40.54	41.77	46.19	51.55	52.57	52.37	52.99	53.47
	吉林	40.40	39.19	39.05	39.46	38.33	37.54	37.87	35.89	34.82	34.76	36.08	36.17	38.83	42.45	45.84	49.77	53.76	52.25
	黑龙江	36.18	34.90	33.69	33.75	35.09	34.95	39.27	38.97	39.09	40.47	42.44	45.77	50.73	54.04	55.82	57.02	50.06	49.47
	江苏	36.11	34.65	35.55	36.40	37.40	38.37	39.55	41.35	42.44	43.50	45.52	47.01	48.61	50.00	50.27	50.98	51.25	52.53
	浙江	40.09	39.35	39.95	39.96	40.60	41.00	43.14	43.52	43.88	45.24	47.54	47.85	49.76	50.99	53.32	54.67	54.03	55.76
	广东	45.31	44.18	43.32	43.58	44.30	44.36	45.72	45.01	45.29	46.47	48.83	48.99	50.61	52.01	53.60	54.23	55.51	56.46

二、经济辐射能力

由于各地区的资源要素禀赋、经济规模、经济结构、政策因素以及其他外部环境的不同，区域经济发展天然存在着不平衡的特征。在区域经济发展中，往往存在一个或多个增长极，其对其他地区的经济发展具有或大或小的经济辐射效应。经济辐射是指作为中心增长极的地区，凭借自身拥有的经济、政治、文化、科技及人力资源等优势，通过知识外溢、技术扩散、要素流动、生产关联等方式，提高资源的配置效率，带动其他地区社会经济发展的现象，其媒介主要是交通网、信息网、关系网等，即经济辐射是通过交通、信息和各种关系进行的。

（一）交通网络

从铁路里程（见表3－2）来看，东北三省里程长度是在不断增加的，辽宁由2003年的8887公里增加至2020年的14368公里，吉林由3475公里增加至4877公里，黑龙江由5373公里增加至6781公里，通过铁路产生的辐射能力不断扩大。纵向比较来看，辽宁铁路里程增加程度大于吉林及黑龙江，增加值为5481公里，相较于2003年铁路里程增加了近61.67%，吉林及黑龙江增加值分别为1402公里及1408公里，分别增加了近40.35%及26.21%。从公路里程来看，东北三省公路里程长度同样是在不断增加的，辽宁由2003年的50095公里增加至2020年的129928公里，吉林由44007公里增加至107848公里，黑龙江由65123公里增加至168119公里，通过公路产生的经济辐射能力不断扩大。纵向比较来看，辽宁铁路里程增加程度大于吉林和黑龙江，增加值为79833公里，相较于2003年铁路里程增加了近159.36%，吉林和黑龙江增加值分别为63841公里及102996公里，分别增加了近145.07%

表 3－2　**2003～2020 年东北三省运输线路长度**

单位：公里

指标	省份	2003年	2004年	2005年	2006年	2007年	2008年	2009年	2010年	2011年	2012年	2013年	2014年	2015年	2016年	2017年	2018年	2019年	2020年
铁路里程	辽宁	8887	9299	9282	9309	9321	9431	9437	9460	9843	10948	11580	11727	12894	12906	13100	13839	14212	14368
	吉林	3475	3475	3475	3475	3475	3589	3766	3877	3840	4223	4222	4346	4877	4877	4869	4877	4877	4877
	黑龙江	5373	5432	5499	5503	5563	5563	5644	5673	5832	6022	5906	5906	6120	6120	6122	6782	6668	6781
公路里程	辽宁	50095	52415	53521	97191	98101	101144	101117	101545	104026	104679	110072	114504	119362	119688	121722	122044	123830	129928
	吉林	44007	47255	50308	84444	85445	87099	88430	90437	91754	93208	94218	96041	97326	102484	103896	105399	106660	107848
	黑龙江	65123	66821	67077	139335	140909	150846	151470	151945	155592	159063	160206	162464	163233	164502	165989	167116	168710	168119

及158.16%。可以看出，东北地区经济辐射能力在不断增强，重要的原因是交通网络在不断延伸，铁路里程及公路里程均在不断增加，使得东三省的经济辐射触角不断增多。

从旅客运输量（见表3-3）来看，辽宁及吉林在2003~2019年的输送人数在不断增加。辽宁由2003年的50813万人增加至2019年的71977万人，在2012年达到运输峰值104113万人。吉林由24513万人增加至32429万人，在2012年达到运输峰值73037万人，整体增幅分别为41.65%及32.29%，但在2020年运载人数明显下落，可能的原因是新冠肺炎疫情的暴发限制了人口流动，使得旅客运载量在2020年大幅度下降。黑龙江由2003年的48073万人增加至2007年的64956万人，后波动下降至2019年的32260万人，2020年由于新冠肺炎疫情的原因大幅度降低至13942万人，通过铁路产生的辐射能力不断扩大。从旅客周转量来看，东北三省旅客周转量人数是在不断增加的，辽宁由2003年的54530百万人公里增加至2020年的58070百万人公里，吉林由21249百万人公里增加至24026百万人公里，黑龙江由39180百万人公里增加至48040百万人公里，经济辐射能力通过旅客周转量的扩张与日俱增。纵向比较来看，黑龙江旅客周转量增加程度大于吉林及辽宁，增加值为8860公里，相较于2003年铁路里程增加了近22.61%，吉林及辽宁增加值分别为2777公里及3540公里，分别增加了近13.07%及6.49%。

从货物运输量来看，东北三省货物运输量整体上是在不断增加的。辽宁由2003年的85825.6万吨增加至2020年的179199.6万吨，吉林由34670万吨增加至50517万吨，黑龙江由2003年的57638万吨增加至2018年的62532万吨，后下降至2020年的56031万吨，在2007年达到运输峰值73414万吨。纵向比较来看，辽宁货物运输量增加程度大于吉林及黑龙江，增加值为93374万吨，相较于2003年货物运输量增加了近108.8%，吉林增加值为1584万吨，增加了45.71个百分点，黑龙江

表 3-3 2003~2020 年东北三省客、货运载量

指标	省份	2003年	2004年	2005年	2006年	2007年	2008年	2009年	2010年	2011年	2012年	2013年	2014年	2015年	2016年	2017年	2018年	2019年	2020年
旅客运输量（亿人）	辽宁	5.08	5.81	6.06	6.45	7.13	9.07	9.62	10.22	9.93	10.41	9.26	9.54	7.50	7.51	7.40	7.31	7.20	3.44
	吉林	2.45	2.72	2.77	2.91	3.17	5.62	5.88	6.48	6.85	7.30	3.46	3.55	3.69	3.55	3.37	3.27	3.24	1.58
	黑龙江	4.81	5.16	5.58	6.06	6.50	4.21	4.41	4.77	5.14	5.35	4.68	4.83	4.46	4.13	3.69	3.40	3.23	1.39
旅客周转量（亿人公里）	辽宁	545	662	673	747	806	893	940	1014	1065	1099	1075	1182	1119	1145	1167	1204	1181	581
	吉林	212	256	266	281	322	432	456	511	552	572	455	473	484	487	484	493	494	240
	黑龙江	392	447	486	539	607	531	582	635	686	742	686	744	769	806	846	868	875	480
货物运输量（亿吨）	辽宁	8.58	9.14	9.77	10.91	12.06	12.69	13.95	16.33	19.03	21.30	21.54	23.17	20.86	21.60	22.09	22.97	18.50	17.92
	吉林	3.47	3.65	3.74	3.88	4.16	3.44	3.86	4.50	5.15	5.93	4.95	5.30	4.79	4.97	5.43	5.77	4.88	5.05
	黑龙江	5.76	6.01	6.48	6.91	7.34	5.71	5.72	6.22	6.67	6.89	6.48	6.55	5.98	5.88	6.14	6.25	5.80	5.60
货物周转量（亿吨公里）	辽宁	2427	2996	3401	4091	5865	7077	7794	9071	10464	11616	12088	12354	11790	12221	12914	10898	9183	5557
	吉林	620	699	708	722	764	1263	1281	1392	1580	1729	1814	1862	1579	1631	1779	1887	1988	2048
	黑龙江	1036	1140	1202	1248	1321	1727	1680	1876	2010	2045	1974	1999	1740	1730	1851	1920	1952	1918

有所下滑，较 2003 年降低了 1607 万吨。从货物周转量来看，东北三省货物周转量在不断增加的，辽宁由 2003 年的 242650 百万吨公里增加至 2020 年的 555650 百万吨公里，吉林由 62017 百万吨公里增加至 204757 百万吨公里，黑龙江由 103550 百万吨公里增加至 191820 百万吨公里，经济辐射能力通过货物周转量的扩张与日俱增。总体上来说，东北地区的旅客及货物的运输量与周转量是在不断增加的，使得东北地区的经济影响可以通过货物及旅客等载体渗透到更多地方，经济辐射能力因而增强。

（二）信息网络

按长途光缆线路长度来看（见表 3 -4），东北三省里程长度在不断增加。辽宁由 2003 年的 15285 公里增加至 2020 年的 23141 公里，吉林由 14635 公里增加至 26743 公里，黑龙江由 30256 公里增加至 51829 公里。同时，吉林长途光缆线路长度增加程度大于吉林及黑龙江，增加值为 12108 公里，相较于 2003 年长途光缆线路长度增加了近 82. 73%，黑龙江及辽宁的增加值分别为 21573 公里及 7856 公里，分别增加了近 71. 30% 及 51. 40%。东北三省的邮政业务总量增加也十分明显，辽宁由 2003 年的 19. 05 亿元增加至 2020 年的 278. 34 亿元，吉林由 11. 29 亿元增加至 122. 29 亿元，黑龙江由 20. 50 亿元增加至 143. 34 亿元。吉林电信业务总量增加程度大于辽宁及黑龙江，增加值为 1976. 3 亿元，相较于 2003 年电信业务总量增加了近 1378. 17%，吉林增加值为 3116. 8 亿元，增加了 1145. 88 个百分点，黑龙江较 2003 年增加了 882. 07 个百分点。可以看出，东北地区信息服务能力在不断提升，无论是长途光缆线路长度、邮政业务总量还是电信业务总量都有显而易见的增加，使得东北地区的经济影响可以通过信息网络辐射到更多地方。

表 3-4　　2003~2020 年东北三省信息服务能力

指标	省份	2003年	2004年	2005年	2006年	2007年	2008年	2009年	2010年	2011年	2012年	2013年	2014年	2015年	2016年	2017年	2018年	2019年	2020年
长途光缆长度（公里）	辽宁	15285	18356	19724	20709	20622	25489	23997	23922	25035	24604	24508	24583	24636	24114	24958	21866	23256	23141
	吉林	14635	15902	16757	16612	16584	20461	20161	21810	21844	22704	23431	23544	23877	23396	23444	33747	26395	26743
	黑龙江	30256	34120	35735	35764	35639	40483	41304	39785	40112	40538	45194	45619	46513	50222	53800	56574	50184	51829
邮政业务总量（亿元）	辽宁	19. 05	20. 46	23. 57	27. 76	29. 40	33. 16	39. 63	37. 22	38. 22	42. 89	50. 15	59. 49	75. 07	101. 45	127. 2	160. 64	202. 70	278. 34
	吉林	11. 29	11. 28	13. 31	15. 56	16. 58	17. 76	21. 17	24. 96	18. 36	22. 30	25. 84	30. 66	36. 13	46. 03	57. 79	72. 64	94. 55	122. 19
	黑龙江	20. 50	22. 20	23. 70	26. 60	29. 20	32. 40	40. 20	47. 00	30. 10	32. 40	39. 20	44. 60	52. 20	68. 70	79. 40	93. 74	114. 68	143. 34
电信业务总量（亿元）	辽宁	272. 0	344. 7	427. 2	537. 2	676. 7	786. 54	908. 9	1122. 7	434. 0	471. 22	529. 49	590. 06	707. 1	1061. 1	873. 1	1774. 5	2723. 2	3388. 8
	吉林	143. 4	202. 1	272. 5	322. 7	396. 6	438. 24	511. 8	628. 99	220. 2	240. 50	251. 44	297. 53	353. 4	529. 19	500. 1	1077. 8	1769. 3	2119. 7
	黑龙江	213. 1	267. 9	323. 1	373. 7	483. 5	568. 70	657. 6	776. 40	277. 6	296. 80	337. 80	385. 90	459. 3	320. 30	597. 3	1129. 5	1732. 1	2092. 8

第二节　市场一体化

东北地区的振兴和发展，区域合作升级是一个重要的途径，从目前来看东北地区在区域联合协作实践方面已经取得了初步的成果，例如，黑龙江、吉林两省参与大连港的建设、2005 年东北区域科技创新体系协议书的签订以及“东北四城市市长峰会”的召开都表明东北地区的一体化进程在不断推进。东北老工业基地的振兴是关系到国家发展全局的重要问题，而东北地区一体化的发展是解决“东北问题”的重要途径（张龙泉，2016）。

一、商品市场

从商品交易市场成交额来看（见图 3－9），辽宁成交额一直大于吉林及黑龙江，在 2007～2013 年呈增长态势，2014 年开始下降，在 2016 年作用重新进入增长拐点，之后在 2017～2019 年趋于平缓。吉林及黑

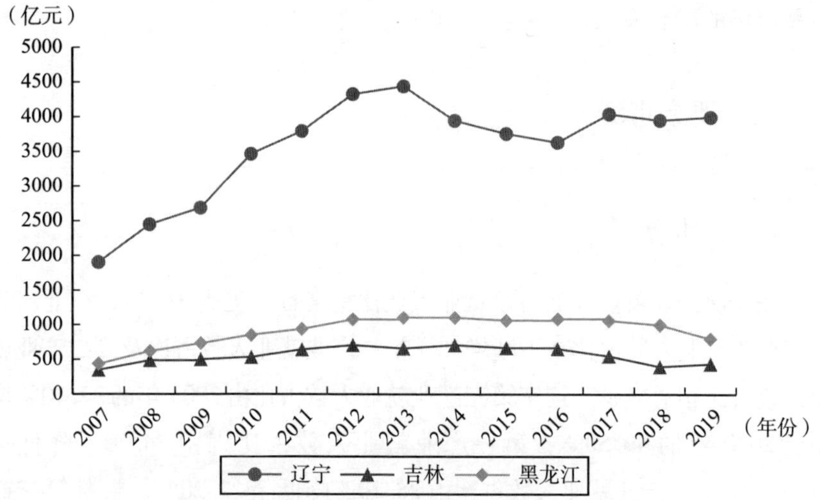

图 3－9　2007～2019 年商品交易市场成交额

龙江商品交易市场成交额趋势相近，在2007～2012年处于增长状态，2013～2017年较为平稳，从2017年开始出现下滑，但黑龙江于下滑后在2019年实现了小范围增长。整体来看，东北三省商品交易市场成交额较2003年是有所增加的，但均经历了先增长后减少的阶段，辽宁的增长幅度最大，其次是黑龙江。

东北地区是我国老工业基地，又是重要的资源基地，近些年来，东北地区的商品市场在东北振兴战略实施之后有了很大的发展，不仅表现为市场的外延扩张和统计指标的数量增长，更表现为市场内涵的丰富与深化。在市场体制方面，以价格机制为主的市场机制已经取代旧机制下以统购统销为主的计划调拨机制，其主导作用已毋庸置疑。在市场建设方面，市场规模空前扩大，市场体系日益健全。在市场总量方面，市场销售不断增长，并且更加均衡和稳定。但存在市场规则不完善、市场秩序混乱及地方保护主义现象严重等问题（甄艳，2011）。例如，虽然各省区也出台了商品市场管理条例，但都是从宏观角度进行的原则上的阐述，配套的实施细则仍然缺乏，从而使得法律法规出台后缺乏实施的可操作性，降低了法律法规的效力。因此，应将进一步完善市场体系法律法规，着力打击地方保护主义行为作为发力点，以更好地促进东北地区商品市场的融合发展。

二、要素市场

（一）劳动

按三次产业就业人数占总就业人数比重来看（见表3－5），东北三省第三产业就业人数占比在不断增加，第一产业就业人数占比及第二产业就业人数占比相对减少。辽宁第三产业就业人数占比由2003年的37.10%增加至2020年的49.50%，第一产业就业人数占比则由34.70%降低至28.30%，第二产业就业人数占比由28.20%降低至22.20%。吉林第三产业就业人数占比由2003年的33.33%增加至2020年的47.98%，第一

表 3－5　　2003～2020 年东北三省三次产业就业人数占总就业人数比重　　单位：%

指标	省份	2003年	2004年	2005年	2006年	2007年	2008年	2009年	2010年	2011年	2012年	2013年	2014年	2015年	2016年	2017年	2018年	2019年	2020年
第一产业就业人数占比	辽宁	34.70	34.40	34.10	33.70	32.40	31.90	30.60	30.30	29.60	28.70	27.10	26.80	28.60	30.70	31.30	31.50	30.86	28.30
	吉林	49.25	46.10	45.67	45.20	44.59	44.01	43.84	43.26	42.75	42.21	41.67	41.10	40.52	39.93	39.32	38.70	38.07	37.43
	黑龙江	51.30	48.30	46.00	45.20	43.70	43.39	43.20	41.30	41.49	41.49	41.49	37.00	38.00	37.40	37.20	37.10	36.70	36.50
第二产业就业人数占比	辽宁	28.20	28.00	28.10	27.70	27.60	27.50	27.20	27.70	27.30	26.90	28.80	27.70	26.40	24.90	24.50	23.60	26.72	22.20
	吉林	17.42	18.60	18.70	19.00	19.21	19.64	20.18	20.05	19.47	18.90	18.33	17.78	17.23	16.68	16.15	15.62	15.10	14.59
	黑龙江	19.60	21.20	21.00	21.00	21.60	20.79	20.60	19.40	19.25	19.25	19.25	19.40	19.20	18.00	17.40	16.70	16.60	16.30
第三产业就业人数占比	辽宁	37.10	37.60	37.80	38.60	40.00	40.60	42.20	42.00	43.10	44.50	44.10	45.40	45.00	44.50	44.20	44.90	42.42	49.50
	吉林	33.33	35.30	35.63	35.80	36.20	36.34	35.97	36.69	37.78	38.88	40.00	41.12	42.25	43.39	44.53	45.68	46.83	47.98
	黑龙江	29.10	30.50	33.00	33.80	34.70	35.82	36.20	39.30	39.27	39.27	39.27	43.70	42.80	44.60	45.40	46.20	46.70	47.20

注：个别缺失值用插值法进行补充。

产业就业人数占比则由 49. 25% 降低至 37. 43%，第二产业就业人数占比由 17. 42% 降低至 14. 59%。黑龙江第三产业就业人数占比由 2003 年的 29. 10% 增加至 2020 年的 47. 20%，第一产业就业人数占比则由 51. 30% 降低至 36. 50%，第二产业就业人数占比由 19. 60% 降低至 16. 30%。同时，辽宁第三产业就业人数占比多年来始终大于吉林及黑龙江，但黑龙江的第三产业就业人数占比增加幅度大于吉林及辽宁，相对于 2003 年增加了 62. 20 个百分点，吉林与辽宁则分别增加了 43. 95 个百分点及 33. 42 个百分点。可以看出，由于现代化农业的发展以及工业智能化的快速推进，越来越多的劳动力要素从第一产业及第二产业释放出来，投入流动性更强的第三产业中，使得东北地区劳动力要素可以按照市场化导向更好地流动到相应的位置。

（二）资本

按年末金融机构人民币各项贷款余额来看（见表 3 – 6），东北各省市人民币各项贷款余额不断增加。沈阳由 2003 年的 2589. 5 亿元增加至 2020 年的 17930 亿元，大连由 2231. 6 亿元增加至 12628. 5 亿元，除了省会及最大经济体量城市，辽宁省内其余城市年末金融机构人民币各项贷款余额增长较为明显的有锦州、营口、辽阳及朝阳，与 2003 年相比分别增加了 109034 个百分点、1433. 18 个百分点、1312. 33 个百分点及 1195. 03 个百分点，抚顺增加相对较慢，只增加了 246. 43 个百分点。长春由 2003 年的 1474. 0 亿元增加至 2020 年的 14525. 7 亿元，吉林由 373. 1 亿元增加至 2403. 3 亿元，除此之外吉林省内其余年末金融机构人民币各项贷款余额增长较为明显的有四平、松原及白城，与 2003 年相较分别增加了 917. 99 个百分点、4092. 69 个百分点及 1483. 67 个百分点。黑龙江省内城市哈尔滨及齐齐哈尔分别增加了 10841. 9 亿元及 1283. 5 亿元，双鸭山增长得最为明显，较 2003 年来说增加了 1504. 21 个百分点，其次是佳木斯，增加了 1084. 62 个百分点。贷款余额增长较快反映出东北地区的货币政策传导顺畅，银行贷款投放的意愿和能动性较强，市场机制作用得以充分发挥。

表 3－6　　2003～2020 年东北三省年末金融机构人民币各项贷款余额　　单位：亿元

省份	城市	2003年	2006年	2008年	2010年	2011年	2012年	2013年	2014年	2015年	2016年	2017年	2018年	2019年	2020年
辽宁	沈阳	2589.5	4100.9	5275.9	5970.2	6889	7852.7	8867.1	10026.9	11344	12570	12953	14727	16619	17930
	大连	2231.6	3974.8	5303.7	6159.0	7165.8	8127.4	9108.6	9926.4	10696	11005	11213	11346	11997.5	12628.5
	鞍山	471.3	1022.8	1397.6	1079.1	1142.8	1308.3	1423.4	1654.7	1949.5	2136.4	2269.9	2488.9	2528.0	2537.2
	抚顺	320.7	554.5	657.2	373.0	454.5	501.3	586.8	664.3	738.7	759.3	898.1	969.8	1038.7	1111.0
	本溪	244.4	435.2	527.0	504.9	557.9	613.1	651.6	729.5	882.0	915.7	1138.6	1278.8	1444.5	1436.5
	丹东	205.4	506.7	615.9	476.4	578.5	670.0	788.0	923.6	1026.2	1105.0	1454.5	1327.6	1359.8	1335.5
	锦州	275.4	574.7	722.4	583.3	695.3	829.2	973.3	1118.7	1278.5	1352.9	1712.2	2840.1	3288.2	3278.2
	营口	171.2	453.8	625.9	813.6	966.0	1129.0	1311.4	1511.4	1632.5	1854.5	2121.4	2000.9	2307.6	2624.8
	阜新	122.5	256.3	344.9	359.3	434.8	529.3	627.4	699.5	776.0	839.4	926.4	999.8	1016.9	1015.2
	辽阳	198.7	413.1	541.3	514.0	589.5	698.7	807.8	911.5	1027.0	1168.9	1365.0	1677.5	2418.6	2806.3
	盘锦	274.1	488.8	594.5	440.2	520.6	619.2	665.6	799.7	836.6	842.8	911.1	951.4	1160.1	1279.2
	铁岭	107.7	338.0	448.6	484.3	554.1	613.4	702.3	773.7	809.4	841.2	904.6	870.4	893.2	903.1
	朝阳	88.6	347.2	494.4	434.8	524.0	607.8	721.2	828.9	917.4	992.6	1057.7	1119.9	1103.0	1147.4
	葫芦岛	183.0	477.0	576.9	505.7	565.3	630.8	731.5	804.9	852.7	931.6	1138.8	1314.7	1478.4	1466.0
吉林	长春	1474.0	2336.4	3024.5	4557.4	5156.0	5727.2	6453.3	7475.4	8935.1	9921.8	10341.9	11463	13076.9	14525.7
	吉林	373.1	799.5	990.6	715.4	832.8	946.8	1127.2	1366.5	1698.5	2108.5	2183.7	2099.8	2200.3	2403.3

续表

省份	城市	2003年	2006年	2008年	2010年	2011年	2012年	2013年	2014年	2015年	2016年	2017年	2018年	2019年	2020年
吉林	四平	98.4	311.1	406.9	364.6	377.1	442.7	545.8	730.5	931.5	1086.2	1073.5	949.3	956.2	1001.7
	辽源	61.9	151.8	173.1	171.3	197.2	229.5	276.9	324.1	353.7	405.1	435.0	443.4	438.1	461.4
	通化	92.8	307.7	387.6	341.7	387.1	415.7	499.0	580.4	661.7	695.0	783.6	847.5	890.1	950.9
	白山	55.9	212.3	270.3	243.6	274.5	302.7	358.7	394.1	428.0	417.0	430.9	484.8	508.7	553.0
	松原	21.9	245.4	337.3	282.0	303.1	364.3	498.4	600.7	809.0	931.6	952.1	884.1	904.7	918.2
	白城	44.7	158.2	208.3	192.6	219.8	285.6	378.2	444.3	606.0	706.4	803.4	747.5	737.0	707.9
黑龙江	哈尔滨	1711.4	3036.9	3974.8	4127.0	4873.3	5558.0	6275.9	7257.5	8492.3	9048.7	9968.3	10921	12053.0	12553.3
	齐齐哈尔	237.0	473.6	635.3	540.4	637.2	760.7	908.2	1164.3	1407.7	1560.8	157.4	1437.8	1449.0	1520.5
	鸡西	99.0	300.7	405.3	225.0	268.4	308.2	369.5	453.5	583.2	694.2	775.7	795.8	836.5	899.8
	鹤岗	70.3	161.7	219.9	226.7	249.0	277.3	308.7	353.6	453.6	486.5	522.3	497.2	466.0	532.2
	双鸭山	57.0	179.3	253.6	247.0	346.4	386.1	432.8	527.4	749.8	837.2	868.6	913.7	919.5	914.4
	大庆	642.0	1017.1	1202.1	409.8	494.6	671.8	770.4	875.7	933.8	957.5	1083.7	1086.9	1120.2	1206.4
	伊春	114.5	186.9	237.1	104.1	101.1	124.5	127.8	140.5	147.4	166.4	177.5	180.2	164.9	188.7
	佳木斯	156.7	327.0	453.3	342.3	443.8	537.3	615.7	788.5	1207.2	1508.1	1742.0	1812.5	1791.0	1856.3

注：限于篇幅，2010年前部分年份数值被省去。

按居民储蓄存款余额来看（见表3-7），东北各省市居民储蓄存款余额不断增加，沈阳由2003年的1423.0亿元增加至2020年的19272.6亿元，大连由1310.2亿元增加至15512.5亿元，除了省会及最大经济体量城市，辽宁省内其余城市年末金融机构人民币各项贷款余额增长较为明显的有锦州、营口、辽阳及朝阳，与2003年相较分别增加了1231.64个百分点、1676.82个百分点、1301.74个百分点及1242.44个百分点。长春由2003年的831.4亿元增加至2020年的14155.7亿元，吉林由392.4亿元增加至3305.5亿元；除此之外，吉林省内其余居民储蓄存款余额增长较为明显的有四平、辽源、松原及白城。黑龙江省内城市哈尔滨及齐齐哈尔分别增加了12595.7亿元及2306.6亿元，双鸭山增长得最为明显，较2003年来说增加了1380.41个百分点，其次是佳木斯，增加了794.59个百分点。由此可见，居民储蓄存款余额增多，居民存款规模变化受多方面因素影响，包括银行资产扩张以及负债结构调整等，但居民储蓄存款规模走高，确实存在消费和投资意愿下降的现象，尤其是新冠肺炎疫情暴发后，人们的储蓄意愿更加强烈。

从技术市场成交额来看（见图3-10），辽宁的成交额一直大于吉林及黑龙江，在2003~2012年呈增长态势，2013年短暂下滑后重新进入增长，并不断突破，在2020年超过600亿元。吉林技术市场成交额在2003~2015年的增幅较小，2016年后增幅明显增大，并在2017年超过黑龙江，于2019年突破400亿元，但在2020年有所下滑。黑龙江技术市场成交额在2003~2012年处于增长状态，但增长较缓，2012年之后增长较快，2018年突破300亿元。整体来看，东北三省技术市场成交额较2003年是有所增加的，吉林的增长幅度最大，其次是黑龙江，最后是辽宁。东北地区技术市场成交额的增加表明了技术转移和成果转化及技术市场服务能力的提升，极大地促进了技术市场上科技创新资源的利用效率。

表 3-7　　**2003~2020 年东北三省居民储蓄存款余额**　　单位：亿元

省份	城市	2003年	2006年	2008年	2010年	2011年	2012年	2013年	2014年	2015年	2016年	2017年	2018年	2019年	2020年
辽宁	沈阳	1423.0	1922.0	2471.8	3338.2	3729.5	4319.0	4765.5	5147.6	5769.3	6145.5	6495.3	7288.1	8337.6	19272.6
	大连	1310.2	1866.5	2389.0	3374.8	3672.2	4161.0	4483.8	4666.7	5107.9	5277.7	5414.5	6040.0	6842.3	15512.5
	鞍山	484.1	710.8	906.2	1121.1	1238.4	1437.0	1583.0	1743.7	1956.8	2125.4	2304.9	2607.5	2956.8	4494.5
	抚顺	287.6	400.0	474.2	620.5	685.7	807.9	889.2	984.8	1077.8	1161.5	1248.9	1393.0	1570.4	2331.2
	本溪	204.5	282.2	361.4	470.9	546.7	600.0	656.7	684.8	756.3	790.5	828.4	922.5	1037.2	1724.0
	丹东	268.0	376.8	466.3	654.5	770.7	893.0	992.9	1084.0	1230.1	0	1560.6	1736.1	1956.1	2623.5
	锦州	297.4	398.8	515.8	689.3	777.7	904.5	1018.3	1090.2	1195.3	1376.4	1799.9	2176.1	2433.9	3960.3
	营口	219.6	332.4	444.6	595.7	680.7	805.9	922.7	1018.3	1170.2	1216.9	1423.6	1666.1	2482.7	3901.9
	阜新	121.2	177.0	234.4	323.1	379.4	442.8	509.8	552.2	617.9	658.5	721.8	802.4	941.4	1488.0
	辽阳	212.6	303.2	397.2	528.5	585.7	678.4	760.5	815.4	879.5	955.2	1036.0	1149.6	1303.0	2980.1
	盘锦	229.9	327.1	390.2	515.2	581.2	676.8	770.0	853.2	953.4	1046.8	1083.5	1204.0	1355.3	2447.1
	铁岭	175.4	246.8	328.9	432.7	522.9	620.3	700.2	790.6	875.9	969.5	1059.6	1150.7	1322.5	1834.8
	朝阳	168.7	247.8	370.7	500.3	613.1	733.3	839.0	917.8	1032.5	1170.5	1290.3	1444.3	1619.6	2264.7
	葫芦岛	208.9	315.6	395.7	526.9	610.1	712.1	795.2	885.0	971.7	1018.0	1133.4	1374.8	1623.3	2351.2
吉林	长春	831.4	1174.6	1507.4	2062.7	2337.8	2767.0	3107.2	3380.1	3792.8	4218.1	4567.0	4993.2	5889.1	14155.7
	吉林	392.4	584.4	723.9	886.6	976.9	1142.0	1276.2	1413.0	1582.6	1722.3	1845.4	1999.4	2240.9	3305.5

续表

省份	城市	2003年	2006年	2008年	2010年	2011年	2012年	2013年	2014年	2015年	2016年	2017年	2018年	2019年	2020年
吉林	四平	156.7	249.3	312.6	389.5	456.4	537.6	612.2	697.0	788.5	889.8	996.3	1075.3	1237.5	1792.8
	辽源	65.0	106.9	127.4	173.5	202.4	241.0	273.7	305.1	338.7	383.7	413.0	453.3	513.4	723.8
	通化	160.8	229.3	286.2	383.7	423.0	498.9	560.1	637.2	721.2	805.9	871.9	950.3	1062.4	1589.3
	白山	112.0	159.5	192.5	252.3	286.5	327.2	357.8	396.2	416.0	447.5	513.5	522.3	570.3	888.7
	松原	100.9	159.1	226.1	290.4	336.0	405.9	470.3	526.0	590.3	655.2	736.6	816.4	983.1	1603.3
	白城	68.8	110.3	140.8	187.9	217.4	259.8	305.1	344.6	383.9	421.0	465.0	514.6	607.8	1018.2
黑龙江	哈尔滨	1153.7	1563.8	1916.8	2580.1	2896.6	3321	3593.6	3768.8	4370.4	4671.9	4938.4	5394.3	6291.8	13749.4
	齐齐哈尔	280.9	351.5	462.7	601.0	684.8	781.6	879.0	976.2	1114.9	1226.8	1336.3	1467.6	1750.0	2587.5
	鸡西	175.6	239.5	314.9	400.0	450.0	501.5	561.3	627.3	687.2	751.3	797.7	843.9	930.2	1346.1
	鹤岗	104.1	128.4	162.7	235.1	271.2	301.5	333.6	353.1	404.3	435.2	480.7	527.0	586.9	855.9
	双鸭山	73.0	140.4	194.6	297.8	330.2	363.9	404.7	452.4	524.0	577.3	605.4	645.4	717.7	1080.7
	大庆	431.6	573.4	733.1	900.9	998.1	1148.0	1169.3	1231.2	1379.8	1445.8	1500.5	1687.6	1990.9	3197.9
	伊春	127.2	151.5	181.9	237.7	271.0	309.8	338.9	368.8	406.9	443.1	462.5	494.2	558.3	911.4
	佳木斯	188.7	259.6	341.0	443.2	488.1	545.2	621.2	703.4	840.2	922.2	983.4	1030.5	1142.4	1688.1

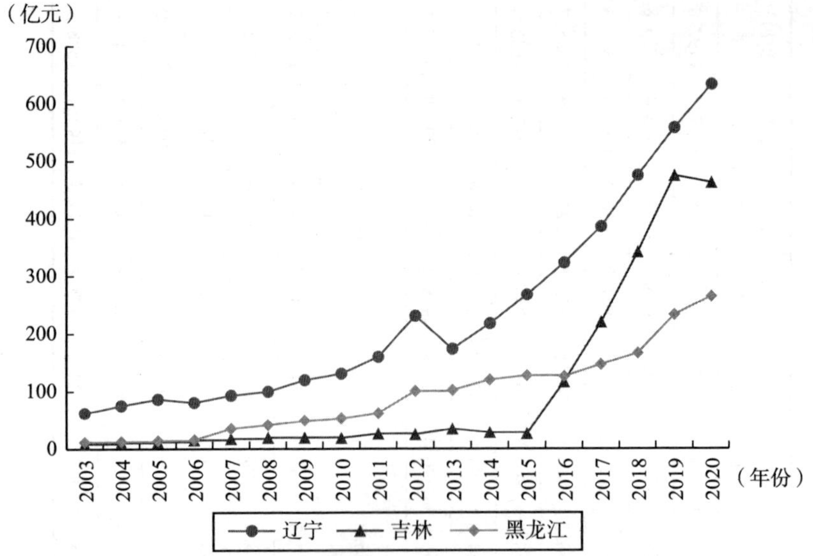

图 3-10　2003~2020 年东北三省技术市场成交额

第三节　贸易一体化

一、省际贸易

从社会消费品零售总额来看（见图 3-11），辽宁的零售总额一直大于吉林及黑龙江，三者增长态势趋同，在 2003~2019 年一直在增长，2020 年有所下滑，可能的原因是新冠肺炎疫情的暴发限制了人口及商品流动，使得社会消费品零售总额在 2020 年降低。吉林及黑龙江社会消费品零售总额增加态势更加贴合，差距较小，但黑龙江社会消费品零售总额始终大于吉林社会消费品零售总额，两者在 2003~2011 年差距比较小，在 2012~2020 年差距渐渐增大，贴合程度降低。整体来看，东北三省社会消费品零售总额较 2003 年是不断增加的，除在 2020 年有所降低外一直呈增长态势，黑龙江的增长幅度最大，其次是辽宁，最后是吉林。

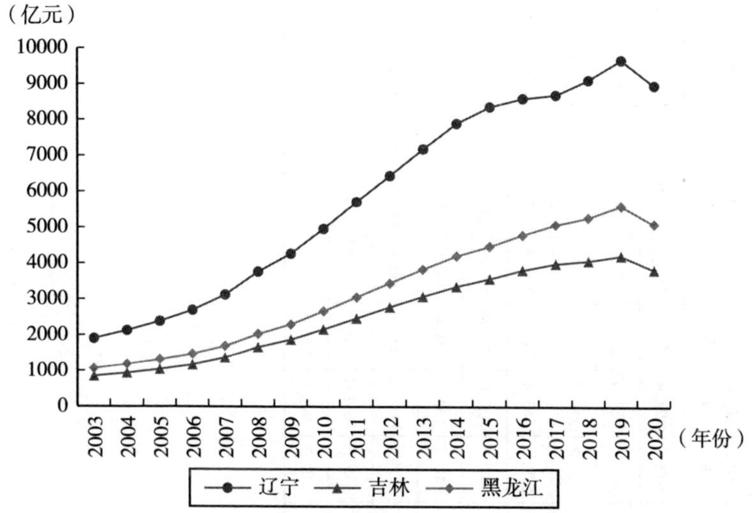

图3-11　2003~2020年东北三省社会消费品零售总额

东北地区的子区域在发展条件、经济基础、经济结构、资源禀赋、生产效率等方面存在一定的差异，而这些差异因素往往又不能完全自由地流动。在这种客观现实面前，为了以最有利的条件、最低的成本和最佳的效益来满足各地区经济发展和社会生活的需要，就必然要求在子区域经济关系中按照比较优势和比较利益的原则，选择自己最适合的产业，通过以贸易为纽带的产业分工与合作，形成跨地区的贸易链条，提高资源配置效率，极大地提高生产经营效率，发挥规模经济效益，使得比较优势变为竞争优势，在区域内更好地实现贸易一体化。

二、国际贸易

从进口贸易总额（见表3-8）来看，东北三省的进口总额是在不断增加的。辽宁由2003年的119.3亿美元增加至2020年的561.3亿美元，吉林由331.92亿美元增加至989.32亿美元，黑龙江由24.6亿美

表 3－8　2003～2020 年东北三省进出口贸易总额

单位：亿美元

指标	省份	2003年	2004年	2005年	2006年	2007年	2008年	2009年	2010年	2011年	2012年	2013年	2014年	2015年	2016年	2017年	2018年	2019年	2020年
进口总额	辽宁	119.3	155.2	175.7	200.7	241.5	303.8	294.8	375.5	449.2	460.4	497.4	552	452.5	434.6	545.5	656.3	598.2	561.3
	吉林	331.92	420.30	327.77	384	470.5	595.13	588.55	837.4	1101	1173	1182.62	1269.9	887.54	939.5	954.22	1037	978.2	989.3
	黑龙江	24.6	31.1	35.0	44.2	50.3	63.2	61.4	92.2	208.4	233.9	226.5	215.6	129.6	114.9	136.8	219.6	220.3	169.9
出口总额	辽宁	146.3	189.2	234.4	283.2	353.3	420.5	334.4	431.2	510.4	579.5	645.4	587.6	508.4	430.7	448.8	488.0	454.4	383.3
	吉林	178.94	141.95	199.08	234	281.8	331.39	213.92	303	322.8	377.7	418.48	354.96	288.63	277.4	299.92	325.81	324	290.8
	黑龙江	28.7	36.8	60.7	84.4	122.7	165.7	100.8	162.8	176.7	144.4	162.3	173.4	80.3	50.4	52.6	44.5	50.7	52.0
进出口总额	辽宁	265.6	344.4	410.1	483.9	594.7	724.4	629.2	806.7	959.6	1040	1142.8	1139.6	960.9	865.2	994.2	1144.3	10523	944.6
	吉林	510.86	562.24	526.85	618	752.3	926.52	802.47	1140	1424	1551.	1601.1	1624.8	1176.18	1217	1254.2	1362.8	1302.	1280
	黑龙江	53.3	67.9	95.7	128.6	173.0	229.0	162.2	255.0	385.1	378.2	388.8	389.0	209.9	165.4	189.4	264.1	271.0	222

元增加至 169. 9 亿美元。纵向比较来看，黑龙江的进口贸易总额增加程度大于辽宁及吉林，增加值为 145. 3 亿美元，相较于 2003 年进口总额增加了近 590. 65%，辽宁及吉林的增加值分别为 442 亿美元及 657. 4 亿美元，分别增加了近 370. 49% 及 198. 06%。从出口总额来看，辽宁由 2003 年的 146. 3 亿美元增加至 2020 年的 383. 3 亿美元，吉林由 178. 94 亿美元增加至 290. 80 亿美元，黑龙江由 28. 7 亿美元增加至 52. 0 亿美元。纵向比较来看，辽宁出口贸易总额增加程度大于黑龙江及吉林，增加值为 237 亿美元，出口总额相较于 2003 年增加了近 162. 00%，黑龙江及吉林的增加值分别为 23. 3 亿美元及 111. 86 亿美元，分别增加了近 81. 18% 及 62. 51%。从进出口总额来看，吉林的体量多年来大于辽宁及黑龙江，但黑龙江的增幅大于辽宁及吉林，较 2003 年增加了近 316. 51%。可以看出，随着世界经济一体化的发展，东北亚区域作为区域经济合作中最具活力和潜力的地区，必将带动亚洲经济进一步腾飞。对中国来说，东北老工业基地的优势更为突出，其不仅具有得天独厚的地理位置，还具有丰富的经济资源、雄厚的工业基础和密切的内部联系，另外还与东北亚区域各成员在历史上形成了广泛的经贸合作关系。因此，东北老工业基地在中国对东北亚开放中具有不可替代的重要地位。

第四节　产业一体化

从我国整体上来看，全国非常重要的重化工业基地便是东北三省，其具有较高的产业聚集度与较广的辐射区域，东北地区大多数的主导产业在生产规模与技术水平上具有非常重要的地位。例如，辽宁产出的机床占全国总量的 11%；吉林生产的汽车数量占全国总量的 11. 5%；黑龙江的火电与水电设备产量占比全国总量 33% 与 50%；黑吉辽三省输变电设备生产总数占全国生产总量的 40% 以上（高月媚，2019）。交通运输、金属制品、仪器仪表、机械制造、电气设备制造等诸多的行业也拥有极强的生产力。

本部分主要从产业分工和产业布局两方面来说明东北地区产业一体化的发展现状。

一、产业分工

（一）各省产业发展现状

在东北三省当中，各省自身均拥有其重点发展的产业，具体情况如下。

辽宁全省工业实力雄厚，有着装备制造、新材料、电子信息制造、节能环保、现代农业、现代物流、软件和信息技术、文化旅游、医疗和养护等重点产业及产业链。“十四五”规划期间，为推动产业优化升级，辽宁不断加快建设制造强省、加大科技创新力度、发展新兴产业、推动现代服务业升级提质。为优化省内营商环境、更好地促进省内经济发展，辽宁出台《辽宁省优化营商环境条例》《推进“最多跑一次”规定》《辽宁省人民政府关于加强诚信政府建设的决定》等政策文件，取消下放省级行政许可事项 101 项，落实支持民营经济发展 23 条措施（梁卜心，2022）。

吉林提出全面实施“一主六双”的发展战略，进一步创新产业体系、优化产业结构，重点建设汽车产业、旅游产业、农产品加工和食品工业，壮大医药健康、装备制造、石油化工、冶金建材、电子信息 5 个优势产业，培育冰雪、新材料、新能源、新型汽车、生物医药、商用卫星、通用航空 7 个新兴产业，加快发展金融服务、现代物流、商贸流通、休闲康养、医疗美容 5 个现代服务业，超前布局激光通信、新型显示材料、量子技术、人工智能 4 个未来产业，构建多元发展、多点支持、多业并举的产业发展新格局。

黑龙江重点持续推动产业项目建设，深化创新驱动，振兴实体经济。在农业方面，黑龙江进一步推进农业供给侧结构性改革，发展优质高效农业、食品加工业、畜牧业。在军民合作方面，黑龙江加快船舶动力、航空航天等产业发展，加速军用材料基础件、特种车辆等产品扩张，促进轻量化制造、大数据、卫星应用、人工智能等技术应用和产业发展。在生态建设方面，黑龙江充分利用森林、湖泊等自然资源，发展旅游、健康、养老、体育、文化等产业及林下经济。在矿产资源利用方面，黑龙江依托产业基础和资源保障，加快发展矿产产业和新材料产业。在优化营商环境方面，黑龙江多轮次取消下放行政权力1068项，取消中介、协会等收费383项，放开819个政府定价项目，重点解决企业对发展环境的意见和建议。

东北地区各省虽然重点发展的产业不尽相同，但是在农业及农产品加工、装备制造、石油化工、电子信息、生物健康等产业存在一定重合。

（二）工业优势产业分布

东北三省当中，各省自身均拥有优势产业。其中，黑龙江主要的优势产业包括货车制造业、锅炉制造业、发电机产业、冶金设备制造以及汽轮机制造等诸多产业（肖太梁，2014）；而吉林最为突出的优势产业主要是小轿车、轨道交通等运输设备产业及其零部件制造行业与光学仪器制造等；辽宁主要的突出产业主要为船舶制造、轴承制造、电真空器件、机床制造、风动工具以及风机制造等，具体如表3－9所示。

表3－9　　黑吉辽三省工业优势产业情况一览

省份	优势产业
黑龙江	锻件制造、微型汽车、发电机、量具刀具、锅炉制造、冶金设备、货车制造与汽轮制造等
吉林	小轿车、铁路、客车、载重汽车及其他运输设备、汽车配件、光学仪器与金属加工设备等

续表

省份	优势产业
辽宁	船舶制造、轴承制造、电真空器件、冶金工业机械、风动工具、铁路器材、风机、微电机、机床、铁路信号设备、客车制造、矿山设备、冷冻设备密封元件、化工专用设备、电动机、海洋运输船舶、电容器、光学仪器及其他电子设备、铁路运输设备与金属制品等

在工业方面，以丰富自然资源为基础，东北地区建立了较为完善的工业体系，部分工业配套能力也相对较强，能够形成更为集中的产业链条体系。现阶段已经形成以鞍钢为核心的钢铁工业体系、以大庆油田为核心的石化工业体系、以长春一汽为核心的汽车工业体系以及以农副产品加工为核心的食品工业发展体系（王颖等，2011）。首先，辽宁拥有极为丰富的铁矿资源，以及发展钢铁工业的基础优势，因此钢铁工业能够实现有较高集中度的集聚效应。其次，大庆油田年产量占全国总产量的1/3左右，黑龙江石化与吉林石化能够为整个东北汽车产业与机械产业提供良好的能源基础，而且东北石化产业相关的配套和衔接能力较强，具有较好的集中度。再次，以吉林长春一汽为核心的汽车产业能够对东北地区相关的配套产业发展起到良好的带动作用，通过和沈阳金杯、辽宁轮胎等合作共同形成关系合作网。最后，通过大力发展东北农业能够推动粮食深加工、酒精制造业以及畜牧养殖业实现更好的发展（赵罂和石敏俊，2009）。

在制造业当中，黑龙江、吉林、辽宁三省均拥有具有较强优势的子行业，在专业分工上非常显著。诸如黑龙江省在石油和天然气开采工业、核燃料加工业、石油加工业、炼焦业以及食品制造业等方面，吉林省则在交通运输设备制造业、化学原料与化学制品制造业以及医药制造业等方面，辽宁主要是石油加工业、核燃料加工与炼焦行业、黑色金属矿采业、黑色金属冶炼与压延加工业等方面，上述这些产业部门在专业化上均是处于前三名，促使东北地区具有非常高的专业化程度。

二、产业布局

（一）地区分布

新中国成立之后，我国在“一五”和“二五”计划期间将全国共计156项重点工程当中的57项安排在东北地区，以实现我国重工业的发展。20世纪80年代后期，我国东北工业基地基本建设完成，当时形成了主要以重工业为基础的经济体系。然而，我国在向市场经济体制转型期间，东北地区的经济体制已经无法满足实际的发展需求。特别是在改革开放之后，东北经济出现了显著的改变，东北地区的经济呈现出以下基本特征。

第一，具有极为严重的二元发展结构。东北地区是我国重要的农业基地与重工业基地，在新中国成立以后，东北地区的农业与重工业均得到了显著的发展，然而因为对重工业建设与城市建设的过度重视与突出，造成城乡间与工农间出现了非常显著的差距，最终导致显著的二元发展结构（王雪辉等，2014）。

第二，地区中部发达，而两翼相对落后。东北地区的中部地带处于松辽平原与辽东半岛，具有相对更为优越的工农业资源与交通条件，导致中部地区逐渐发展成为东北相对发达地区，同时重工业也大多分布于此地区，进而推动城市群与中部产业带逐渐形成。

第三，东北地区产业发展仍具潜力。从整体上来看，东北地区的经济发展对于整个工业化发展而言，应该处于后期阶段。但其与新型工业化之间仍存在很大的差距，因此实现新型工业化发展依旧还有很多需要完成的任务。东北地区相对于中东部地区而言具有地广人稀的特点，在土地和产业上具有极大的潜力，特别是东北地区的东部、北部和西部地区，发展空间巨大。

（二）空间类型

虽然东北地区自身的开发历史相对较短，但是在最近的100多年间，现代产业实现了迅猛的发展，特别在改革开放之后东北经济空间出现了显著的改变，已经初步形成特定的空间类型，东北地区的经济空间呈现出以下基本特征。

第一，一体系和一系统及三产业带。一体系主要指的是以沈阳为中心，其他特大城市为核心构建起来的东北城镇体系（赵乐霞等，2016）；一系统主要指的是由东北地区的交通运输网、通信信息网以及电力配电网共同构成的区域网络系统；三产业带主要指中部地区以农业和制造业为主、西部地区以矿业和农牧业为主以及东部地区以林矿业为主的三条产业带。东北地区经济空间作为非常复杂的地域系统，拥有多种不同形式的地域组织。

第二，三条地带。以自然地带为前提，东北地区最终呈现出东、中、西三条经济地带，东部经济地带主要包括伊春、鹤岗、鸡西、牡丹江等城市，中部经济地带主要包括哈尔滨、长春、沈阳、抚顺、大连等城市，西部经济地带主要包括大庆、齐齐哈尔、阜新等城市，三条经济地带构建出东北地区整体的经济框架。其中，东部经济地带所发展的产业为林矿业，分布有大量的森工局与矿务局，这里同时也是重要的中草药培育基地。中部地区属于东北地区经济最为发达的区域，该经济带主要有制造业、石化工业、原材料工业以及粮食基地等，且特大城市、港口以及城市群等均分布于此地带当中，中部经济带还处于发展阶段，产业集聚是其未来发展的重要趋势。西部经济带属于东北地区重要的能源与农牧业基地。

第三，城市群。现阶段，东北地区逐渐出现一些城市群，如辽宁沿海城市群、辽宁中部城市群、吉林中部城市群、哈大齐城市群等，发展水平最高的城市群为辽宁沿海城市群、辽宁中部城市群（李晶，2003），而吉林中部城市群、哈大齐城市群等尚处于形成与发展之中。大部分的城市群具有以下三个特点：将特大城市作为发展核心，对其所属辖区县发展起到带动作用；核心城市和周边城镇间具有生产技术联系与经济联系，但相比于我国东部地区联系较差；大部分核心城市依旧是以产业集聚作为主要发展阶段，尚未发展成为等级相对较高的产业集群，这对城市群发展造成了一定的影响（李天籽，2014）。

第四，开发区。对于开发区而言，其作为我国实行改革开放政策以后出现的一种全新的经济空间类型，对东北区域经济发展具有非常重要的影响。根据相关的统计，从改革开放至今，我国在东北地区共计设立国家级别的风景旅游开发区、综合保税区、高新技术产业开发区、出口加工区以及边境经济合作开发区等超过50处。通过对开发区进行大力建设与发展，其对东北地区经济空间变化具有非常显著的效果：首先营造出了更适合招商引资的基础环境，促使其推动地域实现经济增长；其次能够有效发挥产业集聚效应，对产业发展起到带动作用，最终使开发区经济增幅相比于其他地区显著偏高；最后便是能够对区域优势与特色进行发挥，形成产业集群，对区域经济发展起到良好推动作用。

第五节 基础设施一体化

交通基础设施和信息基础设施作为经济、社会活动的基础，承载着城市间大量的人口和物质要素流动。同时，人口和物质要素在城市间的流动影响着地区间资源和劳动力的配置，进而影响城市之间的等级关系和相互联系（李苑君等，2021）。交通网络和信息网络是连接城市的重要纽带，是区域发展的重要条件，对优化区域发展的空间秩序具有重要意义，它们同时也是城市间人流、物流的重要通道，是人口能够产生流动的基础条件（王新贤和高向东，2019）。

东北地区偏居一隅，内外部联系相对独立，铁路交通发达，高速公路网络密集，且高速铁路架构初步成型，交通网络特征鲜明。近30多年来，由“东北现象”到东北振兴，由“新东北现象”到东北再振兴，东北地区经济社会发展经历了多次转型过程（王新贤和高向东，

2019)。在此过程中，交通设施网络和信息设施网络起着重要的驱动作用，对其交通设施网络和信息设施网络进行解构，对于东北振兴具有重要意义。

一、交通设施网络

（一）交通设施基本情况

交通联系是区域空间相互作用的体现，能够反映区域社会经济联系，社会经济联系越密切则交通联系越密切。从表 3－10 可以看出，“十三五”规划期间，东北地区交通设施建设不断完善，2020 年公路里程和铁路运营里程同 2015 年相比分别增长 6.80% 和 7.60%，内河航道里程受自然条件限制没有新增。虽然交通设施总量不断增加，但是同“十二五”规划相比，“十三五”规划期间东北地区公路里程和铁路运营里程增长率整体呈现下降趋势，交通运输设施发展逐渐减缓。

表 3－10　　东北地区交通设施情况相关数据

年份	公路里程（万公里）	公路里程增长率（%）	铁路营业里程（万公里）	铁路营业里程增长率（%）	内河航道里程（万公里）
2011	35.14	—	1.42	—	0.7
2012	35.79	1.85	1.54	8.45	0.7
2013	36.54	2.10	1.55	0.65	0.7
2014	37.39	2.33	1.56	0.65	0.7
2015	38.09	1.87	1.71	9.62	0.7
2016	38.76	1.76	1.69	－1.17	0.7
2017	39.26	1.29	1.71	1.18	0.7
2018	39.55	0.74	1.84	7.60	0.7
2019	40.02	1.19	1.84	－0.54	0.7
2020	40.68	1.65	1.84	0.55	0.7

注：由国家统计局数据整理所得。

省会城市在客运交通网络中具有很高的中心性。辽宁内部以沈阳为核心的辽中城市群内部客运联系最密切。沈阳对外的客运联系城市数量和联系总量不仅在辽宁是最高的，而且在东北地区也是最高的。毫无疑问，沈阳是东北地区客运交通网络的核心城市。

可以注意到的是，铁路客运在东北地区客运交通网络中占主导地位。东北地区铁路网和公路网都发达，但是东北北部和南部的铁路客运联系更方便，交通成本更低，铁路车次比公路车次明显要多，铁路出行更便利。此外，东北冬半年冰雪天气多，也不利于公路客运，所以铁路客运在东北地区客运交通网络中占主导地位。

在东北地区，尽管与黑龙江城市的铁路客运联系对象少，但是与哈尔滨有直接联系的城市为 27 个，只有 6 个城市与哈尔滨没有直达列车。黑龙江城市都能通过哈尔滨与吉林、辽宁城市联系，也就是说东北北部城市与东北南部城市的联系主要依靠哈尔滨作为中转站。东北北部一些城市不能直接经过沈阳中转就一步到达，对东北北部一些城市而言，沈阳的通过作用更明显，而非中介作用，对这些城市而言，哈尔滨的中介作用更强。例如，伊春和锦州之间无直达列车，伊春不能经过沈阳一次中转到达锦州，因为伊春没有直达沈阳的列车。但是伊春能够经过哈尔滨中转到达锦州，伊春—哈尔滨、哈尔滨—锦州都有直达列车（赵映慧等，2016）。

铁路客运联系紧密的城市主要分布在哈大（连）线和沈山线。哈尔滨、长春、四平、铁岭、沈阳、鞍山、辽阳、大连是哈大（连）铁路线上的主要城市，相互间铁路车次多。东北地区对外铁路客运联系及内部客运联系多经过哈大（连）线。沈阳、锦州和葫芦岛是沈山铁路线上的主要城市，东北地区绝大多数城市对其他地区的联系都需要经过沈山线，因此三个城市间的客运车次非常多，三个城市联系非常便利。总之，东北地区绝大多数客流都经过哈大（连）线和沈山线。

关于公路客运方面，沈阳作为东北地区的交通中心，与沈阳有直接公路客运联系的城市数量多达 27 个，而长春和哈尔滨则分别是吉林和黑龙江公路客运网络中心性最高的城市。尽管长春和哈尔滨在东北地区公路客运网络中的联系城市数量和客运联系总量都不及沈阳，但是作为省会，长春和哈尔滨是全省政治、经济和交通中心，因此在本省公路客运网络中的中心性很高。长春主要与吉林城市存在公路客运联系，而与辽宁西部、黑龙江东部和北部的城市公路客运联系少。哈尔滨与吉林和辽宁的大部分城市都没有公路客运车次，哈尔滨的公路客运联系城市主要分布在黑龙江。

（二）多元交通网络格局特征

铁路、长途汽车、航空和轮渡是最常见的 4 种城际交通方式。就东北地区而言，只有辽宁部分城市沿海，在其内部交通联系中，轮渡的人口流动承载量较小。航空在中长距离上才能提供充足的服务（王姣娥等，2020），在东北内部交通网络中流量较低。东北内部铁路网络密度高，公路里程长，内部出行多以长途汽车和铁路为主。

相比普速铁路，高速铁路在时间准、速度快、运距长、舒适性等方面很大程度上得到了提高，逐渐成为交通出行的主流方式。高铁发展缩短了旅客旅行时间，产生了巨大的社会效益，对沿线地区经济发展起到了推进和均衡作用，在促进沿线城市经济发展和国土开发的同时，对我国工业化和城镇化发展起到非常重要的推进作用，使高铁沿线中心城市以及卫星城镇选择重新“布局”——以高速铁路中心城市带动周边城市同步发展。2012 年哈大高铁投入运营，随着时间推移，哈大高铁对东北区域交通布局的影响越来越明显。

东北地区铁路交通网络格局均呈现出以“哈大”走廊为轴的南密北疏、东众西寡特征。铁路人口流动网络结构较为分散，铁路交通网络的极化效应明显。公路和铁路之间存在竞争和互补的关系，在铁路交通不太发达的地区，公路人口流动强度和其交通网络强度较高。哈大高铁的开通使得东北高铁主干道形成。2013 年后，东北进入高铁支线规划建设期，支线与主干道的对接推动了东北高铁网络化格局的显现。一是内部支线完善期。哈大高铁开通后，为减少东北地区经济发展空间上出现的“极化效应”特征，东北地区内部陆续开通了许多支线线路。2013 年 9 月，盘锦—营口高铁开通运行；2015 年 8 月、9 月、12 月哈尔滨—齐齐哈尔、沈阳—丹东、丹东—大连高铁也相继陆续开通运行。二是外部支线对接期。东北地区的发展离不开与全国其他地区交通网络的有效对接。京沈高铁的建设落成将东北地区铁路网与全国高铁网全面联通，极大方便了东北地区与全国各地的交流合作。京沈铁路开通运行分两步进行，2014 年 7 月，京沈高铁辽冀段正式开工；2015 年 12 月，京沈高铁北京段正式开工（王绍博等，2019）；2021 年 12 月底，全线开通。哈大高铁的运行缩短了东北城市群之间的相对距离，优化了东北城市群城市交通网络空间结构。高速铁路时代下的东北城市群交通网络空间向心性集聚分布更加显著，空间的关联性更强。

二、信息设施网络

（一）信息化发展现状

1. 通信网络设施发展情况

从表 3 - 11 可以看出，“十三五”规划期间，东北地区电信业务量迅速增长，2020 年达到 7601.34 亿元，与 2015 年相比增长率高达 393.65%。2020 年，移动电话普及率达到 354.35 部/百人，与 2015 年相比增长 28.15%，电信通信服务水平逐年提高（梁卜心，2022）。2020 年，移动电话交换机容量和光缆线路长度分别达到 21055.93 万户和 4053731 公里，同比分别增长 1.12% 和 13.71%，电信通信能力不断提升。2020 年互联网宽带接入用户和移动互联网用户分别达到 2871.7 万户和 9347.17 万户，与 2015 年相比分别增长 58.89% 和 34.24%，并且移动互联网用户较多。

表 3-11　　东北地区通信网络建设情况相关数据

年份	电信业务量（亿元）	移动电话普及率（部/百人）	移动电话交换机容量（万户）	光缆线路长度（公里）	互联网宽带接入用户（万户）	移动互联网用户（万户）
2015	1539.82	276.47	17605.29	1715465	1807.3	6963.24
2016	1097.30	288.96	19173.53	2062246	1986.8	8070.48
2017	1956.66	310.95	20453.53	2687630	2224.7	9145.03
2018	3984.29	324.54	20810.53	3291172	2534.9	9167.09
2019	6224.97	324.65	20822.53	3564885	2697.0	9268.86
2020	7601.34	354.35	21055.93	4053731	2871.7	9347.17

注：由国家统计局数据整理所得。

2. 电子商务发展情况

从表 3-12 可以看出，“十三五”规划期间，东北地区电子商务发展迅猛，2020 年电子商务销售额和电子商务采购额分别达到 5539.0 亿元和 3361.4 亿元，与 2015 年相比增长率分别为 55.03% 和 125.39%。2015～2020 年东北地区开展电子商务交易活动的企业比重整体也呈现上涨趋势，2020 年达到 16.8%，与 2015 年相比增长 24.44%。东北地区电子商务的蓬勃发展使得物流需求量不断攀升，因此优化区域物流枢纽网络布局将为提升电子商务效率注入巨大力量。

表 3-12　“十三五”规划期间东北地区电子商务发展情况相关数据

年份	电子商务销售额（亿元）	电子商务采购额（亿元）	有电子商务交易活动的企业数比重（%）
2015	3572.8	1491.4	13.5
2016	2929.1	1533.3	16.5
2017	3813.2	1807.5	13.3
2018	4784.8	2863.4	14.6

续表

年份	电子商务销售额（亿元）	电子商务采购额（亿元）	有电子商务交易活动的企业数比重（%）
2019	5307.9	3174.1	15.4
2020	5539.0	3361.4	16.8

注：由国家统计局数据整理所得。

（二）物流枢纽网络发展现状

根据前面所述的东北地区信息化发展现状可知，“十三五”规划期间，东北地区的通信网络设施不断完善、电子商务发展迅猛，为区域物流枢纽网络发展提供了良好的发展基础。东北地区占据东北亚中心地带，有着优越的地理位置和扎实的产业基础，但是其物流发展水平在我国仍处于相对落后的地位，不符合高质量发展的要求。

区域物流发展是区域经济发展的重要基础，目前东北地区仍存在物流网络尚不完善、管理模式粗放落后、国际化水平不高等问题，在我国处于相对落后的地位，不能发挥出东北地区的优势。因此，如何更加科学合理地布局东北地区物流枢纽网络，构建“通道 + 枢纽 + 网络”的现代物流体系，从而为东北全面振兴提供助力，成为了东北地区物流发展亟待解决的问题（梁卜心，2022）。

“十三五”规划期间，东北地区各省积极响应国家政策，支持物流蓬勃发展。辽宁提出构建“三纵一横”物流大通道，完善区域物流服务网络。吉林提出打造纵向“京哈线通道”、横向“中蒙大通道”2 个主干物流大通道和西部、南部、东部 3 个支线物流通道。黑龙江提出畅通八大物流通道，构建服务省内、辐射全国、连接国际的物流通道体系。“十三五”规划期间，东北地区建设的物流通道如表 3 – 13 所示。虽然东北地区各省积极建设物流通道，但是由于发展年限较短，目前东北地区物流通道建设相对粗糙、散乱，没有形成主次分明的网络布局，因此加强区域物流联系、详细布局区域物流枢纽网络应成为东北地区物流下一步发展的重点。

表3－13　　东北地区物流通道

省份	物流通道
辽宁	大连—营口—沈阳—哈尔滨—满洲里中部
	锦州（葫芦岛、盘锦）—阜新（朝阳）—通辽（赤峰）
	丹东（大连）—通化—牡丹江
	长春—铁岭—沈阳—山海关（含长春—阜新—朝阳—承德）
吉林	哈尔滨—长春—四平—沈阳—大连通道
	珲春—延吉—吉林—长春—松原—白城—乌兰浩特—阿尔山（内蒙古自治区）—乔巴山（蒙古国）通道
	依托大广高速吉林段（经松原、长岭、双辽），结合平齐线铁路（经白城和双辽）
	依托在建的集双高速公路（集安—通化—梅河口—辽源—四平—双辽），结合梅集线等铁路
	依托鹤大高速吉林段（途径敦化、白山和通化），结合白和线、珲白线等沿边铁路线
黑龙江	哈尔滨—大庆—齐齐哈尔—满洲里
	哈尔滨—佳木斯—双鸭山—同江（抚远）
	哈尔滨—大连
	鹤岗—佳木斯—鸡西—牡丹江—图们—丹东—大连
	哈尔滨—北安—黑河
	鹤岗—佳木斯—鸡西—牡丹江—图们—丹东—大连
	漠河—加格达奇—齐齐哈尔—松原（白城）—通辽航空物流通道

第六节　创新一体化

习近平总书记在党的十九大报告中明确提出："深化科技体制改革，建立以企业为主体、市场为导向、产学研深度融合的技术创新体系，加强对中小企业创新的支持，促进科技成果转化。”① 产学研深度融合是深化科技体制改革的必由之路，它集现代科学技术的研究、开发、生产于一体，在我国宏观经济层面上，可有效促进经济结构增长方式从传统的生产要素方式驱动转向自主创新方式驱动；在微观层面能解决当前“产”“学”“研”脱节问题，实现高校、科研机构与企业等产学研主体的有效融合，促进地区间创新绩效协同提升。随着科学技术创新复杂性不断加强、速度不断加快以及经济全球化不断发展，当代科技创新已突破传统线性与链式的模型体系，呈现出非线性、网络化、多角色、开放性特点，并逐步演变为以多元主体协同互动为基础的创新模式。

产学研创新的实质是整合与科技创新相关的多方角色的大跨度创新战略联盟组织形式，它包括了企业、大学、科研机构、科技中介机构、政府以及金融机构等众多角色。通过协同发挥优势，产生整体大于部分功能之和的效果，实现创新发展的理念，获得市场和国际竞争优势的重要实现方式（潘鸿和妥燕芳，2017）。因此，产学研协同创新已经成为创新型国家和地区提高自主创新能力、形成多主体共同创新的全新组织模式，对我国 2035 年步入“创新型国家前列”具有较强现实意义。

一、产学研协同创新

（一）东北地区产学研协同创新的重要性

2018 年度全国范围内企业创新情况调查报告显示，东北地区企业数量共计 35517 个，规模以上企业开展创新活动的数量为 9288 个，占全部企业数量的 26. 151%，不及全国 39. 847% 的平均水平；实现创新的企业共 8727 个，在全部企业中占 24. 571%，距离全国 37. 08% 的平均水平相差较大（邢程程和王英明，2020）。从调查报告显示的数据

① 中共中央党史和文献研究院．十九大以来重要文献选编（上）［M］. 北京：中央文献出版社，2019：22.

看，东北地区无论是规模以上企业从事有关创新业务的比例，还是完成了创新转型的企业占比，都明显不及全国平均水准。该报告背后隐含的信息说明东北地区企业持续创新能力明显不足、缺少长远发展的内生动力。在经济发展已经进入新阶段的时代背景之下，东北地区企业的创新能力和积极性与供给侧结构性改革的精神内核背道而驰。因此，为了使东北地区摆脱低迷发展的现状，必须重视企业的创新能力培养。

创新是现代化经济体系的重要支撑。现代化创新体系不仅要有优质要素的组合、外部资金的支持，更要有具备“造血功能”的内在动力机制。产学研协同创新的模式可以促进创新主体创新要素更好地联动与协作，保障创新活动的成功进行，使主体之间相互协同、相互促进，以实现总体效益最大化（黄义和张清华，2013）。其中，协同创新是解决东北地区产学研发展的关键问题，是东北地区自主创新实现的保证，也是东北地区创新体系实现的基础。

从教育资源来看，东北地区拥有着丰富的大学资源，共有 11 所原“211”高校，其中“985 工程”高校有 4 所，均占全国的 10%（张可云和朱春筱，2021）。尽管东北地区存在大量技术人口外流现象，但其优质的大学资源会源源不断地吸引人才流入大学。因此，东北地区拥有促进产学研协同创新发展的基础条件，并以此来深化科技体制改革。

产学研协同创新是贯彻落实科教兴国和人才强国战略，促进教育、科技与经济紧密结合的根本途径，面对世界科技发展大势及日趋激烈的国际竞争，东北地区只有加强产学研协同创新，加强各省产学研协同创新的相互扶持，并通过各省之间的相互学习，才能充分发挥科学技术对各省经济社会发展的支撑和引领作用，从而实现产业从价值链低端向高端发展，提升东北三省的整体竞争力。

（二）东北地区产学研协同创新现状分析

总体来看，东北地区内辽宁的创新能力较高，是东北地区创新能力最靠前的省份，创新能力保持得相对平稳，应在现有的创新能力水平上寻找突破点，加强产学研协同创新能力，提高产学研协同创新水平，争取赶上发达城市，从而进一步带动东北三省以及全国创新能力的提高，进一步促进经济的发展与增长；而吉林、黑龙江的创新能力排名较后，水平较为相似，科技创新能力较低，应在现有的发展方式中寻求不足之处，不断加强同辽宁的对比学习，改革创新，改进科技创新方式方法，进一步加强产学研协同创新的建设，将提高科技创新能力、加快经济发展作为发展的主要方向，争取使低于全国平均水平的创新能力稳步提升，为本省以及东北地区乃至全国的经济发展做出贡献（王怀宇和郭晓立，2014）。

统计数据显示，东北的平均技术创新能力基本都是由辽宁拉动的，但和第一集团的北京、上海仍存在着较大的差距。其中，东北地区 76 所高校的办学层次分布情况较为均衡，从高校数量上来看，辽宁总体上多于吉林和黑龙江，拥有更多的高校资源。因此，辽宁的技术创新水平具有一定的发展潜力，应积极利用老工业基地振兴的有利时机，迎头赶上发达的省市。辽宁无论从整体的协同创新规模来讲，还是从行业协会所产生的协同创新联盟来讲，都以领先于吉林一、两倍的数据居于东北三省首位，可以看出辽宁对于协同创新的重视程度较高，并且能够实现创新资源同创新要素的密切合作。

东北三省除了技术创新水平之间的差距外，仍存在共同的问题，即产学研协同创新中各项参与主体的核心与引导作用发挥不到位、产学研协同创新的信息渠道不够畅通等。因此需要进一步加强东北三省政府牵引力，推出有利于人才集聚、提高科研机构工作效率、产业发展的相关政策。

产学研合作的动力机制是市场经济不断变化进程中形成的。目前，辽宁所有企业都相继成立了创业创新中心，建立共享研究平台，组建跨学科团队，联合攻关，设立了交叉学科研究专项，实现优势互补、强强联合，服务地方经济发展。分批次地审核批准了若干个省属协同创新中心，也不同程度地正在开展产学研协同创新。推进首批 50 户智能制造和智能服务试点示范企业项目建设，积极推进省内相关机构参与“德国工业 4.0”标准对接。吉林构建了“战略联盟 + 产业技术创新基地 + 孵化器+县域综合科技服务平台”四位一体的综合创新模式（潘鸿和妥燕芳，2017）。完善了现有的产学研合作模式，并在坚持产学研合作技术创新这一主要模式之外，还创新了更富有针对性的模式。吉林省长春市内坐落着多个重要的科研机构，如吉林大学、东北师范大学以及中科院长春应化所、中科院长春光机物理所。为了能够综合利用这些技术创新资源和科研资源，吉林积极推动“两校两所”项目效能发挥，提出了“两校两所”服务吉林科技创新能力的建设构想，加速“两校两所”的科技成果转化。这些大学和科研机构科技产业秉持发展求积极、管理求规范的原则，主动发挥自身科技研发优势，多元转化科技优势，采取运作方式市场化形式，在科研中积极吸收社会资金，助力科学研究，成为了产业化的源头，帮助企业科技成果转化。同时，逐步形成在信息技术、生物与医药、光机电一体化和新材料等领域的产学研协同创新，形成具有自身优势特色的高新技术产业，也带动了吉林优势产业发展。但东北三省产学研协同创新进展过程中还存在一定问题。

1. 优势产业产学研协同认知不到位

近年来，人们受惯性思维影响，对原来的产业优势仍寄厚望，在第一轮东北振兴过程中，期待优势产业有好表现，但经济近年来一直落在后面。各有所长、各自为战、各有所求、各有所困等因素制约了协同合作的发展。合作主体来自不同单位，归属政府不同管理单元，人事关系、劳资关系等形成天然屏障，导致协同合作孤立艰难。

2. 优势产业产学研协同政府政策力度不够

近年来，东北三省省委省政府已经提出了一系列促进产学研合作创新中的税收、投资、知识产权保护、利益共享和责任分担等方面的政策，但政府在产学研中激励的政策导向并不精准，缺失特殊政策；产学研合作创造充分的交流渠道和服务平台还只是种形式，协同合作出现“拉赞助”的功利性、“拉郎配”的绑架性，能真正拯救东北三省经济的特殊政策存在缺失。

3. 优势产业产学研协同创新资金不足

产学研协同创新是合作方的集成化合作，是一个虚拟的集合体，协同合作各方都面临风险的承担，更需要一定的资金作为保障。对于企业来说，其固然能承担资金风险，但企业的选择往往是把资金风险转嫁给政府及融资中介。据相关调查可知，东北地区目前的产学研合作仍然主要依赖政府的资金扶持，融资途径单一，资金缺口大，社会资本利用率低。

4. 优势产业产学研协同创新狭隘

目前，优势产业产学研协同的广度还仅限于局部的合作，合作深度远远不够，主要停留在转让技术、合作和委托项目开发的层次上。调查报告显示，东北地区优势产业与大学、科研机构进行合作创新的模式只有基本技术咨询和合同委托开发两种，属于最表层的产学研合作，协同的结果破解不了重大科技难题。短期的经济效益是当下协同合作的导向，技术引进后并没有进行自我创新，也谈不上像“中国高铁引进后的超越”。产学研协同创新的跨国合作还没有做好充分的准备，出现合作一锤子买卖，政府国际化政策缺乏连续性和创新性。

当前东北地区的经济离不开创新的力量驱动，同时创新的驱动能力又依赖于产学研协同创新的建设。因此，研究产学研协同创新环境建设，可以厘清主体间的协作过程，发现主体在科技创新中的不足，对后期调动各方热情，有效促进经济、教育以及科技的结合，为东北地区产学研协同创新体系加速建成保驾护航（潘鸿和妥燕芳，2017）。

二、创新成果合作交流

（一）东北地区创新成果合作区域

高校的知识创新是其社会责任的一项重要体现，高校教师发表论文、申请专利等知识生产活动皆可视为知识创新过程，高校的知识创新责任一方面表现为推动社会文明建设，另一方面表现为推动社会经济发展。不同地区、不同类型的高校所表现出的服务社会责任并不相同，尤其在推动社会经济发展的知识创新责任方面，高校创新成果转化直接影响区域经济发展。从具体的高校创新技术的内容上来分析，以哈尔滨工程大学为例，哈尔滨工程大学是黑龙江的国家重点建设高校，其技术创新主要集中在机械工程、船舶海洋工程等方面，且与一些企业产生了较为固定的创新技术转移趋势，如与中国核电工程有限公司和哈尔滨哈船导航技术有限公司等形成了一条较为成熟的产学研体系，这有利于该校持续向外进行技术转移和创新辐射。

长期以来，东北地区的创新投入不足，有限的科技资源投入决定了成果产出相对较少。东北地区科技创新多停留在初始阶段，本地转化率较低。这影响了东北地区新兴产业发展与传统产业升级，创新驱动尚未成为工业发展的主引擎。虽然东北地区科研院所和高校众多，科研资源优势突出，科技创新成果较为丰富，但这些成果的就地转化较少，使得优势科研资源未能有效转化为现实生产力。尤其是一些“国家队”科研院所产生的科技创新成果就地转化更少，在东北地区形成的人才和技术反而都输出到其他地区，导致“墙内开花墙外香”，未能很好地为东北地方经济社会发展服务。

另外可以注意到，我国东北地区高校的创新技术最主要的服务主体依旧是本区域，其高校创新技术辐射范围较小、数量不多，主要服务于本省高校间。并且创新责任履行情况差异较大，转移的创新产品数量较少、尚未构成规模，跨区域间的校企合作程度仍有待加强。辐射范围最广的四所高校均以工科为其优势学科，这主要是由于东北地区有较为深厚的工业基础，在早期高校建设过程中积累了一定的资源。同时也体现出我国东北地区高校当前技术创新成果向外转化的范围较窄，主要集中在以工业产品为主的技术转化上，较多高校创新性成果未能在东北地区转化。

从总体上来看，黑龙江、吉林与辽宁仍是东北地区高校创新技术的主要接收者，这既说明该区域高校主要服务于本地，也侧面体现了该区域高校在技术创新上对外竞争力不足（刘盛博和周雨晴，2021）。高校要想提高其创新技术辐射的深度与广度就必须加强技术服务社会意识，深度开展校企合作，同时提高其创新技术的应用性与独特性，进一步提高其创新技术的影响能力。东北地区高校中高层次院校的创新责任履行仍待加强。个别普通高校展现出了较强的创新活力与创新辐射能力，高层次院校的技术创新服务社会意识仍待加强。大学本身的政策和措施对专利产出具有较大影响，大学的重视和支持、政策措施的科学和有效对高校技术创新具有推动作用。高层次院校当前对于技术创新的重视程度较好，但仅止步于创新而没有进行下一步的转移和应用，这在一定程度上造成了创新资源的浪费，进而影响大学社会服务责任及大学声誉。因此，高层次院校在重视科研产出的同时还应对接社会市场需求，提高技术创新辐射能力，服务地方创新驱动经济发展。

从上述情况中可以看出，由于人才和技术外流、科技创新成果就地转化较少、创新技术辐射范围较小等问题的存在，导致东北地区本地的科技创新成果难以支撑本地高技术及新兴产业新产品的合作开发。

（二）创新成果合作制约因素

1. 缺乏有效的激励机制

目前，东北地区科技创新成果交易市场体系不够完善，科技创新成果转化过程中各方面的利益难以得到保障，没有一套适应现实科技工作和市场的机制，奖励不到位、落实不到位等现象经常出现，难以起到对科技人员的激励作用。

2. 转化渠道不通畅

当前，东北地区科技创新成果在当地转化过程中的一些关键环节仍存在“梗阻”，导致转化渠道不通畅。总体来看，东北地区科技中介服务机构建设尚处于起步阶段，社会化、市场化的科技中介机构和服务体系不健全，缺乏推动科技创新成果转化的长效机制。多数科技中介机构服务种类单一、服务方式及内容缺乏创新，很多地方还未形成一个规范化的产业，难以适应市场经济发展的需要。更为突出的问题是东北地区金融类的科技服务中介机构较少，风投、私募等机构不发达，科技创新成果与金融结合不够紧密，导致科技创新成果转化缺乏必要的资金投入，限制了科技创新成果在当地转化（杨威，2016）。

3. 产业需求不足

一方面，东北地区产业结构偏重，国有企业比例过高，国有企业自身创新动力不强，缺乏科研合作意愿。另一方面，东北地区民营经济发展落后，民营企业普遍弱小，难以承接科技成果。同东南沿海省份相比，东北地区民营经济严重滞后，民营企业与国有企业之间大多是生产经营上的依附关系和体制上的“寄生”关系，真正意义上的混合所有制关系尚未形成。

4. 政府举措有待完善

从提供服务的能力来看，东北地区与东部沿海及一些中西部省市相比差距也比较大，地方政府负责的评估、备案、审批等工作环节过多，流程复杂，时间较长，导致一些政策在实际执行中往往打击高校或企业科技创新成果转化的积极性。

5. 资金链不够完善

长期以来，受制于区域宏观经济下行压力及投资环境较差的影响，东北地区一直未成为风险资本投资的“热点”区域，而更不容乐观的则是东北地区被风险资本投资的企业和金额在全国的比重都在逐步降低。

第七节　生态环境一体化

东北地区自然资源优越，拥有大、小兴安岭和长白山等众多山脉，松花江、嫩江、辽河等诸多水系，森林、草原、湿地、黑土、冰雪等多类型生态系统，东北虎、梅花鹿、紫貂、红松、人参等丰富的动植物资源，以及松嫩平原、三江平原、辽河平原等重要商品粮基地，是我国北方的重要生态屏障。同时，东北地区地处农牧交界带和森林交界带，生态链薄弱，被破坏后不易恢复。因此，保护好东北地区生态环境是具有战略意义的。

一、环境保护

改革开放以来，人类对自然资源的不断探索对其生态环境产生了很大的影响，对资源的需求甚至已经超过了地球生产资源的能力，从而导致环境退化。近年来，东北地区制定了“振兴东北老工业基地”“粮食安全规划”“中蒙俄经济走廊”等一系列政策，促进了社会经济的快速发展，但同时也导致了自然资源结构的显著变化，进而对生态—环境产生影响。另外，东北地区作为老工业基地，重化工业比重高，结构性污染比较重，环境保护历史欠账多，区域性、布局性、结构性环境风险大，重污染天气、黑臭水体、垃圾围城、生态破坏等问题成为全省经济社会可持续发展的瓶颈制约，成为全面建成小康社会的明显短板。有些地区和部门对环境保护认识不到位，生态环境保护“党政同责”“一岗双责”落实还不到位，环境保护任重道远。

目前，东北地区同时存在着生态环境改善和生态环境恶化的两种变化，但是生态环境恶化大于生态环境改善，总体生态环境质量呈下降趋势。其中，耕地、草地和水体与湿地转变为森林，耕地转变为草地和水体与湿地是导致东北林耕区生态环境质量改善的主要资源转变类型。森林、草地和水体与湿地被开发利用为耕地，森林转变为沼泽和草地，草地荒漠化，草地转变为沼泽，以及森林、草地被开发利用为建设用地是导致东北林耕区生态环境恶化的主要转变类型。

根据郑艺文等（2022）的研究，从数据上来看，1990～2018 年东北平原林耕资源大区的耕地面积占比由 29.52% 上升到 34.28%，森林面积占比由 45.59% 降为 43.43%，草地面积占比由 13.44% 降为 7.60%。这些变动主要发生在 1990～2000 年，此期间的大量森林和草地被开垦为耕地；湿地和水体面积占比由 6.57% 变为 9.20%，变动主要发生在 2010～2018 年，此期间的大量森林和草地沼泽化，并转变为水体与湿地；建设用地面积占比由 2.46% 变为 3.17%。总体上，东北地区耕地、水体与湿地和建设用地面积逐渐增加，森林和草地面积逐渐减少，最主要的变化是森林、草地转变为耕地和水体与湿地，约16674平方千米森林、22466平方千米草地转变为耕地，21314平方千米森林、20229平方千米草地转变为水体与湿地，又有13904平方千米水体与湿地转变为耕地；同时，大量耕地被开发利用为建设用地，草地荒漠化现象也较为严重。

从东北地区不同省份的角度来看，辽宁在实现经济与环境协调发展上具有明显的优势，而对资源开发依赖性大的吉林和黑龙江则经济发展相对滞后，有较弱的经济与环境的协调能力。

从东北地区不同地级市角度来看，由于东北地区不同城市之间经济发展区别较大，各城市对于环境保护方面的情况也不尽相同。例如，沈阳、盘锦和大庆因多年来对石油产业污染治理的重视，并通过开发湿地资源、发展旅游行业等污染小的第三产业，在其经济的发展过程中逐年减少了对生态环境的人均负荷，经济发展与生态环境总体上逐步走向协调；鞍山、长春、松原、辽源和通化的经济发展水平相对较高，自身拥有较好的生态环境可以承载其经济的发展，并能处理和释放一定程度的"三废"污染；哈尔滨在区位上有着吸引劳动力和人才的优势，但因人口压力大以及过度地占用环境资源，使其不可避免地更加依赖于环境，经济发展和城市化进程受到生态环境的负反馈作用日渐明显；铁岭、朝阳、葫芦岛等由于受限制的地域条件、单一的产业结构或是欠缺具有优势的主导产业而使经济发展程度较低，对环境的影响远远低于其承受范围（谷国锋，2018）。

根据上述东北地区环境保护发展现状可以看出，如何在促进经济增长的同时保持良好的生态环境状况并建立健全环境保护政策，是东北地区经济发展过程中不容忽视的重要问题。

二、生态建设

东北地区是我国近现代工业发展最早的区域，是新中国工业成长的摇篮。经过百年的开发建设，东北地区一度成为新中国第一个重工业基地和农业基地，作为国家的能源、原材料和粮食基地，为我国经济建设做出了重大的贡献。进入 21 世纪，中央政府将振兴东北老工业基地列为国策，推进东北地区步入发展的新阶段。2003 年秋天正式启动了振兴东北老工业基地战略，振兴东北老工业基地已经取得了阶段性的成果。作为在全国占有重要位置的东北地区，生态建设对于东北地区的重要性不容小觑（蒋欢和廉扬，2007）。

东北地区拥有丰富的生态资源，其森林资源十分丰富，主要分布在大、小兴安岭和长白山等地区。其中，长白山的森林覆盖率达 87%，有 2806 种植物，1588 种野生动物，占整个东北生物物种资源的 70% 以上。1980 年长白山被联合国列入“人与生物圈”计划，成为世界生态环境最好的自然保留地之一。党的十九大以来，我国林业进入了历史上发展最快的时期，已形成五大林业产业集群，东北地区成为森林食品和森林药材主产区。随着森林生态系统的不断完善和质量的不断提高，作为我国最主要的林区，其森林生态系统主体地位将得到进一步的提升。

新时代下，东北地区也在不断加强对于生态建设的力度，坚持生态优先，按照生态分区，聚焦森林、草原、湿地、黑土等生态要素与生态系统，各施其策，从而打造东北生态安全屏障体系。其中，草原保护始终是东北地区的重要任务（陈群元和宋玉祥，2004）。大兴安岭至阴山北麓以西地区，覆盖呼伦贝尔草原、科尔沁草原、锡林郭勒草原。该地区的生态建设主要是采取平衡草畜、禁牧休牧轮牧制度，合理转移人口，降低人口分布密度、活动强度，减少人类对草原的干扰压力等方式。农牧交错地带则是坚持以牧促农，通过退耕还草减少耕地数量，鼓励发展旱作农业和雨养农业，压减草甸低洼地区的农业种植，恢复自然草场与自然植被，减少经济作物采伐带来的季节性风沙影响（王成金等，2020）。

东北地区也正在加快大、小兴安岭和长白山森林生态功能区建设，完善其天然林保护制度，加强森林抚育与保护，提高水源涵养功能。同时，优化协调各种功能，引导森林资源合理利用，合理发展林下产业和森林旅游，妥善解决当地居民就业生活。加强黑土地资源保护，保护各类湿地、湖泊，也正是东北地区正在努力的方向。不仅着力于在三江平原、松嫩平原恢复提高黑土地生产能力，为维系国家商品粮基地稳产高产提供生态保障，还重点保护三江平原湿地生态功能区，遏制湿地生态系统萎缩趋势。

第八节 制度一体化

一、打破一体化制度障碍，协调政策体制

区域一体化的发展战略核心表现在区域内资源的合理利用，区域内资源的自由流动带来的资源配置效率提高是区域内经济发展的重要动力。虽然东北地区在区域间的合作上呈现逐步加强的趋势，但是区域间的合作主要以企业间的交流合作为主，这种企业间的交流存在着一定的弊端，主要表现在合作形式单一、合作缺乏有效的规划，使得区域内资源利用效率的不高。为了能够更加有效地进行地区间的合作开发，进一步促进资源合理利用，破一体化制度障碍，协调政策体制成为了迫在眉睫的大事。有效的区域协调机制不仅包括企业间交流互利的平台建设，更需要省级政府之间的交流和讨论，从而制定符合区域全局利益的发展政策。只有将东北地区作为有机发展的整体，从区域发展的角度看待省际间的经济交流，多角度、多层次地搭建区域协调机制，真正建立起企业、政府间的相互协调，从合作中寻发展，才能真正有效地推进东北地区的一体化进程。

（一）减小中央政府和地方政府在财政等方面的博弈

地方政府必须克服狭隘的地方主义观念，坚决贯彻和执行中央政府的各项政策，服从和服务于中央的全局利益，维护中央政府的权威。同时，中央政府要尽量照顾地方特殊利益。地方政府作为利益主体，所具

有的利益诉求要在中央政府政策的制定、执行和评估等过程中得到适当的体现。中央政府制定政策必须尽可能地照顾各方利益，使发展中出现的利益差别在不同的地区间实现合理分布。通过中央政府有效的宏观政策调控，实现各利益主体之间利益的协调和均衡，促进社会的和谐发展。加强信息沟通，完善利益表达机制。只有充分的信息交流，才能制定出科学合理的政策，否则制定出的政策也是无效率的。中央与地方政府加强信息沟通，一方面有助于中央政府在听取各地方不同的利益诉求后制定出平衡各方利益的政策，使政策更加趋于合理；另一方面有助于地方政府在了解中央政府的意图后，结合本地实际更加合理地执行政策。所以说，中央政府有必要加强信息的沟通，完善利益表达的机制，使得各方的利益都能够得到充分的表达。只有这样，中央政府和地方政府才能出现“双赢”的局面。

（二）建立区域政府利益分享和补偿机制

区域合作规则的形成和有效运作，必须要有与之相适应的新型“区域利益分享和补偿机制”。区域政府合作的出发点是地方政府通过合作来共享整体利益，而打破传统的“小而全”“大而全”的工业体系，重新调整各地方政府的产业结构，形成合理的产业布局和产业分工体系是区域政府合作的题中应有之义。但合作结构中总有优势一方，有些地区可能必须从某些产业中退出，去重新定位自己的优势产业，而另一些地区则可以乘机扩大市场和规模，进一步壮大自身的产业优势；有些地区生产的可能是低附加值的上游产品，有些地区生产的可能是高附加值的下游产品，于是发生了地区利益从劣势一方流向优势一方的问题。这就需要合作优势一方给予劣势一方以必要的补偿，让区域内所有的地区都共享合作的收益，否则合作关系就会破坏，彼此利益都会受损。因此，区域合作规则要有效地发挥作用取决于能否达到各方利益的平衡，实现合作双方或多方的双赢或共赢，这就需要有一个与此相适应的“区域利益分享和补偿机制”。所谓区域利益分享和补偿机制，指的是各地方政府在平等、互利、协作的前提下，通过规范的制度建设来实现地方与地方之间的利益转移，从而实现各种利益在地区间的合理分配（薛波，2012）。当然，在这一机制中，中央政府的协调作用是不可或缺的，尤其是涉及财政转移支付方面，更离不开中央政府的宏观调控。

（三）推进驱动模式转换

由政府推动型为主转向经济促动型为主。在传统的计划经济体制影响下，企望用行政推动型方式来构建跨行政区域的经济协调发展以消除区域壁垒、实现合理的区域分工，是不切实际的奢望。只有在市场经济条件下，运用经济促动型为主的方式而不是行政推动型为主的方式来构建区域经济一体化，才有可能获得成功。东北区域经济一体化要求政府职能结合新的形势适时进行调整，建立新的体制框架。政府在推进区域经济一体化建设中，职能应转到规范市场，消除区域内各要素自由流动的障碍，改善区域投资的软环境，保护地区的平等竞争和公平合作；进行基础设施等公共物品的建设和环境保护的区域协调，制定产业政策，确立地区分工、定位，引导产业有序发展和布局；协调效率与公平的矛盾，推动区域经济共同发展。

二、构建协商机制、推进机制

自20世纪80年代实行行政性分权以来，地方市场分割就成为我国经济运行中的突出问题。而且近十几年来，随着经济发展水平和市场发育程度的提高，以及国家法治环境的变化，地方市场分割已经由单纯的限制基础原料流向外地，逐渐发展为广泛存在于商品市场、资本市场和劳动力市场的现象。这些现象的存在有违市场经济的本质，严重阻碍经济的发展。使得大量伪劣产品和高能耗、低产出、经济效益差的产品和企业得以存在，降低了人的生活水平、减少了社会福利。这种地方保护与市场分割的根源在于维护地方经济利益（甄艳，2011）。在推行东北区域经济一体化的过程中，要想打破地方保护主义，必须首先在地方政府间沟通思想、统一认识，从政府这个地方保护主义的源头上进行治理，才能有效地根除这一经济协作中的弊端。在区域经济合作中，一定要明确政府在其中的地位和作用以及扮演的角色，政府不仅要扮演“动员者”的角色，同时还应当扮演“清障者”的角色。

（一）对宏观经济总量进行调节和控制

中央政府对宏观经济总量的调节和控制包括宏观总量的平衡和产业结构的调整和优化。宏观总量的平衡，即保持社会总供给和总需求的基本平衡。对于东北地区来说，中央政府应明确和认可东北三省自身的定位，并在东北三省分工、生产力布局与协作等方面发挥中央政府的调节与控制作用。在产业结构调整方面，中央政府可以根据其掌握信息的优势，制定一些税收政策、产业政策，指导产业政策的合理化。以辽宁为核心重点建设装备制造业基地，以一汽为核心整合东北的汽车制造业等，从而为东北区域经济一体化建立起桥梁和纽带。

（二）对私人经济部门的活动进行某些限制和规定

政府对厂商进行管理的主要目的有：一是防止过度竞争，如通过价格限制，把价格的上限定在平均成本上，以避免因过度竞争而造成企业间的自相残杀；二是防止自然垄断，通过限制个别垄断企业的规模和市场占有率，打破垄断企业造成的进入壁垒，鼓励其他企业进入市场，保证正常的竞争。

（三）建立具有协调与仲裁功能的区际协调组织结构

对于像长三角、珠三角、京津冀、东北地区等这样的区域，一方面由于城市化发展进程较快，区际利益矛盾问题最为突出，另一方面这几大区域都是跨省的区域单元，所以必须由中央政府来主导对区际利益矛盾的协调。从新成立的“东北办”的架构与职能来看，似乎难当此任，应该成立一个在东北三省政府之上的更为权威的协调组织机构。作为常设的区际协调机构，在对经济区综合规划负责的同时，负有受理有关地方政府对区际利益冲突的申诉、进行调整、组织协商和提出协调意见的职责，并由国务院授权其对区域内的区际利益冲突进行协调的仲裁。

（四）培育和构建地方政府的区域协调机制

东北三省的地方政府应当通过调查研究发现在经济合作中存在的问题，并提出解决问题的办法。制定东北区域经济发展的规划以及相应的鼓励合作优惠政策，抓好政策的落实执行，充分发挥地方政府的调控和引导作用。同时，应当有意识地组织一些跨地区的大型招商会、协调会、高层领导对话等，加强相互之间的沟通和了解，促进信息交流。此外，通过政府间的协商，统筹规划跨地区的大型基础设施建设，从而有利于各种生产要素在区域内的自由流动和重组，促进区域经济的发展。

（五）完善地方政府绩效考核机制

地方保护主义由地方政府运用非经济的手段，通过非公平竞争来保护地方经济。也就是说，地方政府是实施地方保护的主体。如果要建立统一的市场，就必须反对和消除地方保护主义，且必须要求地方政府的支持和介入，进而使得东北地区各级地方政府、政府官员有动力将本地的经济发展放到区域经济的框架中考虑成为迫切任务。从东北地区的实际情况出发，完善区域内地方政府政绩考核机制是解决地方政府激励问题最现实的办法。新的考核机制必须将地方政府对区域经济一体化的贡献作为一个重要指标，主要考察地方政府对区域市场一体化发展的落实情况等，这样地方政府才会有动力去主动贯彻落实区域经济一体化的各项政策，从而放弃地方保护。

第四章

新发展格局下东北地区一体化发展的必要性分析

第一节　畅通国内大循环

自改革开放以来，中国通过积极对外开放，在经济增长方面取得了巨大成果，传统国际大循环的发展模式取得了成功。现如今，国际上“逆全球化”暗潮汹涌，地缘政治风险上升。世界面临百年未有之大变局，国际环境正发生深刻改变，不确定因素增多，国际格局加速调整，我国依赖国际市场的路径受阻（邓慧慧和李慧榕，2021）。伴随着中国经济的进一步发展，世界将出现一个新的稳定格局，面临这些变化，如何充分利用国内国际两个市场继续稳步前进，显得尤为重要。

在《政治经济学批判（导言）》中，马克思认为“生产、分配、交换、消费”是社会再生产的四个环节，并将这四个环节的内在联系和外在表现用来考察一国社会再生产的过程。习近平总书记从我国的实际情况出发，根据所处的发展阶段以及面临的复杂环境变化，运用马克思的四环节分析方法考察国内大循环，于2020年4月10日的中央财经委员会第七次会议中首次提出：“构建以国内大循环为主体、国内国际双循环相互促进的新发展格局。”① 自此之后，习近平总书记在各大重要会议上，以不同的视角对新发展格局进行了更深层次的阐述。构建新发展格局，更是在2020年10月29日中国共产党第十九届中央委员会第五次全体会议通过的《中共中央关于制定国民经济和社会发展第十四个五年规划和二〇三五年远景目标的建议》（以下简称《建议》）中，起到了纲举目张的作用（刘鹤，2021）。2021年1月11日，习近平总书记在省部级主要领导干部学习贯彻党的十九届五中全会精神专题研讨班开班式上发表重要讲话，他指出：“加快构建以国内大循环为主体、国内国际双循环相互促进的新发展格局，是“十四五”规划《建议》提出的一项关系我国发展全局的重大战略任务，需要从全局高度准确把握和积极推进。”② 2022年10月16日，习近平总书记在中国共产党第二十次代表大会上再次提出：“加快构建以国内大循环为主体，国内国际双循环相互促进的新发展格局”③，“双循环”首次出现在报告当中。2022年10月22日，在中国共产党第二十次全国代表大会关于《中国共产党章程（修正案)》的决议中，将“加快构建以国内大循环为主体、国内国际双循环相互促进的新发展格局，推动高质量发展”等内容写入党章。

新发展格局作为新发展理念的深化，它的提出既满足内生要求又满足外部变化，是两者共同作用的结果。我国作为世界第二大经济体，拥有14亿人口，占世界人口比重的18%，拥有9亿劳动力，具备发挥国内本土市场的优势与条件，国内市场的需求比国际市场的需求更加的稳定。习近平总书记指出：“只有立足自身，把国内大循环畅通起来，才

① 习近平．论把握新发展阶段、贯彻新发展理念、构建新发展格局［M］．北京：中央文献出版社，2021：430.

② 习近平谈治国理政（第四卷）［M］．北京：外文出版社，2022：174.

③ 习近平．高举中国特色社会主义伟大旗帜　为全面建设社会主义现代化国家而团结奋斗——在中国共产党第二十次全国代表大会上的报告［N］．人民日报，2022-10-26（001）.

能任由国际风云变幻，始终充满朝气生存和发展下去。"① 畅通国内大循环是发展国际大循环顺畅的基础。在新发展格局中，强调以国内大循环为主体，将满足国内发展视为立足点，旨在强调内需目前对中国经济的带动作用，这就要求我们必须寻求可以调和当前我国国民经济供给与需求不匹配、不协调以及不平衡的主要矛盾的方法。东北一体化在增强区域创新能力和竞争能力、提高区域政策协同效率、提高产业集聚度等方面具有不可小觑的作用。通过实现一体化发展，可以加强东北各省份、各城市之间的有效互动，改变各地区市场分割的局面，加快要素流动，使要素在东北各区域之间自由流动，畅通其在区域之间的循环，提高资源配置效率，推动产业发展，形成一体化的产业链、供应链以及创新链等资源配置机制，实现产业创新的协调互补，减少资源的浪费，提高利用效率，加强区域内的需求与供给的良性互动，从而畅通国内大循环。

一、畅通国内大循环有利于深入推动供给侧结构性改革

在构建新发展格局的过程中会面临许多经济运行的问题，这些问题大多是以结构性为主的，所以其主要矛盾在供给侧。2018 年 12 月 19 日至 21 日，中央经济工作会议顺利召开，会议提出要"畅通国民经济循环"，形成国内市场和生产主体、经济增长和就业扩大、金融和实体经济良性循环。同时会议认为，我国经济运行的主要矛盾仍然是供给侧结构性的，必须坚持以供给侧结构性改革为主线不动摇。通过深化供给侧结构性改革，进一步增强国内产品在市场上的供给质量，打通国民经济循环的堵点，以国内需求为主，侧重于国内需求与供给对接（黄群慧和陈创练，2021），保障国内经济循环基本面的健康发展。新发展格局需

① 中国人大网．习近平在省部级主要领导干部学习贯彻党的十九届五中全会精神专题研讨班开班式上发表重要讲话［EB/OL］. http：//www. npc. gov. cn/npc/kgfb/202101/08194e370335458ab53a09394cacf84b. shtml.

要在推进产业转型升级、挖掘内需潜力上下功夫，实现从外向型经济向内需增长性经济的转变。由此，畅通国内大循环需要深入推进供给侧结构性改革，以满足国内供求循环。实施东北一体化发展战略，有利于实现东北区域更深层次的供给侧结构性改革，以达到畅通国内经济大循环的目的。总的来说，东北一体化从强化产业一体化、区域创新共同体等方面推动东北各区域供给侧结构性改革，与畅通国内大循环的需求完美契合。

（一）东北一体化促进地区产业一体化的发展

产业的发展既离不开如资本、劳动力等生产要素资源的供给，也需要依托信息、技术与交通等条件来发展，东北区域的资源禀赋不尽相同，各种发展条件在东北各省份、各城市之间也存在差异。东北一体化在促进要素流通，资源整合方面发挥着重要作用，通过各种方式，使得东北地区进一步推进产业一体化，使得产业聚集形成产业优势以解决资源配置不均衡的问题。在“质”的方面，产业一体化可以促进产业的集约化经营，有利于提高企业的竞争力，通过提高技术创新与高质量产品的进口替代，为市场提供高质量的产品以满足国内产品需求，改善需求与供给之间的错配。本书前面通过对东三省产业结构相似系数的计算，发现东三省之间的产业结构有极大的相似性，所以在“量”的方面，东北一体化在避免区域内企业重复建设、恶性竞争等方面发挥着作用，有利于解决配置低效率、产业同构等问题。总的来说，东北一体化所带来的产业一体化在促进资源整合、提高区域行业整体实力等方面发挥着重要作用，从而进一步深化东北区域的供给侧结构性改革，以畅通国内大循环。由此可见，确保产业处于良好的发展态势会推动经济发展，是畅通国内大循环的重要抓手。东北一体化，不仅可以推动产业链整合，加强区域内产业与市场之间的内在联系，还推动着产业结构转型升级，实现内需与供给的良性互动，对进一步释放消费潜力、扩大产业升级提供推动作用，使得国内大循环高效率运转。

分工带来效率。东北一体化带来的产业一体化能够提升产业之间的分工协作，在产业链中，生产分工越详细，每个链条环节的生产效率就越高。在产业结构方面，东北一体化使得东北各省份、各城市之间在产业布局方面加强了分工与协作，从东北区域的整体出发对东北产业布局进行顶层设计，实施产业协同发展规划，按照集群化发展具有竞争性、合作性以及集中性的产业，打造区域内的产业集聚区，推动区域内的优势产业进行协作，深化传统企业的改造升级，促进经济活动区域的集中化，增强产业活力，在一定程度上可使得区域摆脱产业对外部的依赖性，增强抵御外部经济冲击的能力，保障区域的经济与安全，推动东北区域产业高质量发展。此外，东北一体化在完善区域产业政策、带动产业结构升级、统筹发展起到关键作用，有利于清晰东北各区域商品市场定位，将产品市场高效对接产业规划、城市定位等战略，合理匹配功能布局，扩大成长空间（孙开钊和赵慧娟，2022）。东北一体化可以加强东北区域各省份、各城市之间的合作，推动各城市之间的优势互补、产业主动转移以及技术合作开发等行为，通过促进城市合作发展的方式，消除地域界限，拓宽布局空间，增加东北地区的经济效益与社会效益。同时，东北一体化可以发挥各地区比较优势，推动区域经济联动，通过总体统筹，能够使得产业集聚建设中找准发展定位，在区域层面的资源整合的基础上，实现东北各城市之间的分工协助，实现产业发展的互补性。

（二）东北一体化有利于构建东北区域创新共同体

2020 年 7 月 30 日召开的中共中央政治局会议明确指出，我国已经进入高质量发展阶段。在高质量发展阶段，必须要转换增长动力，需进一步激发企业的活力，以创新引领经济效率的提升。东北一体化有利于强化东北地区全局意识，统筹布局国家重大战略项目，不仅能使得东北地区有目的地构建创新共同体，还有利于建立健全区域协同联动机制，推动科技成果转移转化。创新驱动本质上是人才驱动，东北一体化有利于建立统一的人才保障服务标准，实行东北各省份、各城市人才评价标准互认制度，强化协同创新政策支撑。

东北一体化能够加强城市之间的产业合作发展，通过较发达城市与较落后城市之间进行深度交流的方式，实现产品、市场相互协同，实现城市之间的产业共同发展。东北一体化有利于推动产业与创新之间进行深度融合，创新链可以带动产业链发展，产业链又可以优化创新链，形成创新链与产业链之间的动态协同，推动创新链与产业链之间的良性互动，促进两者精准对接，加强区域创新链与产业链协同发展，加强创新链与产业链跨区域协同。依托创新链提升产业链，围绕产业链优化创新链，促进产业链与创新链精准对接，形成以产业链为基础、创新链为引领的格局。东北一体化能够带来创新一体化，促进东北地区企业、高校、科研机构之间的协同共享，强化彼此之间的垂直互动，进一步深入"产学研用"合作机制，推动区域内的创新结果交流、共享与推广，驱动东北地区经济高质量发展。东北一体化有利于区域内推广先进技术、管理经验等，将区域内先进的发展理念辐射到后发城市，带动区域内总体的动力增长，最大释放城市潜力，使得区域整体获得收益。

二、畅通国内大循环有利于创新一体化发展体制机制

东北一体化使得东北地区站在更高层次进行顶层设计，立足于东北地区整体的发展角度，一盘棋考虑，有利于加快完善东北区域协同决策机制，减少地方政府为了维护"行政区经济"而做出不利于整体经济的行为。推进创新一体化发展体制机制的首要任务是破除制约一体化发展的行政壁垒和体制机制障碍，使要素在市场中自由流动，为国内大循环提供强大内生动力。

（一）东北一体化有利于建立规则统一的制度体系

东北一体化从整体出发，在重点领域制度规则制定中更具有统一性、规则一致性以及执行协同性，推动政策制定协同机制的建立健全。东北一体化有利于推动标准领域合作，加强标准互认，建立标准统一的制度体系，东北地区在一体化的驱动下，有利于形成统一且有序的规划

体系，推动各种要素高效配置，在一定程度上解决可能存在的“各自为政”问题，站在统一高效的大局观上来规划东北地区空间发展，引领东北地区资源合理配置，提高各类产业发展效率（张学良等，2019）。通过规则统一的制度体系，东北区域中心城市在带动周围中小城市中发挥了更大作用，形成以中心城市为核心的产业分工体系，降低区域内的交易成本，促进各城市之间产业联系，从而带动整个区域的经济发展，释放市场活力。同时，统一的制度体系在无形之中扩大了市场范围，带来了更加细致的分工，专业化分工促使产业集群出现，产业集群又是降低专业化分工产生交易费用和获取由分工产生的报酬递增的一种经济空间表现形式。东北一体化在解决产业领域行政区划与经济区划错位问题上贡献了力量，有利于明确东北各城市自身的要素禀赋优势，精准发展定位，形成错位、协同的发展态势。

（二）东北一体化促进地区市场一体化的发展

市场化程度代表市场竞争环境，影响着资源配置效率。市场化程度越高，市场范围就越大，经济产出效率就越高，越有利于畅通国内大循环。市场一体化包括但不限于劳动市场一体化、资本市场一体化与消费商品市场一体化等方面。《中国分省份市场化指数报告》从政府与市场的关系、非国有经济的发展、产品市场的发育程度、要素市场的发育程度、市场中介组织的发育和法治环境五个维度对各省份的市场化指数进行排名，以 2016 年为例，辽宁、吉林、黑龙江三个省份的市场化指数排名分别为：16、17、21 名，从整体来看，东三省的市场化指数排名处于中下游水平，还有很大上升空间。东北一体化有利于市场一体化，推动创新一体化发展体制机制。

东北一体化有利于促进各地区之间的人力资源协作，消除东北区域之间劳动力跨区域流动的约束，使劳动力配置更加合理，推动人力资源在区域之间的高效流动，合理优化人力资源配置，强化人才资源互认共享机制，共同建立统一开放的人才资源市场。

东北一体化有利于增加资本在东北区域之间的流动性，推动东北金融领域协同创新，东北各省份、各城市之间共同建立金融风险监测防控体系，化解金融风险，加强东北地区资本市场的分工协作能力。

东北一体化有利于促进生产要素市场一体化，东北一体化以建立区域内商品自由贸易和生产要素自由流动的制度为目标（薛领等，2021），促使东北地区大中小城市以及小城镇协调发展，吸引区域内的各种生产要素聚集，增强市场供给质量，高效满足国内市场需求，矫正供需结构错配，向高水平供需关系转变。畅通国内大循环，需要解决要素合理流通的障碍，打破商品流动的壁垒，东北区域一体化在打破影响生产要素流动的行业垄断、地区封锁以及行政壁垒方面有大作为，有利于推动东北区域要素市场化配置改革，以提高资源的配置效率，使供给侧与需求侧匹配更加畅通国内大循环。从总体上看，市场一体化一方面逐步削弱了东北区域内的经济与非经济壁垒，使得区域内的竞争更加平等；另一方面又增强了东北区域各种要素的集聚、管理以及配置能力，提升了整个东北地区在新发展格局中的地位、水平，在完善商品市场建设发挥作用，成为畅通国内大循环的重要阵地，与新发展格局中畅通国内大循环的需要完美契合。

面对百年未有之大变局，亟待探索发展方式畅通国内大循环。东北一体化在共享、协调的发展理念指导下，通过发挥在深化供给侧结构性改革与推进创新一体化发展体制机制等方面的作用，推动东北地区在质量、动力以及效率等方面变革，扫清国内大循环不通畅的堵点。以东北一体化为抓手，通过促进东北地区市场一体化、产业一体化发展，构建东北区域创新共同体以及建立规则统一的制度体系，既有利于经济高质量发展，又为畅通国内大循环提供了有益思路。

第二节　促进国内国际双循环

中国经济的高速发展取决于正确的发展道路的选择，同时也依赖于经济全球化浪潮所创造出的国际环境。中国承接了发达国家的产业转移，实现了产品生产能力的大幅跃升；与此同时，在繁荣的全球市场环境之下，中国获取了国际市场的强劲需求，因此实现了改革开放以来经济腾飞。但是，在2008年全球金融危机之后，国际市场持续低迷，在国际政治经济格局深度调整的背景之下，叠加中美贸易战和新冠肺炎疫情的影响，逆全球化的浪潮逐步兴起。此时，中国丧失了加入世贸组织之后的良好国际经济环境，同时还面临着由高速发展向高质量发展的内部压力。2018年举行的中央经济工作会议指出，要畅通国民经济循环，促进形成强大国内市场。2020年5月的中央政治局常委会首次提出要建设国内国际双循环的新发展格局。同年7月，习近平在企业家座谈会上进一步阐释和定义了双循环的基本内涵。之后在党的十九届五中全会通过的《中共中央关于制定国民经济和社会发展第十四个五年规划和二〇三五年远景目标的建议》提出，要加快构建以国内大循环为主体、国内国际双循环相互促进的新发展格局。构建以国内大循环为主体，国内国际双循环相互促进的新发展格局，是中国基于国内经济形势和错综复杂的外部经济形势之下做出的重要科学判断和重大战略抉择。双循环的新发展格局要求国内国际在形成各自小循环的基础之上，两者之间还要形成一个大循环，意味着中国要真正运用国内国际两个市场、两种资源，挖掘国内内需潜力，结合供给侧结构性改革，实现高质量发展（董志勇和李成明，2020）。

2001年，东北在全国的定位是区域空间增长极，现如今提出“到2030年前后，东北地区成为全国重要的经济支撑带”。东北在国家战略定位上的改变，背后显示出了许多东北发展存在的问题。在1978年，东北三省的工业增加值合计296.14亿元，占全国总量的18.26%；2016年，东北三省的工业总产值合计16535.53亿元，占比下降到6.67%（刘志彪和仝文涛，2022）。科技创新能力下降、企业盈利能力下降是东北工业企业衰退的主要原因。企业盈利能力下降就会导致研发投入不足，进而引起企业科技创新能力下降，难以和新兴企业竞争。工业企业的衰退是“新东北现象”产生的最主要原因。

构建双循环新发展格局的战略转变，给东北区域一体化发展提供了机遇，也为振兴东北老工业基地指明了方向。在新发展格局的背景之下，东北地区一体化发展不仅能够促进国内国际双循环，发挥东北地区“重大支撑带”的作用，同时也可以通过国内国际双循环解决东北自身问题，促进东北经济发展。这一节将明确东北一体化发展和国内构建新发展格局之间的关系，使得东北地区在国内新发展格局之中更好的贡献自身的力量。

一、东北一体化促进区域产业协调

产业结构不合理是制约东北经济发展的重要因素之一。当前，东北地区制造业整体发展趋同现象日渐严重，分散化经营、产业低水平重复建设明显。虽然近些年东北产业结构有所优化，但以大型重工业为主、轻工业为辅的产业格局不曾有明显的改变。东北产业结构的不合理主要来源于计划经济体制的负面作用，致使东北经济区产业结构、产品结构沉积下了不合理的畸形状况。同时东北制造业缺乏发达的产业分工体系，专业化协作程度低，特别是装备制造业产业规模较小，配套和支持产业发展滞后，传统资源型产业丧失比较优势。因此，东北产业结构问题亟待解决。东北地区实现区域经济一体化，可以使得东北地区各省份对产业发展进行统一规划，根据各地区的比较优势在区域内进行分工。这样一方面能提高生产效率，加强三个省份之间的产业协调，形成产业一体化的产业构架，提高产业集中度和产业关联度；另一方面在产业集中度和产业关联度提高后，则有利于形成区域产业集群，各个区域根据比较优势各司其职也能减少产业重复性建设和资源的浪费（徐充和张志元，2011）。结合当前双循环的宏观背景，根据区际经济学的分析，当区域之间存在着很大的重叠需求时，则两区域之间的贸易就会很频繁。因为一个区域生产多少产品，不仅取决于区域内需求，还取决于区域外的需求。因此东北地区可以在实现一体化发展的情况之下，打造区域产业链，形成区域产业集群，促进国内国际两个市场循环畅通，并且合理利用国内国外两个市场、两种资源来实现地区经济的发展。

二、东北一体化促进东北融入国内国际产业链

东北的国内价值链弱化，以及全球及全球工业价值链融入度低是东北工业衰退的关键原因。在先前的计划经济时期，东北向沿海地区输送原材料和机器设备，沿海地区将轻工产品输送回东北，这种国内经济循环模式使得东北在国家经济发展中占据了重要的地位。在我国加入国际经济循环之后，原有的国内经济循环被打破，沿海发展战略的提出使得东部地区明确了自身定位，并深度融入全球价值链和国际分工。“两头在外，大进大出”的贸易模式使得东部沿海地区嵌入发达国家主导的全球经济循环，实现了经济的腾飞。但是，与此同时，在东部地区融入全球价值链的过程中，东北老工业基地逐步退出了舞台，东北工业被边缘化，国内经济循环被弱化。1987 年，东北工业的国内价值链参与度为 0.44，在国内区域处于较高水平，随后到 2012 年降至 0.19，并且持续维持在低水平（刘志彪和仝文涛，2021）。东北失去国内和国际的市场份额之后，企业就会面临盈利下降的问题，进而减少产品研发投入，这必然会导致企业产品竞争力减弱，从而进一步失去市场，陷入恶性循环。

东北地区工业反复出现衰退的原因在于：一方面，东北工业逐步脱离国内经济循环，同时又难以抢占海外市场，这就使得东北无法获得国内国际双重市场的激励作用，陷入了市场份额缩减和技术衰退的恶性循环；另一方面，计划经济留下的国有经济产生的国企模式抑制了东北地区技术创新生态的发育。当下双循环发展格局国家战略的转变，为东北地区打破经济困局提供了机遇。只有以一体化的方式发展，东北才能够重新融入国内和国际的价值链当中。当前，国内已经形成了珠三角、长三角、京津冀一体化发展战略，在带动区域经济发展方面取得了卓越成效。其他地区发展的事实证明，合作共赢带来的收益要大于各自为战。在双循环的背景之下，东北一体化发展能整合东北工业价值链，改变“大而全”“小而全”的国企模式，培育技术创新新生态。进而积极利用国内国际双循环国家战略的重大转变，以对内开放为抓手，构建产业

协调、竞争有序的东北区域大市场，在分工时利用各地的比较优势进行分工，这样才能整合东北地区产业链，形成产业集群，利用新兴技术抢占国内外市场，重新构建技术和市场之间的良性互动，并不断深度融入国内价值链和全球价值链。

三、东北一体化激发民营中小企业活力

从东北的市场环境和技术创新环境的角度来看，东北在计划经济时期就形成了条块分割的商品市场和要素市场，这种条块分割的市场一直延续到之后的社会主义市场经济时期。在市场经济时期，政府间的地方保护主义和财政锦标赛模式盛行，形成了以省域为疆界的行政壁垒。行政壁垒造成东北地区工业重复建设，浪费有限资源，地区间形成恶性竞争，制约了东北本地市场效应的发挥，造成东北地区市场机制发育缓慢，民营中小企业缺乏活力。2021 年 7 月的中小企业高峰论坛就曾强调，要坚决支持中小型企业的发展，因为中小型企业是最广泛的市场主体。由此可以看出中小型企业作为国民经济的毛细血管所发挥的重要作用。激发东北民营中小型企业活力，就需要健全市场机制，可以通过区域一体化的道路实现。东北地区一体化发展能够弱化行政疆域的界限，打破区域间行政壁垒，构建东北区域统一市场，让市场发挥“看不见的手”的作用。一体化发展能构建具有比较优势的现有产业的集群发展模式，发展以大中型企业为核心、众多小型企业为其配套的垂直型企业集群，激发中小型企业活力，激励中小型企业创新发展。以长春一汽集团为例，即可以以一汽集团为核心，以长春、吉林、四平、哈尔滨、沈阳等城市的大型企业为主体发展汽车零部件总成与模块的整车产业集群。

第三节　形成高质量发展动力

高质量发展是 2017 年党的十九大首次提出的表述。高质量发展包

含着丰富的内涵：一方面，高质量发展表明我国经济正加快从速度规模型向质量效益型转变；另一方面，现阶段我国社会主要矛盾已转化为人民日益增长的美好生活需要和不平衡不充分的发展之间的矛盾，发展质量不高的直接表现即为发展不平衡不充分，高质量发展是解决现阶段社会主要矛盾的必然要求。目前学界对于高质量发展的研究成果颇丰，大部分学者认为在高质量发展阶段，不应仅追求经济增长速度，更应关注经济增长质量。狭义上来说，经济增长质量是对经济增长效率的衡量，一般用全要素生产率衡量；广义而言，经济增长质量内涵不仅包括经济增长效率，自然资源承载力以及人民群众的多样化需求也应成为经济增长质量的应有之义。根据上述对高质量发展内涵的分析，本部分将从要素流动、产业结构优化以及资源环境承载力三方面入手，对实现东北地区高质量发展的区域一体化发展必要性进行分析。

一、促进要素流动

经济增长理论认为，资本、劳动、土地、技术等要素的投入是导致经济增长的直接原因。区域经济增长主要取决于要素的投入以及全要素生产率，一切不能用要素投入解释的增长皆可以归因于全要素生产率的提高，技术进步、生产的专业化、制度创新等都是全要素生产率的来源。区域一体化能够打破区域内部的行政壁垒，对原本割裂的市场进行有效整合，形成区域内部统一大市场，实现要素在区域内部的自由流动。根据弗里德曼的中心—外围理论，一方面，经济中心区会从经济外围区吸收大量的生产要素，数量庞大的生产要素在中心区集聚产生规模经济；另一方面，经济中心区的种种创新又会向经济外围区扩散，这种扩散效应能够给经济外围区的经济活动带来新的活力，促进外围区的经济增长，进而带来整个区域的经济发展。沈阳、大连、长春和哈尔滨作为东北地区的经济中心城市，集聚了东北地区的生产要素，产生了较好的规模经济，但由于行政上的壁垒产生的市场分割，四大中心城市在虹吸的同时尚未对周边的外围区产生良好的扩散效应。

（一）资本和劳动力要素

国内多数地区的要素市场相较于商品与服务市场而言，市场配置较不成熟，要素流动存在障碍、市场规则建设滞后，如经济较为发达的长江三角洲地区存在类似问题（蔡欣磊等，2021）。东北地区也存在要素市场发育不成熟，资本、劳动力等要素流通不畅，要素配置效率不高的问题。根据“中心—外围”理论，东北地区城市可以分为以沈阳、大连、长春及哈尔滨为代表的中心城市，以及其他外围城市。中心城市和外围城市的关系由促进经济集聚的向心力和削弱经济集聚的离心力共同决定。一方面，中心城市从外围城市吸收大量的生产要素，外围城市的外部不经济日益加重，造成区域内部不平衡加剧，这种造成区域差距的离心力被称为“极化效应”。另一方面，中心城市通过资本、技术外溢，产业转移、规模经济效应等带动外围城市发展，这种缩小区域差距的向心力被称为“扩散效应”。东北地区若要实现一体化发展，中心城市和外围城市的差距应不断缩小，发展成果应由中心城市与外围城市共同分享，则必须实现“扩散效应”大于“极化效应”。在一体化的过程中，原本的流动壁垒被打破，要素能够实现自由流动，要素配置效率提高，从而促进经济增长的规模与质量。

基于上述分析，本部分借鉴龚六堂和谢丹阳（2004）的边际产出法，测度了东北地区和长江三角洲地区的资本与劳动要素的配置效率。假设生产函数为 C－D 生产函数，利用东北地区和长江三角洲地区各省份的数据估计出资本和劳动力的弹性系数，从而计算出资本存量和劳动的边际回报率。资本存量边际回报率公式见式（4.1），劳动边际回报率见式（4.2），测度结果如表 4－1、表 4－2 所示。

$$Y = AK^{\alpha}L^{\beta}(\alpha + \beta = 1) \tag{4.1}$$

$$\gamma_t^i = \alpha_i Y_t^i / K_t^i$$

$$\delta_t^i = \beta_i Y_t^i / L_t^i \tag{4.2}$$

表 4-1　　东北地区和长江三角洲地区资本存量边际产出率

区域	省份	2000 年	2005 年	2010 年	2015 年	2019 年
东北地区	辽宁	0.552473022	0.106448373	0.04550986	0.028375343	0.037149006
	吉林	0.337978294	0.068579983	0.027537622	0.018437458	0.015579109
	黑龙江	0.730581043	0.174238710	0.084449624	0.050373369	0.044672501
长江三角洲地区	江苏	0.541018717	0.109594189	0.059488747	0.037881559	0.031569117
	浙江	0.405856176	0.084153755	0.058464727	0.038296494	0.031374126
	上海	0.384663204	0.104382854	0.081206849	0.078737587	0.077586268
	安徽	0.377904138	0.070380586	0.026713782	0.015792264	0.012405189

表 4-2　　东北地区和长江三角洲地区资本存量边际产出率

区域	省份	2000 年	2005 年	2010 年	2015 年	2019 年
东北地区	辽宁	1.934064815	3.187823844	5.610190298	7.851608665	9.576627284
	吉林	1.389337572	2.165438817	3.434469139	5.999909676	7.908262017
	黑龙江	1.652207784	2.503115988	3.669973707	6.292726925	9.115543196
长江三角洲地区	江苏	1.627908063	2.885044459	5.269643364	8.141318866	10.49280348
	浙江	1.864427910	3.026365088	4.907020684	6.945126849	8.55777679
	上海	5.693163423	7.870228657	12.38132239	14.27894473	15.94490359
	安徽	0.792422497	1.223541738	2.07689925	3.230285441	4.379151698

根据表 4-1 中的结果显示，不论是东北地区还是长江三角洲地区，资本存量边际回报率呈现出下降趋势。组间对比显示，长江三角洲地区的资本存量边际回报率略高于东北地区，其中上海的资本存量边际回报率最高，吉林和安徽的资本存量边际回报率较低。上述结果显示，东北地区的资本存量边际回报率不高，因此通过地区一体化发展，加强资本要素自由流动，提高要素配置效率，来提高经济增长速度与质量是十分必要的。

根据表 4-2 中的结果显示，东北地区和长江三角洲地区的劳动边际回报率呈现出上升趋势。通过组间对比显示，长江三角洲地区的劳动边际回报率略高于东北地区，其中上海的劳动边际回报率最高，吉林和安徽的劳动边际回报率在两个地区7个省份中处于最低水平。上述结果显示，东北地区劳动边际回报率不高，因此通过地区一体化发展，加强劳动力要素自由流动，提高要素配置效率，来提高经济增长速度与质量是十分必要的。

（二）全要素生产率

除投入要素会对经济增长产生影响外，技术进步、制度因素等都会对经济增长产生影响。全要素生产率带来的增长即经济增长中不能为要素投入水平所解释的增长，技术进步以及生产要素的重新配置皆可以带来全要素生产率的提高。通过估算全要素生产率可以确定经济增长的可持续性，因此本部分采用Malmquist指数法测算2000～2019年东北地区及长江三角洲地区各省份的全要素生产率，选用地区实际生产总值（GDP）作为产出指标，以2000年为基期，计算实际GDP。将资本存量和劳动就业人数作为投入指标，其中资本存量采用“永续盘存法”（张军等，2004）进行估算，其中资本折旧率参照张军等（2004）的做法设定为9.6%。计算结果如表4－3所示。

表4－3　东北地区和长江三角洲地区全要素生产率

区域	省份	2001年	2005年	2010年	2015年	2019年
东北地区	辽宁	0.257	0.883	0.851	1.095	1.065
	吉林	0.609	0.892	0.855	1.084	1.052
	黑龙江	0.610	0.914	0.836	0.942	1.098
长江三角洲地区	江苏	0.636	0.935	0.884	1.081	1.057
	浙江	0.639	0.926	0.94	0.939	1.045
	上海	0.821	0.985	1.041	1.010	1.012
	安徽	0.545	0.815	0.833	0.906	0.984

根据表4－3结果显示，不论是东北地区还是长江三角洲地区，各

省份全要素生产率呈现出上升趋势。根据长江三角洲地区一体化发展经验，自1992年成立长三角城市经济协调会起，31年间共有34个城市分六批先后加入，涵盖了上海、江苏、浙江全境和安徽的9个地级市（张跃等，2021）。长三角一体化发展规划于2018年上升为国家战略，标志着长三角一体化发展开启了新篇章。长江三角洲地区城市在市场机制的作用下自发形成区域经济组织，为城市之间的交流与合作提供了良好平台，这一创新帮助长江三角洲地区成为中国区域一体化发展最好区域之一，也是经济最为发达地区之一（刘乃全和吴友，2017）。因此，东北地区应学习长江三角洲地区的合作机制，充分利用一体化发展所带来的技术外溢，将中心城市的先进技术以及管理经验外溢至外围城市，通过一体化发展规划，促进地区经济增长并提高全要素生产率。

二、优化产业结构

区域一体化并不意味着区域内各地区产业结构同质化，统一的市场机制要求各地区应避免低水平同质化竞争（刘军和陈亚欣，2021），充分利用自身比较优势，促进要素在第一、第二、第三产业间合理配置，最终实现第一、第二、第三产业结构优化。由于要素流入生产效率较高的产业，在产业结构实现合理化的同时，产业结构也会向着高级化发展。这种产业结构的合理化和高级化会带来要素配置效率的提升，进而提高生产效率。

（一）产业结构合理化

产业结构合理化是产业之间协调度和关联水平不断加强的动态过程（袁航和朱承亮，2018），其既体现了产业之间的协调程度，也体现了资源要素的有效利用程度（干春晖等，2011）。本书借鉴干春晖等（2011）的做法，利用泰尔指数测度区域产业结构合理化程度，计算公式见式（4.3）：

$$TL = \sum_{i=1}^{n}\left(\frac{Y_i}{Y}\right)\ln\left(\frac{Y_i}{L_i}\Big/\frac{Y}{L}\right) \tag{4.3}$$

其中，Y 表示总产值，Y_i 表示第 i 产业产值，L_i 表示第 i 产业就业人数，L 表示总就业人数。泰尔指数若为 0，则表示该区域产业结构处于均衡状态，泰尔指数若不为 0，则表示区域产业结构不合理。

根据表 4－4 中的测算结果显示，2000～2020 年，东北地区和长江三角洲地区的泰尔指数呈现出下降趋势。通过对比两区域的产业结构合理化指数发现，东北地区泰尔指数明显高于长江三角洲地区。以 2020 年结果为例，7 个省份中，辽宁和吉林的泰尔指数最高，泰尔指数最低的省份为浙江。以上结果表明，东北地区产业结构合理化水平有待于提高，反映了实施一体化发展，提高产业结构合理化水平的必要性。

表 4－4　　东北地区和长江三角洲地区产业结构合理化指数

区域	省份	2000 年	2005 年	2010 年	2015 年	2020 年
东北地区	辽宁	0.152411611	0.172673033	0.207319979	0.157268328	0.133397181
	吉林	0.220996907	0.237459362	0.333579443	0.351782092	0.214925889
	黑龙江	0.429215996	0.352582286	0.307834642	0.111530744	0.042357564
长江三角洲地区	江苏	0.232526587	0.166298612	0.094735845	0.063563642	0.048835682
	浙江	0.160548627	0.113416728	0.069324293	0.031683179	0.008803200
	上海	0.08386479	0.056685074	0.023972711	—	0.021248118
	安徽	0.281392722	0.216897942	0.218209025	0.156856903	0.095835843

（二）产业结构高级化

产业结构高级化不仅体现了第一、第二、第三产业比例关系的改变，还体现了劳动生产率的提升（韩永辉等，2017）。目前学界对产业结构高级化的衡量大致分为以下两种：一种是干春晖等（2011）根据克拉克定律将产业结构高级化定义为非农产业比重的提高；另一种是刘伟等（2008）利用各产业产出占总产出比重和劳动生产率乘积作为产业高度化的衡量指标。本书采用刘伟等（2008）的做法，计算公式见式（4.4）、式（4.5）。

$$SH = \sum_{i=1}^{n} \left(\frac{Y_i}{Y}\right) LP_i \tag{4.4}$$

$$LP_i = \frac{Y_i}{L_i} \tag{4.5}$$

其中，Y_i 为第 i 产业产值，Y 为总产值，LP_i 为第 i 产业劳动生产率，L_i 为第 i 产业就业人数。由于产值占比不存在量纲，而劳动生产率存在量纲，因此采用均值化方法去除量纲。

根据表 4－5 中的结果显示，在 2000～2020 年，东北地区和长江三角洲地区的产业结构高级化指数呈现出增长趋势。长江三角洲地区的产业结构高级化指数略高于东北地区，以 2020 年为例，东北地区的辽宁和吉林在 2 个区域 7 个省份中处于最低水平，与长江三角洲地区的产业结构高级化水平存在一定差距。以上结果表明，东北地区产业结构高级化水平有待于提高，也反映了通过一体化发展促进产业结构高级化发展的必要性。

表 4－5　　东北地区、长江三角洲地区产业结构高级化指数

区域	省份	2000 年	2005 年	2010 年	2015 年	2020 年
东北地区	辽宁	0.307504794	0.521786139	1.086227489	1.601369288	1.56567093
	吉林	0.271063678	0.48084757	0.855828713	1.604812891	1.596058595
	黑龙江	0.406583660	0.599467442	0.919355948	1.462763471	1.767212385
长江三角洲地区	江苏	0.253941406	0.463298015	0.912024104	1.458997862	2.042467968
	浙江	0.311207485	0.547817586	0.977905693	1.372599358	1.823998494
	上海	0.433020500	0.663706312	1.097628747	1.274430376	1.650275299
	安徽	0.308788998	0.450970483	0.858074999	1.300936585	2.95353871

三、提升资源环境承载力

高质量发展是在保证经济增长速度的基础之上，更加注重经济增长的质量，更加关注经济发展的可持续性。然而，由于粗放型增长方式长期以来主导我国经济增长，我国一些区域的经济发展受到了资源短缺和环境污染的制约，造成经济发展不可持续。区域一体化发展通过建立城市间的交流合作机制，在区域内建构统一大市场，一是可以通过消除原先的经济壁垒，鼓励各地利用自身比较优势，发展适合当地经济发展的优势产业，也能有效避免产业同质化，避免以往的重复或过度建设以及资源浪费；二是可以通过区域内各方合作，在环境保护方面形成有效的监管机制，避免出现以牺牲生态环境换取经济增长的现象（廖信林和张棋飞，2020）。

根据姚彦青（2020）对东北地区资源环境承载力的测算，东北地区的生态赤字主要来自化石燃料用地面积，除化石燃料用地之外，辽宁和吉林的“生态赤字”来自耕地需求，黑龙江的生态赤字来自草地需求。作为重工业基地的东北地区，纵然拥有丰富的矿产、能源、森林等资源，但长期以来依赖以化石能源为首的不可再生资源投入带来的经济增长，导致了东北地区经济发展的可持续水平不足。

基于上述分析，东北地区三个省份应通过一体化发展规划，加强在生态环境保护方面的合作。一方面，应着眼于整个区域规划产业布局，避免资源浪费，促进产业协同发展；另一方面，应加强区域环境监督方面合作，形成区域内统一有效的环境监督机制，对破坏生态环境的生产行为进行有效整治。

第四节　构建全国统一大市场

全国统一大市场指的是在我国范围内，基于充分竞争以及由此形成的社会分工，在各地区市场间、各专业市场间形成了相互依存、相互补充、相互开放、相互协调的有机的市场体系。即在我国建设一个基础制度规则统一的市场，把物流成本降下来，能够让负重前行的中国经济更有活力、更加轻盈，全国统一市场的构建也会拉动消费，更好地让消费促进经济发展。可以说，全国统一大市场建设是社会主义市场经济改革深入推进的集中体现。目前，我国处于构建新发展格局的关键阶段。一方面，世界正经历百年未有之大变局。新冠肺炎疫情之后，全球经济增长乏力、贸易保护主义抬头，在这复杂紧张的时代背景下，具有“压舱石”“稳定器”功能的国内市场显得愈发重要。此时，我国需要进一步激发和培育国内市场的潜力，确保我国经济在动荡的国际局势中保持平稳发展。另一方面，中华民族已迈向伟大复兴的历史进程。改革开放的成就深深改变了中国落后生产力的局面，中国经济迎来了高速发展，人民的生活质量日渐提高。不过，要想实现全体人民共同富裕这一大的战略，我国还需要进一步深化市场改革，不断挖掘市场活力，以国内超大规模市场为依托，着力贯穿生产、分配、流通、消费各环节，加快畅通国内大循环。同时，通过畅通的国内大循环吸引全球资源要素，助推国内国际双循环相互促进。此外，2022 年 4 月发布的《中共中央 国务院关于加快建设全国统一大市场的意见》从总体要求、重点工作、保障举措等多个方面，对我国加快全国统一大市场建设做了系统部署，为新时代全面推动我国市场由大到强转变提供了重要依据，充分体现出对实践需要的积极回应。这是我国今后一个时期加快建设全国统一大市场的行动纲领，为新时代全面推动我国市场由大到强转变提供了重要依据。

鉴于我国疆域辽阔，且存在市场制度建设的不完善、区域内部差异悬殊等问题，中国统一大市场的形成不可能一蹴而就，也将受到诸多因素的约束。首先是体制建设不完善问题。由于在分权改制以后，各个地区相对独立的经济发展格局并没有发生明显改变，因此形成全国统一大市场的局面还需要一个过程。其次是地区间的差异。我国地区之间的差异非常悬殊，中西部地区除资源的相对优势之外，在其他诸如经济总量、劳动力素质、地方工业生产能力、技术创新能力和地方市场化发展水平等方面都处于绝对的劣势地位，而中国东部地区在上述方面则占据着绝对的优势地位。在地域差距悬殊的前提下，建立全国统一大市场对于相对落后的中西部地区来说显然是极其不利的。而且，中国经济已经由最开始的要素驱动型经济转变为投资驱动型经济，并不断向创新驱动型经济发展。要素在经济社会发展中的功能也在不断减弱，而类似于新能源、新材料等技术的迅速发展，以及核能的利用与人工合成材料也逐渐填补了东部地区资源相对匮乏的缺陷。因此，自然资源和人力资源相对充足的中西部区域在国家发展与建设中的重要性就逐步减弱了，而经济基础较强、劳动力素质高、资本密集程度和区域创新能力也较高的东部地区对中西部地区资源的依赖性逐渐下降，从而在一定程度上抑制了中西部地区的一体化发展。总结我国统一大市场形成的必然性以及影响因素，中国统一大市场形成的前提是要走区域经济一体化的道路。

从表面上看，区域市场一体化与全国统一大市场建设之间具有局部与整体关系、阶段性与长期性的政策连贯关系、局部试点与全面展开的经验积累关系。但是更深层次地看，全国统一大市场建设在本质上是区域市场极化，边界模糊、融合，进而延伸扩展，直至全面联通开放的过程。

从地理特征上讲，中国地域辽阔，山形地貌复杂多样，南北气候差异大，水系错综复杂，地理特征显著，根据西高东低三阶梯的自然地理分布特征，全国分为东、中、西三大地带，而在经济地理范畴下，全国市场又被分为东、中、西和东北四大板块。这种包括诸如矿产、地貌、水文和气候等自然资源禀赋、自然环境和生态条件的地理本性是一个地区社会经济活动的初始条件和生发基础，对区域市场的形成具有决定性意义。一方面，它决定了全国各个区域市场基本的人文与经济地理格局，具有长期稳定性，在一定条件下无法改变和突破，即使突破也是部分有限的突破。这决定了商品要素资源流动的成本区域，进而决定了区域市场地理边界和范围存在的客观性。因此，建设全国统一大市场要以区域市场为基本架构和施策单元。另一方面，在这种地理本性的作用下，各地在地理位置、资源禀赋、经济发展和人文环境等方面存在较大差异，由此决定了直接在全国步调一致地推行统一大市场建设会面临空间经济发育不整齐带来的巨大的现实困难。因此，中国的地理特征决定了区域市场一体化是全国统一大市场建设在空间推进路径上的必要选择。东北三省地处东北大平原，在与其他地区要素和商品的流通方面，不会受到地形等客观因素的强力制约。此外，东北地区交通设施建设相对完备，已经形成了多层次的交通运输网络，货物运输能力在全国居于前列，主要城市之间的交通运输网络已经初步形成，能够满足高速运输的需要，省会城市之间的运输基本上实现了高速化。同时，东北地区在其他基础设施的建设上也取得了长足进步，社会福利水平有了显著的提高。完备的基础设施条件为东北地区的一体化发展提供了有力依托。然而，受制于自身的体制性、机制性和结构性矛盾，东北地区市场化程度不高，与京津冀、珠三角、长三角等区域相比，东北地区各省市之间的经济联系并不密切，没有形成错位发展的有效分工，忽视了比较优势的作用，从而难以形成具有国际竞争力和规模的分工体系，这不仅严重阻碍了东北地区资源要素跨区域的自由流动，而且对于形成全国统一大市场的局面也会产生不利的影响。因此，要想在空间上推动全国统一大市场的进程，建设东北地区一体化市场是必要的。

从产业集聚的角度上看，东北地区一体化发展可以推动交通网络的建设与完善，为全国统一大市场建设奠定“硬设施”联通的基础，使得区际交流更加便利和频繁，助推人口向城镇和都市圈大规模流动，带动产业空间分布由分散转向集聚和集群。由此，资本、劳动力、技术等各类生产要素在空间上实现集聚，极大地降低了交易成本，规模报酬递增大范围发生，推动区际优化分工和专业化生产，有助于突破地理上的约束和限制。在此基础上，区际外溢效应产生，推动区域市场边界逐渐开始走向边缘模糊，区域市场间实现融合发展态势，为从空间上推进全国统一大市场建设做好准备。

从信息发展的角度上看，包括信息、通信和互联网等技术的开发和应用是影响生产活动空间分布格局演化的重要因素。信息化不受时空约束和限制，有助于突破区域传统的地理本性约束，推动实时信息、先进知识和新兴科技的产生、传播和广泛应用，促进各类生产要素的空间互动和联系，弥补因自然禀赋等约束所导致的地区间发展差距。东北地区的一体化发展可以通过城乡宽带网络基础设施完善、政务服务“一网通办”、社保医疗联网互通互认、数据中心共建共享等信息化手段，打破地区间的时空障碍，增强区际社会经济活动的时空联系，不断淡化区域市场的先天分割。此外，东北地区的信息化将进一步突破区域市场边界，直至边缘模糊和融合，并在地理范畴上不断向外延伸扩展，这一过程为全国统一大市场的初步形成奠定了基础。

从制度建设的角度上看，在我国经济转轨时期，因中央行政性分权与经济性分权悖论而产生的“行政区经济”格局，在制度层面本能地带有地区分割和地方保护色彩，由此决定了建设全国统一大市场的主要困难在于突破区域间、省域间、市域间和城乡间等各方面客观存在的阻碍商品要素资源自由流动的体制障碍。一般来说，全国统一大市场建设的目标是要打破地方保护和市场分割，打通制约经济循环的关键堵点，促进商品要素资源在更大范围内畅通流动，全面推动我国市场由大到强转变。但是，如果区域间制度层面的障碍不清除，就会导致不公平和不正当竞争，那么区域市场之间仍然是割裂的，不是全面联通和开放的，就不可能在全国层面实现统一大市场建设目标。因此，只有打破区域市场间的制度约束和限制，拆除要素流动壁垒，用更加开放的制度来帮助商品要素资源的跨区域充分自由流动，并且按市场规律高效率地配置产品和要素，维护公平竞争，以此实现区域市场间的全面联通和开放，才能最终建成全国统一大市场。而东北地区整体缺乏统一的发展规划，地区间协作困难，各省市的目标导向难以形成合力，中心城市经济分量不足、外溢效应不够、带动作用不强，逐渐导致了东北地区地方保护主义盛行以及严重的市场分割现象，极大地阻碍了各地区之间要素的流动和资源的优化配置。因此，要将区域制度与政策一体化作为东北区域一体化发展的重点之一，把东北看成一个整体，建立统一的要素资源自由流通的机制，从而推动全国统一大市场的发展。

第五章

东北地区一体化发展实证分析

东北振兴战略实施以来，《国务院关于进一步实施东北地区等老工业基地振兴战略的若干意见》从加快东北振兴的角度强调，要“深化省区协作，推动区域经济一体化发展”。但受体制机制障碍和结构性问题影响，东北地区各省市政策协调能力较弱，生产要素流动受到限制，造成了产业同构、公共服务缺口和环境治理压力，进而阻碍了区域一体化纵深发展。为进一步促进区域一体化、实现高质量发展，东北地区先后签订了《东北三省联合建立区域科学技术创新体系协议书》《东北三省政府立法协作框架协议》《关于建立东北三省行政执法违法案件查处协作机制的通知》《社会信用体系合作共建框架协议》等跨省区协议，建立了人才交流机制、行政首长协调机制、东北振兴省部联席会议机制，协调解决东北振兴体制机制创新、对外开放合作、重大项目建设及区域协调发展等方面的问题。在此双重背景下，如何客观科学地对东北地区一体化发展水平进行测度，体制机制障碍与结构性问题对一体化发展的影响如何，以及如何应对这一现实重大问题等，都是当前东北地区经济社会发展中亟待解决的重要症结。

国内外对一体化的定义并没有统一的界定，对区域一体化的理解也是随时代的发展而变化的。早期的区域一体化被单纯地作为经济概念，即区域经济一体化来理解，而经济一体化的概念最早由荷兰学者丁伯根于 1951 年提出，后又在《国际经济一体化》一书中将经济一体化详细表述为：“区域之间相互协作与统一，将阻碍经济活动有效运作的因素加以消除，以创造出最优的经济结构”。在此之后，区域一体化内涵更加全面，从经济一体化向制度、空间、环境等更广领域一体化拓展，形成了现在学者们通常所用的定义范式：区域一体化旨在通过市场机制和政府手段促进要素自由流动，消除各经济单位之间待遇差别、削弱经济边界并减少地区间贸易成本，便于进行多边经济合作，从而实现区域内资源共享（徐现祥和李郇，2005；Glaeser et al.，2015）。

在区域一体化内涵的基础上，学界[①]基于不同研究目的和方法对长三角、京津冀、粤港澳大湾区、成渝、长株潭等发达城市群区域一体化的测度展开了大量富有意义的研究，主要集中在以下几个方面。一是侧重于从劳动力等要素市场一体化（王海南和崔长彬，2020；刘昊和祝志勇，2020；孙博文和孙久文，2019）、商品市场一体化（唐为，2021）、产业一体化（张学良，2018）、交通设施一体化（马开森等，2019）以及空间一体化（侯赟慧等，2019；李培鑫和张学良，2019）等单一角度构建指标进行测度。比较有代表性的是学者们基于我国典型的市场分割和地区分割现象，一方面利用“价格法”，用商品、要素等相对价格的离差、方差来衡量市场一体化。例如，都阳和蔡昉通过各地区工资水平的离差来反映劳动力市场的一体化（都阳和蔡昉，2004）；吕典玮（2010）等通过商品零售价格指数的相对方差来测度市场一体化。另一方面则是借助空间模型构建地区经济联系网络来衡量空间上的一体化。例如，宋冬林等通过引力模型计算出各年份东北地区34个地级市之间的经济联系值，进而得出东北区域经济一体化程度不高，但有向一体化发展的动向的研究结论（宋冬林和齐文浩，2018）。二是从自然、经济、社会等维度将上述单一指标合成综合指数对一体化进行深入测度。例如，刘修岩等构建了包括功能、制度、经济、文化和产业五个维度的综合评价体系（刘修岩和梁昌一，2021），其他学者也有类似的衡量体系（汤放华等，2020；刘学潜和孙兴福，2022；毛艳华和杨思维，

① 由于国内外政治经济形势的差异，国外关于区域一体化的研究集中在理论分析和一体化效应分析方面，对一体化的测度较为缺乏，这里不再单独做出评述。

2017)；而另有一些学者则从一体化的动因、联系和协同发展（曾刚和王丰龙，2018；姚鹏和王民，2020）等视角构建了区域经济一体化评价指标体系。例如，顾海兵等（2017）在一体化的内外驱动力基础上构建一体化的综合指数并测度了长三角一体化水平。三是另有少数研究则从人均收入收敛（孙文远和裴育，2010）、地区产出份额（千慧雄，2010）等一体化的绩效结果方面构建具体衡量指标。例如，高丽娜等就以城市人均GDP相对变动状况来表征城市群一体化发展水平（高丽娜和朱舜，2018）。

在影响一体化发展的原因机制方面，国内外学者虽进行了不同程度的分析，但总体是比较匮乏的。由于政治经济体制的巨大差异，在国外研究中，国与国之间的经济一体化往往是学者们关注的焦点领域，并认为政治稳定性、民主程度、政府管理水平、经济状况和地理位置等因素是影响一体化的主要原因。在国与国间的泛一体化过程中，不同国家间的政治模式和经济状况往往会对一体化产生重要影响，政府管理质量和民主程度越高的经济体表现出签订区域经济一体化协议的可能性就越大(Mansfield et al.，2002；Endoh，2006)；此外，影响贸易创造效应和贸易转移效应的经济规模和结构性因素也能极大程度提升两经济体区域经济一体化的可能性（Baier et al.，2006）。在其他方面，贾亚蒂拉卡等(Jayathilaka et al.，2006）则认为，政治稳定性、是否接壤、进口关税和邻近经济体区域经济一体化伙伴的数量等也是区域经济一体化的重要影响因素。国内研究大多侧重于对一体化的测度和实现路径分析，缺乏对一体化的影响因素探究。在现有文献中，政府管理水平、财税体制等体制因素以及开放水平、产业结构等经济因素往往是学者们的关注重点。适度的政府干预虽能促进市场一体化，但过度干预只会严重阻碍一体化发展（陈甬军和丛子薇，2017)；而刘嘉伟等人则认为较高的经济开放度、相同的语言属性是一体化进程最为稳健的正向推动因素，产业差异度与高铁相连是最为稳健的负向影响因素（刘嘉伟和岳书敬，2020)。也有一些学者认为影响一体化进程的原因并不是单一的，而是现行的行政与财政体制、区域规划与财税政策、要素市场与财政支持、传统税制与税收利益、资源环境与生态补偿等综合性因素相互交织影响的（吉富星和樊轶侠，2021）。

已有的研究成果令人瞩目，从多个视角对一体化进行了测度并进行了有意义的原因分析，但这些研究多针对长三角等发达城市群进行了研究，东北地区的相关研究较少；另外，过于集中于对一体化水平的测度分析上，缺乏原因和机理的实证分析。这就为本书提供了边际贡献的机会。与现有文献相比，本书的边际贡献主要体现在以下三个方面：其一，单一指标难以对一体化进行分析，本书从一体化的内涵出发，从协调发展水平、市场一体化、产业一体化、基础设施一体化、公共服务一体化以及生态环境一体化 6 个方面构建一体化发展水平指数，能够更为全面地反映一体化发展水平；其二，本书立足东北实际以及体制机制是束缚东北经济发展的根本性问题这一共识，将制约东北一体化发展的主要原因归结为体制因素、经济结构及两者的交互项，并详细探讨了其对一体化发展的影响机制和程度，丰富了影响一体化发展的实证分析；其三，本书以东北地区黑吉辽三省作为研究区域，丰富了东北一体化发展的相关研究。

一体化发展是东北地区构建统一大市场、融入双循环发展格局的必要路径，对推动东北全面振兴取得新突破具有重要意义。本书利用熵值法从协调发展水平、市场一体化、产业一体化、基础设施一体化、公共服务一体化以及生态环境一体化 6 个方面构建一体化发展水平指数对东北各省市进行测度并分析其发展特征。在实证部分，本书立足东北实际以及体制机制是束缚东北经济发展的根本性问题这一共识，将制约东北一体化发展的根本原因归结为体制因素、经济结构及两者的交互项，并详细探讨了其对一体化发展的影响机制和程度。研究结果表明：①东北一体化发展水平普遍相对落后，黑龙江一体化发展水平优于吉辽两省；在时间趋势上，增长态势明显，同时围绕重大时间节点呈现两段式变化；而从空间分布和城市规模上看，城市群一体化发展水平相对薄弱，中心城市辐射带动能力差。②体制因素是制约东北地区一体化发展受阻的症结所在。一方面，体制会单方面显著阻碍东北地区一体化发展；另一方面，单纯的结构性因素对一体化发展并不具有阻碍作用，但体制影响下的结构性问题会显著阻碍一体化的发展水平。据此，本书提出东北地区一体化改善的对策建议。

第一节　机制分析与研究假说

在对一体化的主要影响因素分析上，本书立足于体制机制和结构性问题是束缚东北经济发展的根本性问题这一共识，结合东北实际并参考上节中学者的相关研究，将影响一体化的根本因素归结为体制因素和经济结构，并绘制了体制因素与经济结构对一体化的影响机制图（图5－1），下面将围绕图5－1具体探究相关机制并给出研究假说。

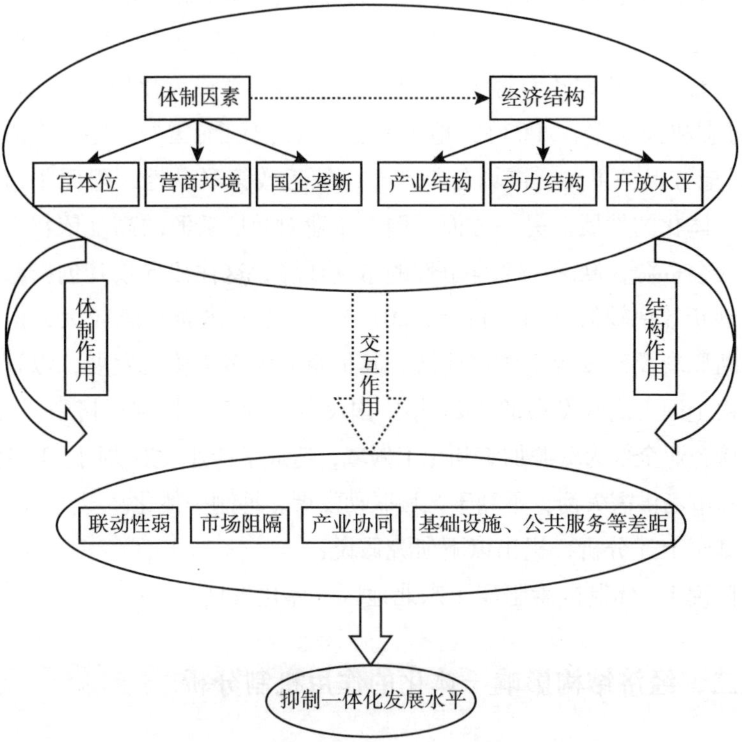

图5－1　东北体制因素与经济结构对一体化的影响机制

一、体制影响一体化的作用机制分析

东北地区作为计划经济进入最早、退出最晚、实施最彻底的地区，"官本位"、指令调拨、国企独大等计划经济体制观念、措施影响至深，在向市场经济的过渡过程中，计划经济体制"转而不变"，原有旧体制仍在发挥关键作用。一方面，"官本位"思想强化了政府干预市场的权利。东北上至政府管理模式，下至企业运行和民众择业，无不体现着深厚的"官本位""走后门""托关系""想办事，先吃饭""重人情，轻法理"等思维盛行，人们热衷于"考公入编"，大批人才留在了政府机关和事业单位，一定程度上造成人才错配和浪费，甚至政府权力的扩张与滥用。在这种思维的影响下，东北地区地方政府手握"尚方宝剑"，习惯于对经济进行干预，形成了"大政府、小市场"发展局面，营商环境恶化，"钓鱼执法"屡见不鲜；加之受财政分权改革和"GDP锦标赛"的影响，地方政府将实现各自区域经济利益最大化作为其决策导向（范方志和张立军，2003），地方官员"各扫门前雪"，大搞"诸侯经济"，地方保护主义、市场分割严重，缺乏政策联动性，阻碍了市场和区域一体化的发展。另一方面，国有企业对政府资源的高度依赖占据了大量社会资源，缺乏一个竞争性的市场环境，这往往导致其创新激励缺乏、创新效率较低（肖仁桥等，2015）。且东北国企贡献较大，由于长期垄断原料及研发等上游产业链，其他企业大多依赖其发展，以辽宁为例，由全国工商联发布的2021年中国民营企业500强排行榜中，辽宁4个上榜企业全部为资源加工和化工领域，造成了产业发展协同、环境治理压力和市场供需失衡，不利于区域联动发展，抑制一体化。

基于上述分析，提出以下研究假说：

假说1：体制因素阻碍了东北地区一体化发展。

二、经济结构影响一体化的作用机制分析

受资源禀赋和历史因素影响，东北计划经济时期就形成了颇具东北

特色的经济结构并在长期的发展中得到固化，形成了较为严重的路径依赖，而这种结构至今仍在延续，对经济发展造成显著影响。首先，在产业结构方面，东北工业“一柱擎天”和结构单一的“二人转”状况没得到根本改变，“原”字号、“初”字号产品仍占大头；另外，市场的滞后性和薄弱性使得对市场环境依赖较高的服务业发展缓慢，呈现“比重提升，产值下降”的怪象①。其次，在动力结构方面，在整体环境的塑造下，东北地区企业热衷于“先做大，后做强”的规模扩张，重投资而轻创新，“新、深”字号对经济的驱动作用尚未显露，经济发展长期依靠投资拉动，一些本该淘汰、限制和转型的落后产能的投资规模却不降反升，造成了大规模的产能过剩。根据国家统计局数据库具体来看：一方面，投资拉动经济增长仍较强劲，2020 年辽吉黑三省固定资产投资额占 GDP 比重分别为 28.37%、99.49% 和 86.51%，而同期全国平均水平仅为 72.75%，其中吉黑两省②相较 2010 年增速分别高达 9.57%、31.67%；另一方面，从创新驱动来看，2020 年东北三省规模以上工业企业新产品销售收入占 GDP 比重为 14.67%，低于同期全国平均水平近 9 个百分点，比 2010 年扩大了近 4 个百分点。最后，东北对外开放水平低，进出口额占全国的比重一直维持在 5% 左右，且有不断降低的趋势。这些结构性问题造成了市场竞争力小、产业同构性高、经济辐射能力弱等短板，加重了环境治理和公共服务压力。

基于上述分析，提出以下研究假说：

假说 2：经济结构问题阻碍了东北地区一体化发展。

三、体制与经济结构影响一体化的交互作用机制分析

除了前面分析的体制、经济结构对一体化发展的直接影响外，还存

---

① 东北地区第三产业比重自 2012 年后逐年上升，比重由 2012 年的 37.8% 增加到 2020 年的 51.73%，增速高于全国 2.47 个百分点，但服务业产值增速由 2012 年的 16.85% 下降到 2020 年 1.21%，降幅为 92.82%，高于全国 19 个百分点（数据根据中国统计年鉴整理）。

② 辽宁固定资产投资近年来呈现断崖式骤降，其中有多重因素影响，包括经济“挤水分”等重要原因，这里不再比较前后增速。

在着两者的联合影响。一方面，经济增长竞争上的压力和税收最大化的动机会促使东北地方政府引进投资规模巨大的企业，热衷增加固定资产投资，导致资金过度投入相对过热行业，形成重复建设的“潮涌”现象（林毅夫等，2010），形成了现有东北地区大部分城市的产业同构的局面，产业难以协同发展；另一方面，尽管国有企业效率低是不争的事实（姚洋和章奇，2001），但国有企业仍旧可以通过财政补贴、行政垄断、市场分割等途径获得生存空间（刘瑞明和石磊，2010），政府和国有企业通过限制高素质劳动力、金融资本和技术创新等要素资源的流动，造成区域联动性差，抑制区域一体化发展。

基于上述分析，提出以下研究假说：

假说 3：体制因素对经济结构的影响程度越大，经济结构红利就越小，对一体化的抑制作用就越强。

第二节　东北地区一体化发展水平的测度与分析

一、一体化发展水平的测度指标选取

学界虽然对区域一体化展开了大量富有意义的研究，但关于一体化的定义没有统一的说法，这在一定程度上致使目前关于一体化测度的体系不一、方法多变。本书从东北地区实际发展情况出发，参考国家政策文件[①]及已有文献，将一体化定义为：区域各行政主体突破行政与地理界限，对要素、市场等进行整合，提高经济集聚度、区域联动性、政策协同效率，进而形成区域协调发展的一种状态。具体包括区域协调、市场共建、产业协同、基础设施互联互通、公共服务便利共享以及生态环

① 由于长江三角洲地区区域一体化是国内唯一的一体化国家发展战略，政策文件主要参考 2019 年出台的《长江三角洲区域一体化发展规划纲要》相关内容。

境共保联治。基于此，本书从协调发展水平、市场一体化、产业一体化、基础设施一体化、公共服务一体化以及生态环境一体化六个方面构建指标体系，具体指标如表 5 - 1 所示。

表 5 - 1　　　　东北地区一体化发展水平的衡量指标

一级指标	二级指标	三级指标	指标类型	权重
区域协调发展水平	区域联动能力	经济联系强度	+	0.0707
	城乡融合发展水平	城乡差距	-	0.0834
市场一体化	要素市场化	劳动力流动	+	0.0944
		资本流动	+	0.0947
产业一体化	产业协同发展水平	产业分工指数	+	0.0849
基础设施一体化	路网密度	人均道路面积	+	0.0965
	邮电设施水平	邮电业务占比	+	0.0970
公共服务一体化	教育水平	普通中学及小学阶段师生比	+	0.0720
	医疗水平	万人医技人员数量	+	0.1019
	社会保障	社会保障支出比重	+	0.0771
生态环境一体化	生态建设	人均公园绿地面积	+	0.0818
	环境治理	细颗粒物（PM2.5）年均浓度	-	0.0824
	能源利用	单位 GDP 电耗	-	0.0842

二、测度指标说明

（一）区域协调发展水平

区域协调发展水平主要通过经济联系强度和城乡差距来衡量。区域协调发展是区域一体化的应有之义，在一体化过程中，区域协调发展最主要表现在两个方面：区域联动性和城乡融合发展。区域联动性主要是各地级市，尤其是中心城市充分发挥各自的比较优势，辐射带动区域经济发展的能力，本书用城市间经济联系强度来衡量这种联动能力。引力模型常用来衡量区域经济联系强度，既能反映经济中心城市对周围地区的辐射能力，也能反映周围地区对经济中心辐射能力的接受程度，模型如下：

$$R_{ij} = \frac{\sqrt{P_i G_i} \times \sqrt{P_j G_j}}{D_{ij}^2} \tag{5.1}$$

R_{ij}为城市 i 与城市 j 的经济联系强度，P_i、P_j 为两地区的人口规模，G_i、G_j 为两地区的经济规模，D_{ij}为两地区间基于道路网络最短路径的旅行时间。如果城市间有高速铁路，则采用高铁最短通行时间确定 D_{ij}，若无高铁，则采用城市间驾车的最短时间，相关数据来源于 12306 网站和百度地图。将某一城市相对其他城市的经济联系量加总即可得到城市的经济联系强度。

推动城乡融合是解决发展不平衡不充分的必然要求，城乡融合不仅是人口向城镇流动，更表现为城镇发展模式的转型，城乡融合是区域协调发展的本源动力，而城乡融合发展水平最主要的表现形式是城乡居民收入差距的不断下降，这里通过城镇居民可支配收入与农村居民纯收入之比来衡量。

（二）市场一体化

区域一体化建立的初衷之一便是建立相对统一的区域大市场，畅通商品、资源、要素的流动渠道，考虑到数据的可得性，本书主要通过要素市场化来衡量市场一体化，具体包括劳动力流动和资本流动两个指标。劳动力和资本是经济发展最主要的生产要素，劳动力流动是个流量概念，数据相对不易获取，这里通过各城市的客运量与人口数之比来衡量；而资本流动则通过金融机构信贷总额占 GDP 的比重来衡量。

（三）产业一体化

产业一体化通过产业分工指数来衡量。产业一体化并不是产业结构的同构，而是城市间产业的分工与协作。关于产业分工的测度指标，学界大多采用区位熵以及产业结构相似度指数，考虑到区位熵并不能从总

量上测度某一城市与其他城市的产业相似程度，本书借鉴相关研究（张亚丽、项本武，2021），构建城市的产业分工指数，方法如下：首先根据王志华等（2006）的研究，构建区域内两两城市的产业结构相似度指数（SSI_{ijt}）：$SSI_{ijt} = 1 - \frac{1}{2}\sum_{k=1}^{n} |X_{itk} - X_{jtk}|$，该数值越大，表明城市间的产业结构相似度越高；然后将两两城市的产业结构相似度指数（SSI_{ijt}）进行算数平均，得到某一城市相对其他城市的产业结构相似度指数（SSI_{it}）：$SSI_{it} = \frac{1}{m-1}\sum_{i \neq j}^{m} SSI_{ijt}$，m 为城市数量；最后利用城市产业结构相似度指数构建城市层面的产业分工指数（IDI_{it}）：$IDI_{it} = \frac{1}{SSI_{it}}$，该指数越大，说明城市间产业同构性较低，表明城市产业分工程度较高，一体化水平也较高。

（四）基础设施一体化

基础设施一体化通过路网密度以及邮电设施水平来衡量。交通的通达性是促进一体化发展的重要方面，主要通过人均道路面积来衡量；而邮电设施水平则通过邮政和电信业务总量占 GDP 的比重来衡量。

（五）公共服务一体化

公共服务一体化主要通过教育水平、医疗水平以及社会保障水平三个维度来衡量。区域一体化意味着域内教育、医疗以及社会保障等公共服务的整合，在教育水平上，考虑到东北不同城市教育资源的差距，主要选取普通中学及小学阶段师生比来测度；在医疗水平上，选取万人医师数量来测度；在社会保障方面，基于数据的可得性，这里用社会保障及就业支出占 GDP 的比重来衡量。

（六）生态环境一体化

生态环境一体化主要从生态建设、环境保护以及资源利用三个方面来衡量。生态环境的共保联治是一体化的重要方面，选取人均绿地面积衡量生态建设；在环境保护方面最明显的效果主要体现在空气质量上的改善，这里通过细颗粒物（PM2.5）年均浓度来衡量；东北地区资源消耗大，资源利用模式也可以反映本区域的生态环境状况，本书通过单位GDP电耗来衡量域内的资源利用状况。

三、基于熵值法的城市一体化发展水平测度结果分析

利用熵值法测度东北地区34个城市2010～2020年的一体化发展水平指数①，为直观对比东北地区不同年份、不同区域一体化发展水平的演变趋势，以便更清晰地分析东北地区一体化发展特征，本书将上述测度结果进行图表化处理。

（一）一体化发展普遍相对落后，黑龙江一体化发展水平优于吉辽两省

由测度结果可知，东北地区绝大部分城市的一体化发展水平指数位于（0.2～0.4）的区间内，数值较低，反映了东北地区一体化发展水平普遍相对落后。为了更直观地从省域层面比较三省的一体化发展水平，本书绘制了黑吉辽三省的一体化发展水平趋势图（见图5－2）。整体上，黑龙江一体化发展水平最高，辽宁次之，吉林落尾；从波动性上来看，黑龙江发展态势平稳，呈现稳步增长，而辽吉二省呈现波动式增长，且有相互追赶之势。一体化发展水平的上述发展态势，与各省的产业发展休戚相关。一方面，由于产业及经济结构的相似性，吉辽二省的一体化发展态势具有明显趋同性。另外，黑龙江一体化发展水平较高的地区并不是城市群内部，而是非城市群的其他城市，这些城市地处三江，农林业资源丰富，经济发展长期以第一产业为主，与域外城市的农业联系密切；同时这几个城市以农为主的产业结构，使得产业支撑能力较弱，城乡差距相对较小，一定程度上促进了一体化的发展，但长远来

① 限于文章篇幅，测度结果不再详细展示。

看，这种发展具有很大的局限性。

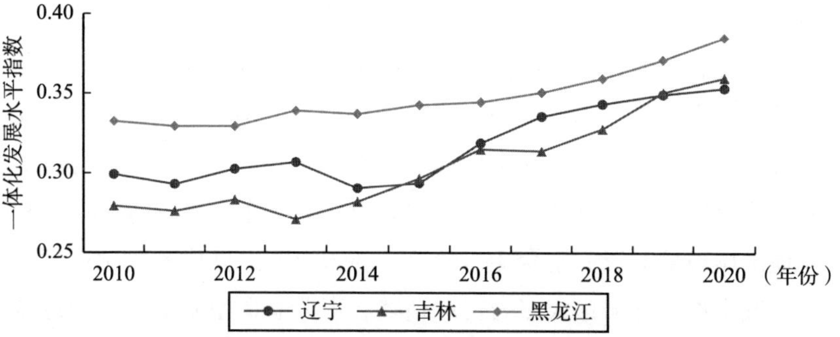

图5-2　东北三省一体化发展水平趋势

（二）增长态势明显，同时围绕重大时间节点呈现“两段式”变化

在时间趋势上，三省一体化发展呈现围绕重大时间节点波动式变化的特点。总的来看，东北三省一体化水平呈现良好的增长态势。但具体来看，围绕2013年和2016年呈“两段式”变化。在2013年前后，一体化发展水平有明显的波动，时间节点之前呈现波动上升，时间节点之后呈现波动下降，究其原因，2013年左右东北体制机制恶化、产业转型和经济结构调整致使“新东北现象”发生，经济发展受到明显影响，进而影响一体化进程。另一个时间节点则是发生在2016年前后，在此时间节点后，东北一体化指数增长态势迅猛，一体化实现跳跃式发展，进入“快车道”。2016年随着新一轮东北振兴战略的启动，东北联席会议体制建立并得到推动，对话沟通及政策协调力度加强，阻碍东北一体化发展的体制机制障碍得到有效缓解，区域联动性不断提高，极大地推动了一体化发展。

（三）城市群一体化发展水平相对薄弱，中心城市辐射带动能力差

城市群发展是促进区域一体化的有效手段，也是必经阶段之一。为

了研究东北三省城市群一体化的发展水平，考虑到以沈阳、大连为“双核”的辽中南城市群以及以长春、哈尔滨为中心的哈长城市群是东北地区最主要也是最大的两大城市群，本书依照两个城市群的地理位置绘制了辽吉黑三省的城市群内部城市和其他非城市群城市各年份的一体化发展水平趋势图（图5－3～图5－8）。由图可知，城市群内部城市相比其他城市，一体化发展水平并未呈现较大差距，甚至部分非城市群内部城市的一体化发展水平远高于城市群中城市，如丹东、通化等。这反映了东北地区城市群的资源整合能力较差，尚未形成一体化的机制框架。东北地区城市群内部城市大多为资源枯竭和产业衰退型城市，前期过度开发、新旧产业“青黄不接”致使财政拮据、经济衰退、环境破坏，基础设施、公共服务水平缺口较大，缺乏与中心城市的对接、协调机制。

受限于体制机制和经济结构问题，城市群中经济相对较好的中心城市也面临着严峻的新旧动能转换形势，“新字号”产业发展缓慢，经济的辐射力度较低，中心城市在城市群一体化发展中的表现也相对不佳。大连、沈阳两个中心城市一体化发展的趋势相近。沈阳一体化发展水平指数为辽宁翘楚，但2020年数值相对2010年变化不大，增幅仅为4.22%；大连一体化发展水平呈现“起步高，增长低”的态势，2010年一体化数值为0.3421，仅次于沈阳，但2020年这一数值仅为0.3437，增幅仅为0.04%，发展水平在辽中南城市群落尾。这一方面可能是由于前期发展相对落后的其他城市在近年来基础设施和公共服务水平提高导致的；另一方面则是受经济结构调整的影响，大连原有重化工优势产业日渐转型，与周围资源型城市的分工协作能力下降。其他两个中心城市一体化发展相对平稳。长春一体化发展呈现“两段式”发展，2016年前领先于其他城市，但之后逐渐被其他城市超越，这主要是由于2016年新一轮东北振兴战略的实施提振了吉林、四平、通化等老工业城市的经济发展能力，结构转型效果也日益显现。哈尔滨一体化发展水平虽稳步增长，但与其他城市差距仍较明显，在一体化发展中的辐射引领作用仍需加强。

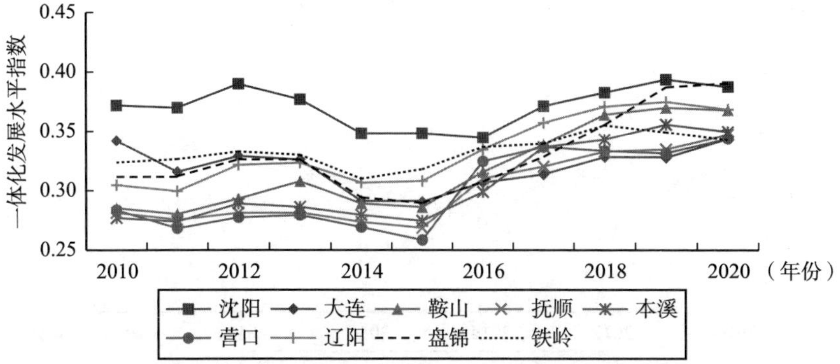

图5－3　辽宁辽中南城市群城市一体化发展水平

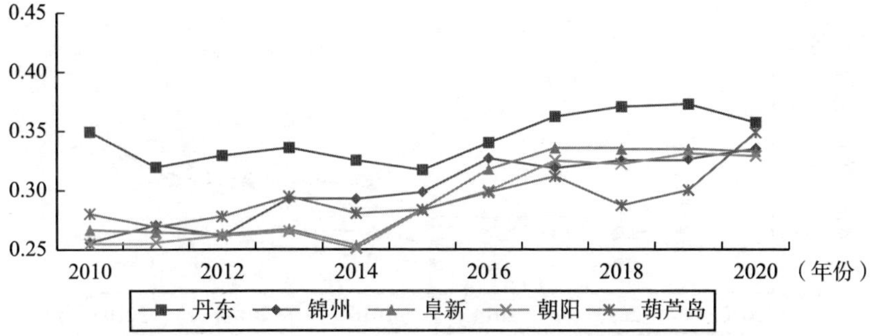

图5－4　辽宁非城市群城市一体化发展水平

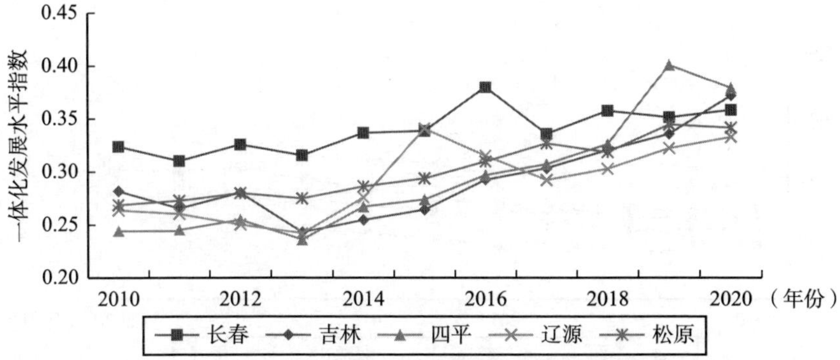

图5－5　吉林哈长城市群城市一体化发展水平

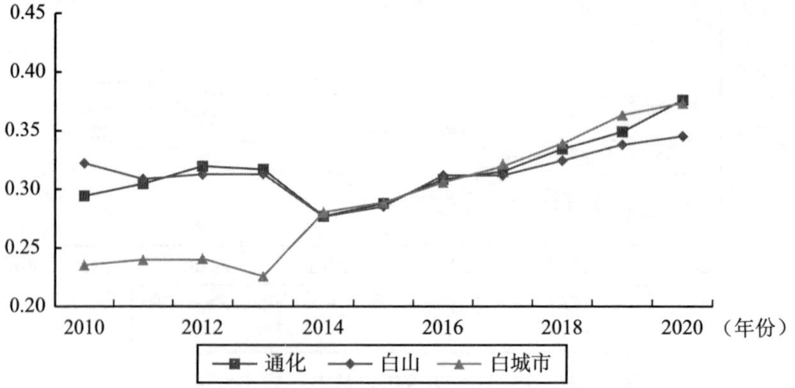

图 5-6　吉林省非城市群城市一体化发展水平

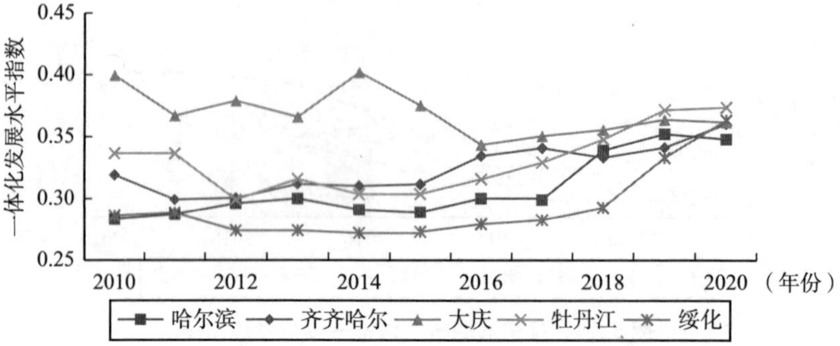

图 5-7　黑龙江省哈长城市群城市一体化发展水平

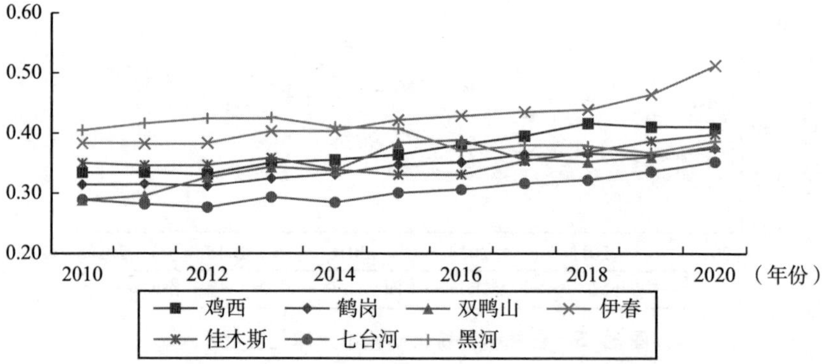

图 5-8　黑龙江省非城市群城市一体化发展水平

第三节　东北地区一体化发展水平影响因素的实证分析

一、模型构建

通过上述研究机制构建以下基本模型：

$$\text{Integ}_{it} = \alpha + \beta_1 \text{Instit}_{it} + \beta_2 \text{Struct}_{it} + \sum_{j=3}^{5} \beta_j X_{it} + \mu_i + \varepsilon_{it} \quad (5.2)$$

为探究体制和结构因素的联合作用对一体化发展水平的影响，本书引入体制和结构因素的交互项（$\text{Instit}_{it} \times \text{Struct}_{it}$），并建立模型：

$$\text{Integ}_{it} = \alpha + \beta_1 \text{Instit}_{it} + \beta_2 \text{Struct}_{it} + \beta_3 \text{Instit}_{it} \times \text{Struct}_{it} + \sum_{j=4}^{6} \beta_j X_{it} + \mu_i + \varepsilon_{it} \quad (5.3)$$

其中，Integ_{it}为第 i 个城市第 t 年的城市一体化发展指数，Instit_{it}、Struct_{it}分别表示体制因素和经济结构 2 个核心解释变量；X_{it}表示地区发展水平等 3 个控制变量；μ_i 表示不随时间变化的个体效应；ε_{it}表示随机扰动项。

二、变量选取与说明

（一）被解释变量

一体化发展水平指数：为确保实证分析与前面测度体系的一致性，选取前面利用熵值法构建的一体化发展水平指数（Integ_{it}）作为被解释变量。该指数数值越大，说明各城市的一体化发展水平越高。

（二）核心解释变量

区域一体化发展是建立在各城市的经济现实情况之上的，考虑到学界关于束缚东北经济发展的根源是体制机制障碍与结构性问题的广泛共识，本书选取体制因素与经济结构2个核心解释变量：

（1）体制指数（Instit）：东北地区长期受计划经济和“官本位”思想的影响，地方政府倾向于对经济发展进行干预，造成市场发育不佳、营商环境较差，而国有企业长期垄断产业链上游和一般竞争性领域，构成体制的最主要方面。据此，拟从政府干预、财政压力、营商环境、国企垄断4个方面来衡量体制问题。其中，财政干预是地方财政支出与GDP的比值，表示政府支出对市场经济的干预；选取财政支出占财政收入的比重衡量财政压力，这一比重越大，政府的转移支付依赖和开源需求就越大；考虑营商环境主要表现为企业成本的降低，而企业成本过高主要是非税负担过重、制度性交易成本过高，所以用地方非税收入占财政收入比重来衡量营商环境；受限于城市层面的数据可得性，国有垄断主要通过国有单位就业人数占就业人数比重来衡量，利用熵值法将上述4个指标合成体制指数进行量化。

（2）经济结构指数（Struct）：受资源禀赋和历史因素影响，一方面，东北地区重化工等“原字号”“老字号”产业发达，产业结构长期以高耗能重工业为主，服务业及“新、深字号”产业发展滞后，产业结构失衡；另一方面，经济增长长期依赖投资驱动，对外开放水平低、经济外向程度差，这些方面构成了东北经济结构最主要的问题。据此，本书拟从产业结构、动力结构和开放水平三个方面衡量经济结构问题。其中，产业结构用第二、第三产业产值比来衡量；动力结构主要指经济发展的驱动力，东北经济长期依赖投资驱动，选取固定资产投资额占GDP比重来衡量，而用R&D支出占GDP比重来衡量创新驱动力；开放水平则用实际利用外商投资额占GDP比重来衡量。同样利用熵值法将上述4个指标合成经济结构指数进行量化。

（三）控制变量

基于东北地区实际情况，在影响东北一体化发展的其他因素上，选取地区发展水平、人口流失、城镇化率作为控制变量。

（1）地区发展水平（lnPgdp、$(\text{lnPgdp})^2$）：在地区发展水平的衡量上，考虑到不同城市的发展水平各异，中心城市等经济发展水平较高的城市一体化发展可能也相对较好，同理，经济发展水平较低时，一体化发展相对不佳；但随着经济发展的持续改善，将促进一体化发展水平提升，即经济发展水平可能与一体化发展存在先降后升的“库兹涅茨”效应，所以本书引入人均 GDP 的二次项，为消除异方差影响，对人均 GDP 取对数处理。

（2）人口流失（lnPop）：东北人口流失严重，大量人口外流必然对城市产业发展、市场需求以及公共服务等多方面造成显著作用，进而对一体化产生影响，本书用人口密度来衡量人口流失问题，同样，为消除异方差影响，对其进行取对数处理。

（3）城镇化水平（Urban）：城镇化是改善城乡差距、促进区域协调发展的重要手段，有利于提升基础设施通达度和公共服务便利化，促进一体化纵深发展。考虑到土地是城镇化载体和数据的可得性，本书用土地城镇化水平来衡量城镇化水平。具体变量及其说明如表 5 - 2 所示。

表 5 - 2　　影响一体化发展水平的变量及其说明

类别	指标	代理变量	符号	指标说明
被解释变量	一体化程度	一体化发展水平指数	Integ	前面计算得出
核心解释变量	体制因素	体制指数	Instit	指标构建
	经济结构	经济结构指数	Struct	指标构建

续表

类别	指标	代理变量	符号	指标说明
控制变量	地区发展水平	人均 GDP	lnPgdp 与 $(\text{lnPgdp})^2$	—
	人口密度	人口密度	lnPop	—
	城镇化水平	土地城镇化水平	Urban	城市建设用地面积/城市面积

三、数据来源

基于上述变量的选取，同时考虑到数据可得性，选取 2010 ~ 2020 年数据，并排除数据缺失严重的延边州和大兴安岭地区，将东北三省其余 34 个地级市作为样本进行研究。所有数据均来自《中国城市统计年鉴》、各省市的统计年鉴以及国民经济和社会发展公报，部分缺失数据以相邻年份数据科学化处理替代。

四、数据平稳性检验

在进行实证分析前，需对样本数据平稳性进行单位根检验，以防发生伪回归。本书通过 HT 检验面板数据平稳性，具体检验结果如表 5 - 3 所示。结果表明，各变量在平稳性检验中均显著拒绝了存在单位根的原假设，说明面板数据是平稳的，可以进行回归分析。

表 5 - 3　　变量单位根检验结果

变量	统计值	Z 值	平稳性
Integ	0.6565**	-2.1495	平稳
Instit	0.6171***	-3.0544	平稳
Struct	0.5330***	-4.9871	平稳
lnPgdp	0.3388***	-9.4511	平稳

续表

变量	统计值	Z 值	平稳性
$(\ln Pgdp)^2$	0.3052***	-10.2228	平稳
lnPop	0.1259***	-14.3420	平稳
Urban	0.3958***	-8.1400	平稳

注：***、** 分别表示在 1%、5% 的统计水平上显著。

五、基准回归结果分析

在进行实证分析前应选择适当的回归模型，对面板数据进行 F 检验和 Hausman 检验，检验结果均显著拒绝了原假设，因此选择固定效应模型进行实证分析。通过 Stata 17 软件对模型进行估计，估计结果如表 5-4 所示。

模型 1～模型 4 分别表示依次加入控制变量后的回归结果。结果显示本书所选的 2 个核心解释变量均具有较高的显著性水平且在不同模型中回归系数及标准误差别不大，表明体制、结构性因素的显著性和稳健性。

表 5-4　　东北地区一体化影响因素的实证回归结果

解释变量	被解释变量：Integ						
	模型 1	模型 2	模型 3	模型 4	模型 5	模型 6	模型 7
Instit	-0.244*** (0.0460)	-0.244*** (0.0436)	-0.198*** (0.0516)	-0.202*** (0.0514)		-0.109*** (0.0271)	-0.203*** (0.0408)
Struct	0.081* (0.0468)	0.082* (0.0456)	0.082* (0.0454)	0.075* (0.0441)	0.342*** (0.0825)	0.228*** (0.0346)	0.112** (0.0470)
lnPgdp		-0.207 (0.1318)	-0.244** (0.1150)	-0.241** (0.1152)	-0.240** (0.1099)	-0.232 (0.2137)	-0.161 (0.1446)

续表

解释变量	被解释变量：Integ						
	模型1	模型2	模型3	模型4	模型5	模型6	模型7
$(\ln Pgdp)^2$		0.009 (0.0059)	0.011** (0.0051)	0.011** (0.0051)	0.010** (0.0049)	0.012 (0.0100)	0.007 (0.0066)
lnPop			-0.089 (0.0643)	-0.086 (0.0639)	-0.098 (0.0673)	-0.030*** (0.0041)	-0.019* (0.0107)
Urban				0.134 (0.0816)	0.138 (0.0834)	0.084** (0.0367)	0.153* (0.0815)
Instit * struct					-0.368*** (0.099)		
Cons	0.459*** (0.0426)	1.642** (0.7269)	2.260*** (0.7168)	2.224*** (0.7169)	2.146*** (0.7163)	1.586 (1.1401)	1.376* (0.7853)
观测值	374	374	374	374	374	374	374
模型选择	FE	FE	FE	FE	FE	OLS	RE

注：括号内表示聚类稳健标准误，***、**、*分别表示在1%、5%和10%的统计水平上显著。

具体来看，在加入所有控制变量后（模型4），体制因素通过了1%的显著性检验，对一体化水平的影响系数为-0.202，验证了假设1，表明东北受计划经济观念和“官本位”思想影响，各地方政府手握“尚方宝剑”，在产业政策规划和城市基础设施、公共服务决策中发挥主导作用，财政压力较大，加之受整体宏观经济形势的影响，政府不得不广辟财源；政府管理体制造成市场机制滞后，使得市场主体发展的“制度性成本”较高，行政处罚等非税收收入居高不下，“钓鱼执法”屡有发生，造成营商环境不“亲”不“清”的发展局面，对劳动力（尤其是高素质劳动力）、金融资本、技术资源和要素流动产生极大的抑制作用，不利于域内一体化的发展。

而结构性因素通过了10%的显著性检验且估计系数为0.075，表明结构性因素对一体化发展的影响较弱，且呈正相关，这与本书的预期不符。究其原因，这可能是由于东北建立在相似资源禀赋之上的城市发展模式造成“原字号”和“初字号”传统产业占据主体地位，农业等第一产业发展占据较大比重且发展强劲，加之长期投资驱动经济发展，虽在很大程度上造成产业的同构，但对城市产业比较优势积累、基础设施完善和缩小城乡差距都有一定的积极作用，从而造成对一体化的正面效应，进一步验证了前面黑龙江部分城市一体化水平较高的结论。

在控制变量上，经济发展水平的一次项为负，二次项为正，均通过了5%的显著性水平检验，说明东北地区城市经济发展水平与一体化存在着先降后升的“U”形关系。在经济发展初期，受结构转型、体制改革等因素影响，东北地区经济发展下行压力大，各城市经济发展形势普遍不乐观，中心城市和城市群仍处于“虹吸效应”阶段，“新字号”产业等上游产业链条薄弱，辐射带动能力差，一体化发展水平低；但随着体制的缓解和结构的优化，高端服务业和装备制造业等特色主导产业初具规模，市场供需趋于合理，一体化将得到极大提高。而人口密度的影响系数为 -0.086，城镇化水平的影响系数为0.134，但均未通过显著性检验。一方面，这可能是由于当前形势下东北就业市场容量小且种类单一，对产业工人和高素质劳动力的需求较低，人口大规模流失，虽然这种流失有利于冲刷体制、结构性问题压力，但长远看，随着根源性问题的缓解，人口普遍流失将会对东北一体化造成破坏；另一方面，受资源禀赋和历史因素影响，东北大部分城市城镇化水平较高，城市建设用地粗放，并未对一体化造成显著影响。

六、体制与结构性因素的交互影响分析

前面通过分析一体化的影响因素，得出体制对一体化有显著的负面影响，但结构性因素却对一体化有着微弱的正面影响，为更加全面深入了解体制和结构性因素对一体化的影响，检验假设3，本书加入了体制变量和结构变量的交互项，旨在探究单纯的结构性问题与体制下的结构性问题是否对一体化发展具有差异化影响。加入交互项后的回归结果如

模型5所示，交互项的影响系数为 -0.368，且通过了1%的显著性检验，结果验证了预期假设，与单纯结构性问题相悖，体制影响下的结构性问题会显著阻碍一体化的发展水平。东北固有的“官本位”、计划经济思维观念仍具根基，加之受财政分权改革和“GDP”锦标赛的影响：一方面，地方政府和地方官员基于自身利益的考量，往往追求“短、平、快”项目和政绩工程，大量引进投资规模巨大的企业，导致资金过度投入相对过热行业，形成重复建设的“潮涌”现象，市场竞争力较弱；另一方面，营商环境差等造成对外开放水平低、融资机制不畅，经济发展长期靠投资驱动，而高端服务业等新产业、新技术等“新字号”产业发展滞后，造成了产业的同构、市场的滞后以及生态环境的破坏，阻碍了一体化发展。

第四节　东北地区一体化发展问题及原因分析

随着中国经济的不断增长，国家已经将长三角一体化发展、京津冀协同发展等上升为国家发展战略，这些发展战略的确立在很大程度上带动了中国经济的增长。一体化发展在带动整个区域乃至全国的经济增长中发挥的作用越来越突出，东北作为中国的老工业基地，在改革开放初期曾一直是中国经济发展的“领头羊”，虽近20年来东北经济发展缓慢，甚至一度低于全国的平均水平，但其拥有一体化发展的基础设施、自然资源、区位条件等天然优势。因此，加快东北老工业基地一体化的发展，对于缓解当前东北地区经济发展缓慢现状、带动其经济增长具有重要作用。

一直以来，东北三省提出了相关的举措来致力于一体化发展。如2004年4月29日，沈阳、长春、大连、哈尔滨四城市在长春召开首届市长峰会，四城市联合制定并签署了《东北四城市协同合作，全面推动老工业基地振兴的意见》，这标志着四城市联手打造东北地区经济共同体的正式启动，在更大范围推进东北经济一体化进程。2011年10月，东北四省区确定将建立行政首长协调机制，其主要职能是定期研究协调跨省区重大基础设施项目建设、产业布局以及区域协调发展等问题，并对老工业基地调整改造的重大事项提出意见和建议。这种行政机制的建立，有利于东北三省统筹规划以及各种资源的整合，成为东北区域经济一体化的总抓手。“十一五”规划期间，中国石油深入贯彻落实国家振兴东北等老工业基地战略部署，积极推动东北地区石化产业升级，投入近 600 亿元，改造和完善了大连石化、吉林石化、抚顺石化、大连西太千万吨炼油，同时建成了大连石化炼油改扩建工程、吉化石化 70 万吨乙烯改扩建工程等一系列重要项目，这些都极大提升了东北地区石化产业一体化水平，有利于东北老工业基地一体化发展。此外，在 2022 年 8 月，四平、辽源、抚顺、通化、通辽和铁岭六市共同签署了《六市一体化高质量振兴发展市长联席会议机制》，确定了《六市一体化高质量振兴发展 2022 年工作计划》，提出联手打造东北振兴新增长极，发挥各个城市的区位、要素资源等优势，携手并进六市一体化进程。

这些政策机制的提出促进了东北老工业基地的一体化发展。然而，相关的数据表明，东北老工业基地一体化发展还存在着区域发展不平衡、区域产业结构趋同、地方保护主义意识强烈、创新驱动能力弱、计划经济氛围浓厚等问题。这表明，需要根据当下的实际情况，分析其一体化发展过程中存在的问题，并找出原因，从而更好、更快地解决现存问题，加快实现东北老工业基地一体化发展。

根据对相关数据的研究、分析发现，东北老工业基地一体化发展主要存在以下几个方面的问题。

一、区域发展不平衡

（一）区域发展不平衡的表现

一体化的发展不是要求各个区域经济发展水平达到绝对的相同，而是允许在合理范围内，区域经济发展水平可以有一定的差异，但这一差异不能过大。研究发现，东北三省经济发展水平有一定的差异，这一差异主要发生在区域之间以及区域内部。

1. 区域之间经济发展不平衡

从东北三省整体经济发展情况看（见图 5－9），虽然辽宁、吉林、黑龙江三省的人均 GDP 一直都处于增长的趋势，但省与省之间的人均 GDP 还存在着一定的差异：辽宁在 2013 年以前的人均 GDP 一度高于全国的人均 GDP，但在 2013 年以后，辽宁、吉林、黑龙江三省的人均 GDP 均低于全国人均 GDP。可见，东北三省近年来经济发展状况并不乐观，而且省份之间还存在着一定的差异，经济发展不平衡，这对于东北老工业基地一体化发展会有一定的阻碍。

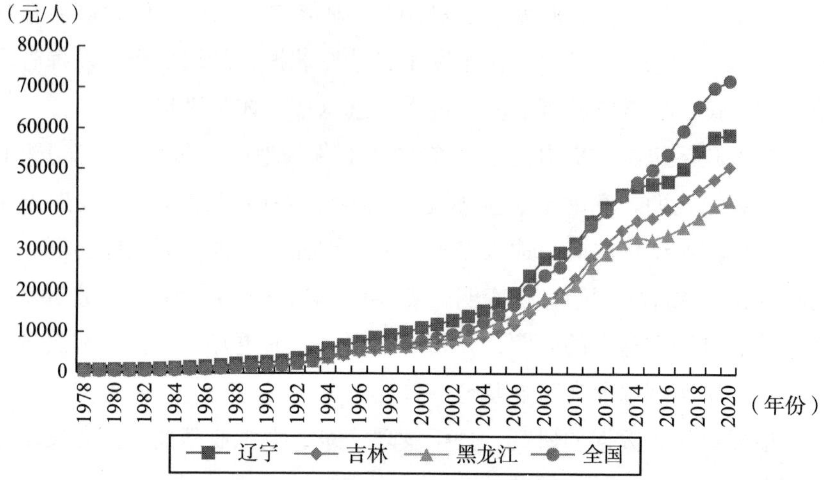

图 5－9 东北三省以及全国人均 GDP

资料来源：中经网数据库。

2. 区域内部经济发展不平衡

第一，从东北三省城镇居民人均可支配收入和农村居民人均可支配收入看（见图 5－10～图 5－12），各个省份的这两个指标在初期差距较小，但随着经济发展这一差距进一步扩大。就辽宁而言，1978～2020 年，城镇和农村居民人均可支配收入的差距逐渐增大。在 1978 年，辽宁城镇和农村人均可支配收入相差 178.1 元/人，到 2020 年，这一差距达到 25409.1 元/人。

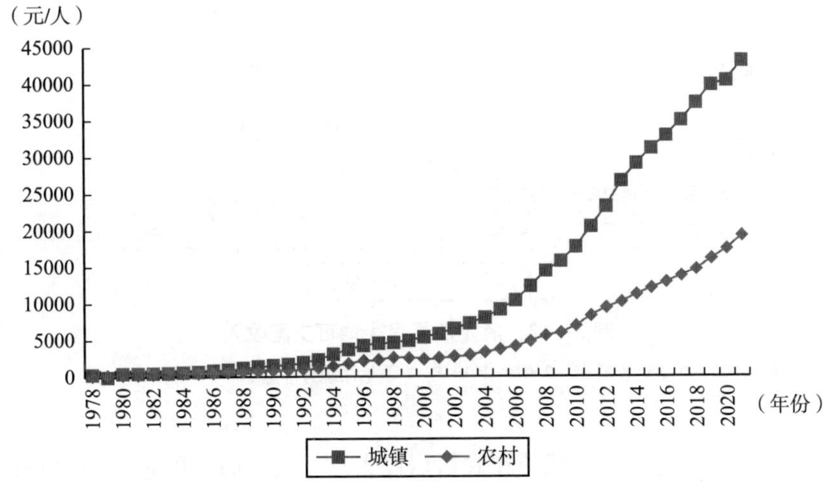

图 5－10　辽宁居民人均可支配收入

资料来源：中经网数据库、2001～2013 年《辽宁统计年鉴》。

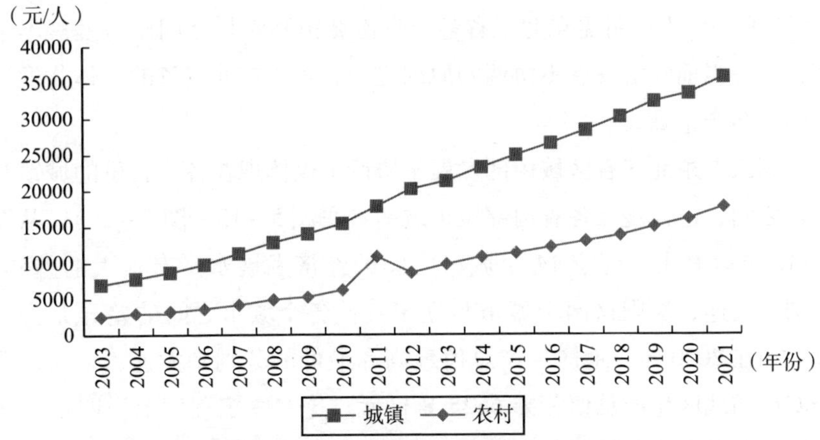

图 5－11　吉林居民人均可支配收入

资料来源：中经网数据库。

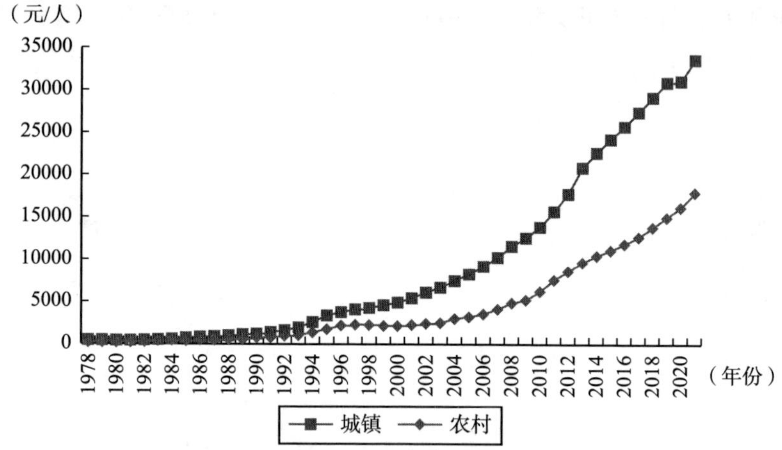

图 5-12　黑龙江居民人均可支配收入

资料来源：中经网数据库、2001~2013 年《黑龙江统计年鉴》。

吉林、黑龙江两省城镇和农村居民人均可支配收入的差距也呈现逐渐扩大的趋势。吉林城镇和农村居民人均可支配收入差距由 2003 年的 4474.76 元/人增长到 2021 年的 18004.10 元/人；黑龙江城镇和农村居民人均可支配收入差距则由 1978 年的 283.30 元/人增长到 2021 年的 15756.80 元/人。可见东北三省各个省份城镇和农村之间经济发展不平衡，这是当前经济发展不协调的原因之一，对于东北三省的一体化发展也同样会产生障碍。

第二，东北三省区域内部发展不协调不仅体现在各个省份的城镇和农村之间，还体现在各省内部城市之间（见图 5-13~图 5-15）。从图 5-13 可以看出，辽宁 14 个城市之间的经济发展水平有很大的差异，特别是大连、沈阳这两个城市与辽宁其他各个城市之间的差异尤为明显。如在 2020 年，地区生产总值最高和最低的分别是大连、阜新，两个城市的地区生产总值相差 6525.8 亿元。这在一定程度上说明辽宁各个城市之间存在着很大的差异。

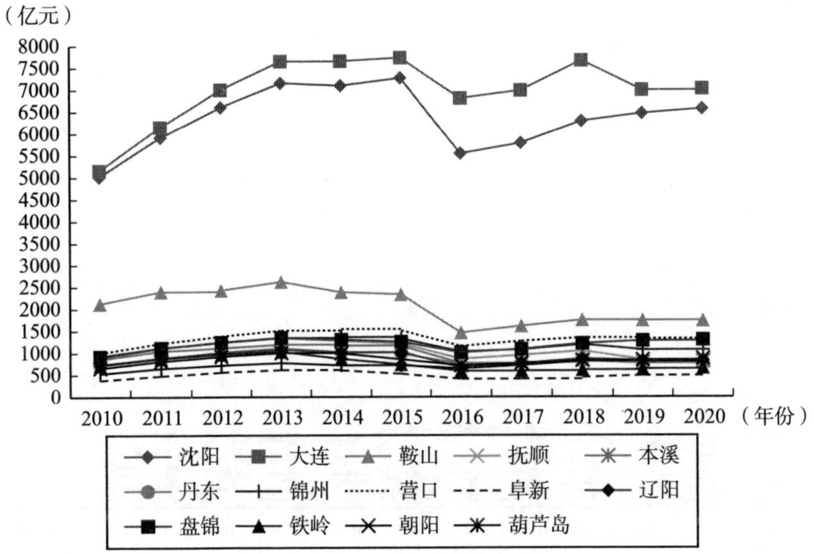

图 5－13　辽宁各市地区生产总值

资料来源：中经网数据库、2011～2021 年《辽宁统计年鉴》。

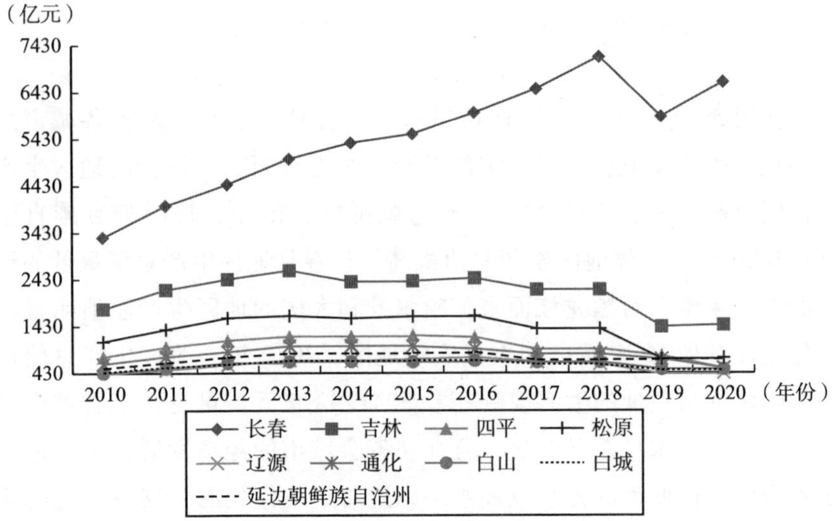

图 5－14　吉林各市地区生产总值

资料来源：中经网数据库、2011～2021 年《吉林统计年鉴》。

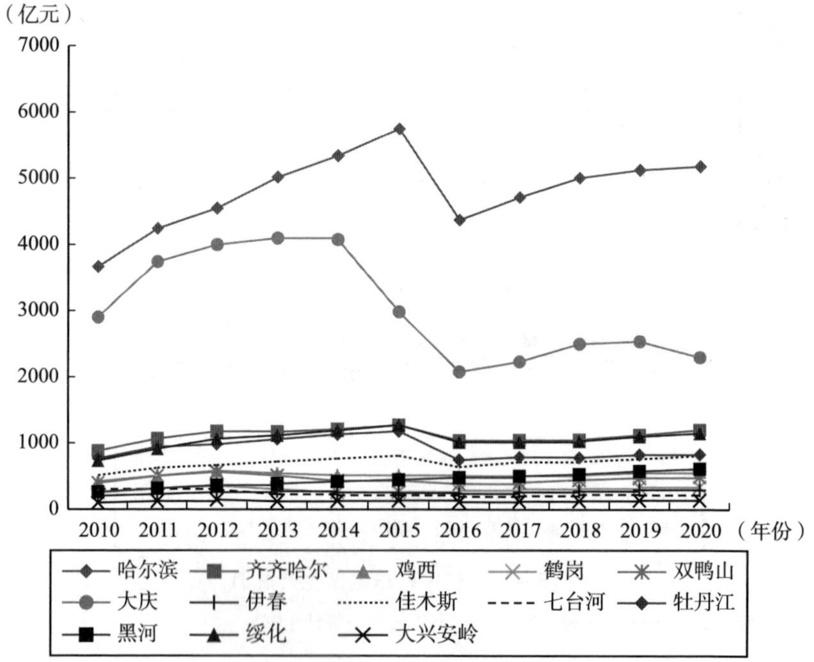

图 5－15　黑龙江各市地区生产总值

资料来源：中经网数据库、2011～2021 年《黑龙江统计年鉴》。

从图 5－14、5－15 同样可以看出，吉林、黑龙江两省各城市之间的地区生产总值也有着一定的差距。对吉林而言，长春的地区生产总值明显高于其他 7 个城市和延边朝鲜族自治州、长白朝鲜族自治县；2020 年，吉林地区生产总值最高的长春是地区生产总值最低的辽源的 15.44 倍。对黑龙江而言，哈尔滨和大庆的地区生产总值明显高于黑龙江其他 10 个城市和大兴安岭地区，2020 年，地区生产总值最高的哈尔滨与最低的大兴安岭相差 5041.92 亿元。可见，三省城市之间的经济发展水平差异明显，且往往省会城市的经济发展水平远远高于省份内其他城市的经济发展水平，这对于一体化的发展有一定的负面影响。

第三，东北三省城市与城市之间经济发展不平衡。从前面对东北三省各个城市地区生产总值的描述可以看出，沈阳、大连、鞍山三个城市的地区生产总值在辽宁所有城市中处于较高水平；长春、吉林、松原三个城市的地区生产总值在吉林各个城市中处于较高水平；黑龙江地区生产总值较高的是哈尔滨、齐齐哈尔和大庆。对比各个省份经济发展水平较高的城市的地区生产总值发现（见图5－16），在2020年，经济发展水平最好的大连与最差的松原的地区生产总值相差6277.52亿元。由此可见，尽管各个城市已经是各个省份经济发展水平较高的城市，但将它们进行整体比较时可以看出，东北三省各个城市之间经济发展水平存在差异，区域内部发展不平衡。

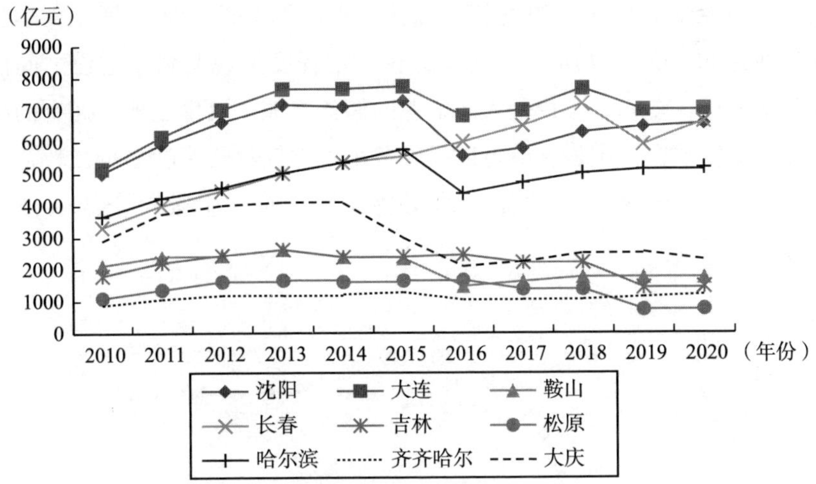

图5－16　东北三省代表性城市地区生产总值

资料来源：东北三省2011～2021年统计年鉴。

（二）区域发展不平衡的原因

1. 城市的极化效应

城市的极化效应是指各种要素资源不断从经济发展水平落后的地区向经济发展水平先进的地区流动，这些资源的聚集为经济发展水平较高的地区提供更多资源，带动其经济发展更加繁荣、发达，区域差距不断加大，区域发展不平衡。

党的二十大报告指出，教育、科技、人才是全面建设社会主义现代化国家的基础性、战略性支撑。必须坚持科技是第一生产力、人才是第一资源、创新是第一动力，深入实施科教兴国战略、人才强国战略、创新驱动发展战略，开辟发展新领域新赛道，不断塑造发展新动能新优势。可见科技、教育对于经济的发展有着重大的推动作用。为此，本书研究了东北三省科技、教育资源的差异所产生的极化效应。

第一，从东北三省各个省份所拥有的普通高等教育学校数来看（见图 5－17），2003 年以来，辽宁拥有的高等教育学校数最多，吉林最少。2020 年，辽宁、黑龙江、吉林三省所拥有的普通高等教育学校数分别为 114 所、80 所、65 所，这在一定程度上说明各个省份之间的教育水平存在差异。学校是人才资源的储备之地、聚集之地，拥有的高等教育学校数在一定程度上可以反映各个地方教育资源的多少，教育资源越丰富，对经济发展的促进作用越大，从而产生教育资源的极化效应。

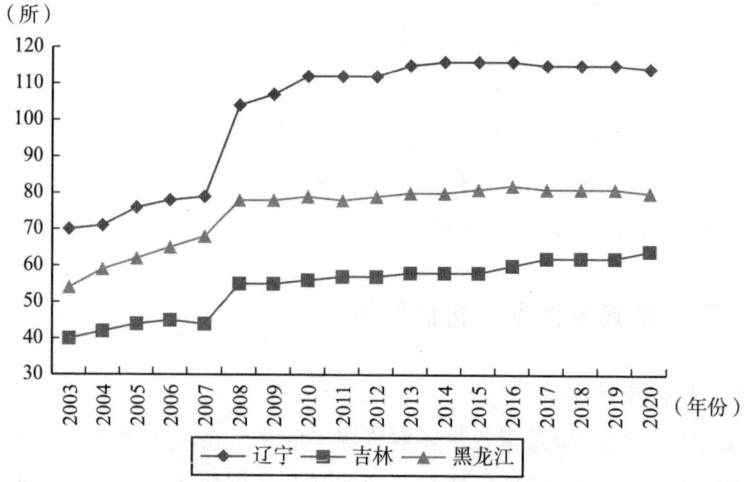

图 5－17　东北三省普通高等教育学校数

资料来源：中国城市数据库。

第二，从各个省份规模以上工业企业 R&D 经费支出看（见图 5－18），2011 年以来，各个省份对于科技发展的支持力度越来越大。在 2011 年，辽宁、吉林、黑龙江三省的规模以上工业企业 R&D 经费支出分别为 2747062.6 万元、488722.8 万元、838042.3 万元，到 2020 年，东北三省的这一支出分别增长到 3353222.3 万元、776447.7 万元、774634.2 万元，这十年来各个省份都加大了对于科技发展的支持力度。但是从中也可以看出，各个省份对于科技发展的支持力度存在差异，辽宁对于科技发展的支持力度明显高于其他两个省份，这也是辽宁经济发展水平较高的原因之一。

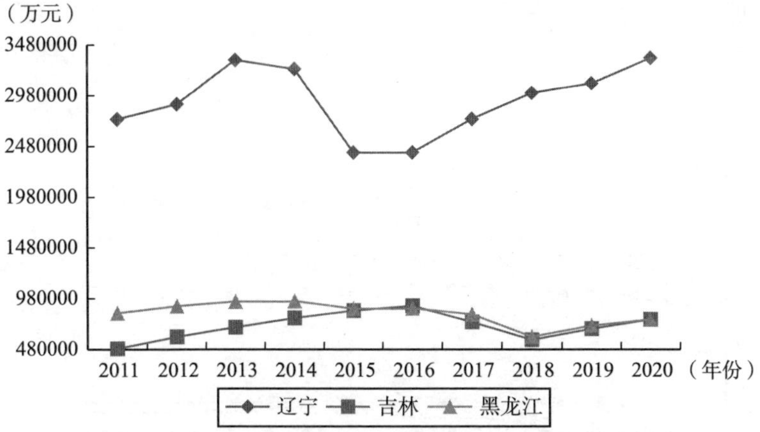

图 5－18　东北三省规模以上工业企业 R&D 经费支出

资料来源：中经网数据库。

科技、教育的发展在促进各省经济发展的同时，也促进了城市的经济发展水平。第一，科技对于城市发展举足轻重，因为城市发展的后劲是否充足、能不能吸引外来的投资、人才，科技发展在其中充当重要的角色。第二，教育的发展可以为城市发展提供更多的人才，人才是科技进步和经济社会发展最重要的资源。我国现代化建设的进程，很大程度上取决于国民素质的提高和人才资源的开发。但在研究的过程中发现，在科技、教育发展的差异带来省份之间发展差异的同时，也带来了各个省份城市之间发展的差异。为此，本书选取各个省份经济发展水平最高的三个城市来展示城市之间科技、教育资源的差异所产生的城市的极化效应。

首先，从各个城市所拥有的普通高等教育学校数看（见图5－19），2013年以来，哈尔滨、沈阳、长春、大连四个城市的普通高等学校数最多，而且在其发展过程中又新建一些高等教育学校，而其他各个城市所有的学校数一直以来基本不变。在2020年，哈尔滨、沈阳、长春、大连所拥有的普通高等教育学校数分别为50所、45所、41所、31所，其他城市所拥有的学校数均低于10所。城市普通高等教育学校数越多，相应地会产生更多的人才；人才数量的增多，在一定程度上有利于城市的发展。

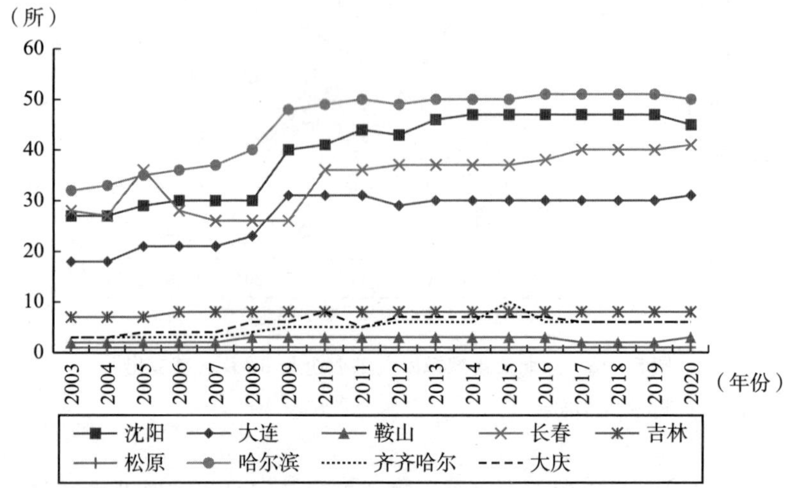

图5－19　东北三省代表性城市普通高等教育学校数

资料来源：中国城市数据库。

其次，从各个城市所得到的地方财政在教育支出方面的支出看（见图5－20），2003年以来，各个城市的教育支出呈上升趋势，但是每个城市的教育支出水平还有一定差距。在2020年，长春一般预算内的教育支出达到 1522930 万元，是各个城市中最高的；松原一般预算内的教育支出最低，只有 363000 万元，与长春相差 1159930 万元。人才的产生需要教育的持续输出，一个地方只有教育水平提高，才会有更大可能产生更多人才，以人才来带动创新，从而带动经济的持续增长。

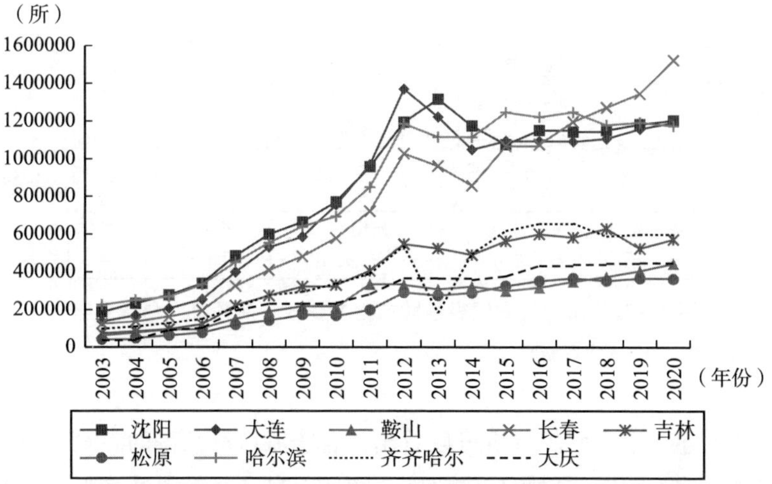

图 5－20　东北三省代表性城市地方财政一般预算内教育支出

资料来源：中国城市数据库。

最后，从各个城市所得到的地方财政在科学支出方面的支持看（见图 5－21），在 2003～2013 年，各个城市的一般预算内科学支出均呈现出先增加后减少的趋势。2013 年以来，虽然各个城市的这一指标均在不同程度上呈现减少的趋势，但仍可以看出各个城市所获得的科学支出支持力度是不同的。在 2020 年，大连、沈阳、长春、哈尔滨 4 个城市的一般预算内科学支出分别为 230244 万元、225712 万元、185492 万元、126930 万元，其他 5 个城市一般预算内科学支出最高的仅 17092 万元。可见，各个城市所获得的科学支出支持力度存在差异。

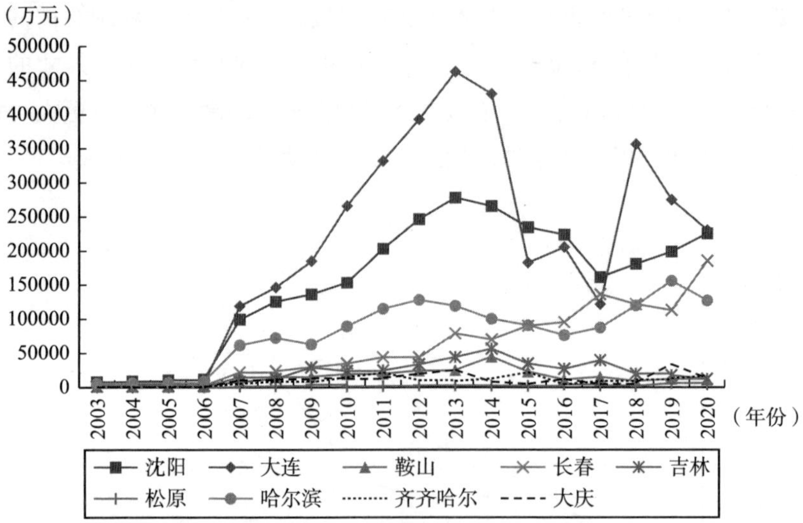

图 5－21　东北三省代表性城市地方财政一般预算内科学支出

资料来源：中国城市数据库。

从上述三个方面的分析可以看出，各个城市所获得的教育、科技资源存在一定的差距。这种城市之间资源的差异，会使得经济发展水平较高城市的经济发展水平越来越高，产生极化效应；反之，经济发展水平落后城市的经济发展水平与其的差距会越来越大，这会不利于经济的一体化发展。

2. 区位条件差异

区位条件也是影响区域经济协调发展的因素之一，一个地区的区位条件越好，其经济发展水平越高。首先，省会城市有着良好的区位条件，因此其经济发展水平较高。例如，沈阳、哈尔滨、长春这三个城市在东北三省中的经济发展水平位居最前列，原因之一是这些城市有着便利、发达的交通网络系统：沈阳作为东北三省交通网络的中心，与 27 个城市有着直接的客运联系，哈尔滨作为东北三省交通网络的中介，为到达各个城市提供了便利。其次，沿海地区有着良好的区位条件，相应地，其经济发展水平也相对较高。一个很好的例子便是大连，它的生产总值优势高于其他省份的省会城市（见图 5－16）。大连位于中国辽东半岛最南端，东濒黄海，西临渤海，南与山东半岛隔海相望。作为沿海城市，海陆空交通四通八达，是闻名世界的天然良港，与世界160多个国家和地区的300多个港口有贸易运输往来。良好的沿海区位条件使得大连市经济发展水平在整个东北三省所有城市中名列前茅。最后，区位条件不好的地区，其经济发展水平往往也相对落后。如伊春位于黑龙江的东北部，地理位置偏远，交通不发达，其经济发展水平也相对较低（吴曼，2016）。

二、区域产业结构趋同

产业结构的趋同会导致地区之间出现重复建设和投资，从而导致资源浪费、使用效率低等，客观上对一体化发展产生了束缚。

（一）区域产业结构趋同的表现

1. 产业结构不合理

从辽宁三次产业就业人员占总就业人员的比例看（见图5-22），1978年，辽宁第一产业就业人员占总就业人员的47.4%，到1992年下降到33.3%。第二产业就业人员占总就业人员的34.6%，在1978~1992年，这一占比呈现波动上升的趋势，在1992年达到了40.7%。第三产业就业人员占比在这一期间波动最大，整体呈上升趋势，由1978年占总就业人员的18%上升到1992年的26%。可见，在改革开放初期，大多数就业人员分布在第一产业，其次是第二产业，第三产业就业人员分布最少。在1992年以后，三次产业的就业人员占总就业人员的比例呈现出较大的变化：第一产业、第二产业就业人员占比越来越少，第三产业就业人员占比越来越大。这主要是因为自1992年以后，我国确立了建立社会主义市场经济的改革目标，第三产业不断发展，其就业人员占比不断上升，先后超过了第一产业、第二产业的就业人员占比，在2020年，第三产业就业人员比例高达49.5%，接近总就业人员的一半。

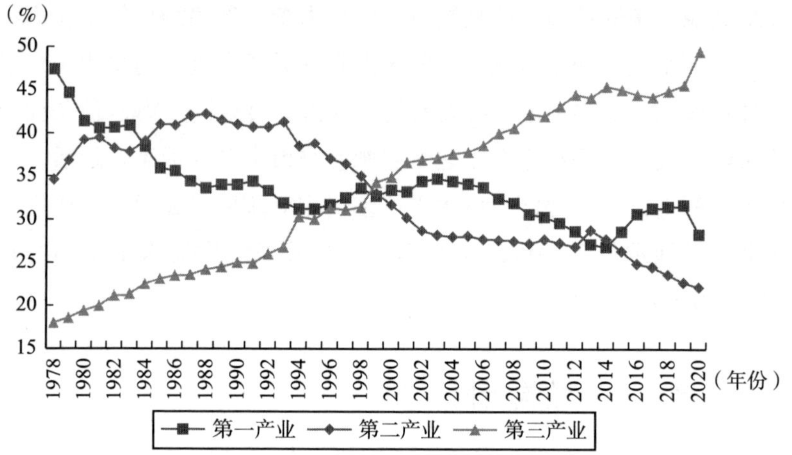

图 5－22　辽宁三次产业就业人员比例

资料来源：CSMAR 数据库。

从吉林三次产业就业人员的分布情况看（见图 5－23），第一产业就业人员数在 1978～2010 年整体不断增多，由 1978 年的 318.10 万人上升到 2010 年的 676.59 万人，在 2011 年后一直处于下降趋势，到 2020 年，第一产业就业人员数下降到 471.99 万人，占全省总就业人员的 37.43%。第二产业就业人员数在 1992 年以前一直处于上升趋势，1992 年在全省 1235.02 万人的总就业人数中，有 28.55% 的人在第二产业中就业；而在 1992 年以后，虽然在 2003～2010 年第二产业总就业人员数有短暂的回升，但整体上看第二产业就业人员总数一直处于下降的趋势。第三产业就业人员数自 1978 年以来一直稳步上升，并在 2014 年超过了第一产业、第二产业的就业人员数，在 2020 年，已经有 605.10 万人就职于第三产业，占总就业人数的 47.98%。

从黑龙江三次产业就业人员占总就业人员的分布比例情况看（见图 5－24），2011～2013 年由于相关数据的缺失，在本书暂不分析。1978 年，第一产业就业人员占比达到 52.6%，在此之后一直下降，到 1997 年下降到仅有 35.3%，在这之后有大幅度的上升，但自 2004 年又开始下降，一直下降到 2020 年占总就业人员数的 36.52%。第二产业就业人员数自

1978 年以来呈现先平稳上升再下降的趋势，特别是自 1997 年开始急剧下降，由 1997 年占黑龙江总就业人员数的 31% 下降到 1998 年的 22.7%，之后一直平稳下降，到 2020 年下降到占总就业人员数的 19.38%。第三产业就业人员数占总就业人员数的比例同其他两省一样，一直呈稳步上升趋势，由 1978 年占总就业人员数的 18.2% 上升到 2020 年的 47.18%。

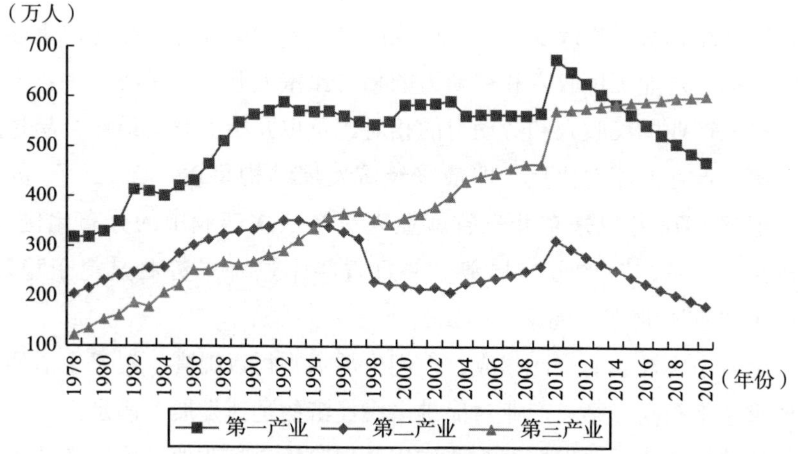

图 5－23　吉林三次产业就业人员数

资料来源：CSMAR 数据库。

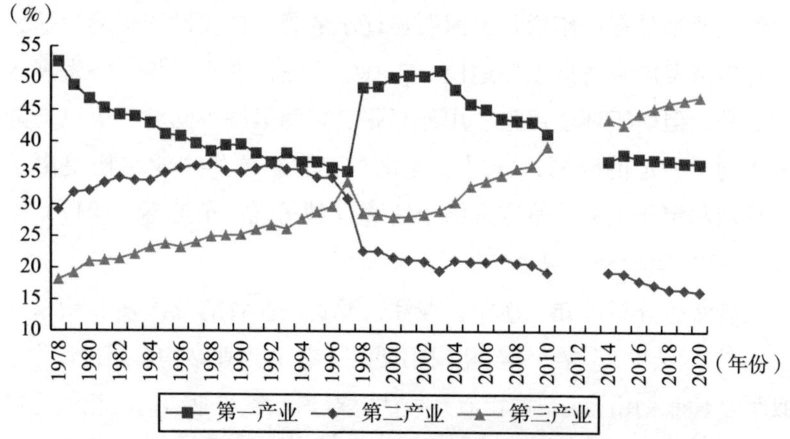

图 5－24　黑龙江三次产业就业人员比例

资料来源：CSMAR 数据库。

从以上的分析可以看出，从整体上看，1978 年以来，东北三省在经济发展的过程中，对第三产业投入越来越多的人力资源，对第一、第二产业投入的人力资源越来越少。但是，相对而言，第一产业的就业人员占总就业人员的比例要大于第二产业所占的比例，特别是吉林和黑龙江。

根据配第 - 克拉克定理：随着经济的发展、人均国民收入水平的提高，产业结构会发生改变：第一产业国民收入和劳动力的相对比重逐渐下降；第二产业国民收入和劳动力的相对比重上升，当经济进一步发展时，第三产业国民收入和劳动力的相对比重也开始上升，最终会超过第一、第二产业的相对比重，即最终经济发展结构呈现“三二一”的布局。但从 1978 年以来东北三省就业人员在三次产业中的分布比例看，呈现出“三一二”的分布局势，并且近年来这一局势更是趋于稳定，出现了“逆工业化”现象。

随着小康社会的全面建成，人们生活水平得以提高，对于生活质量的要求越来越高。第三产业对促进国民经济的迅速发展、满足人民日益增长的美好生活需要发挥着重要作用。现阶段，东北地区第三产业发展尚不甚协调。

从东北三省第三产业增加值看（见图 5 – 25），东北三省第三产业增加值虽然都是在逐年增长，但明显辽宁的第三产业发展更为迅速，在东三省经济发展中占据主导地位。吉林、黑龙江两省近年经济发展水平也在上升，但由于环境污染、用地紧张、资源紧缺等问题，第三产业的发展受到了一定的限制，这对于优化东三省整体的产业结构提出了挑战，亟须制定相关的政策方案给予解决（魏勇强、苗迎春，2017）。

2. 产业结构相似系数

从前面的分析可知，辽宁、吉林、黑龙江三省的三次产业均呈现出“三一二”的结构，这在一定程度上说明了东三省产业结构发展过程中呈现相似性。下面采用产业结构相似系数法，对东三省产业结构的相似性进行静态分析。以东北三省三次产业的增加值为基础，分析 2021 年东三省三次产业的结构相似系数。2021 年东北三省三次产业增加值如表 5 – 5 所示。

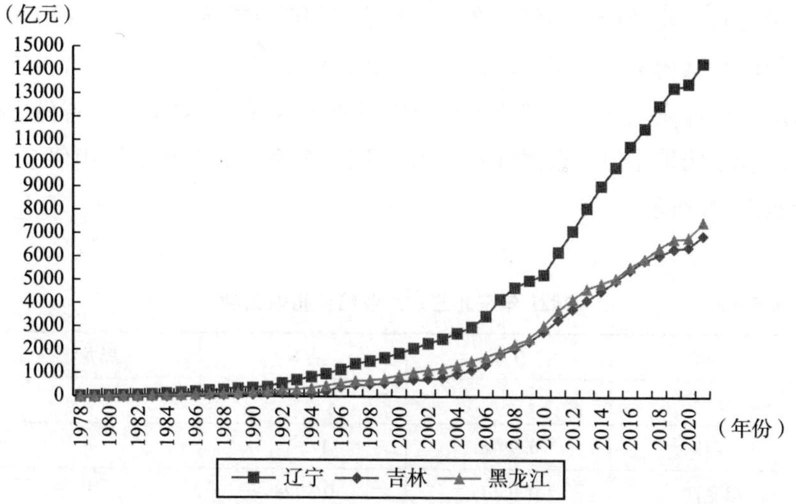

图 5－25　东北三省第三产业增加值

资料来源：中经网数据库。

表 5－5　　东北三省三次产业增加值　　单位：亿元

省份	第一产业	第二产业	第三产业
辽宁	2461.80	10875.20	14247.10
吉林	1553.84	4768.28	6913.40
黑龙江	3463.00	3975.30	7440.90

资料来源：中经网数据库。

产业结构的相似系数用以下公式进行计算：

$$S_{ij} = \frac{\sum_{i=1}^{n} X_{ik} X_{jk}}{\sqrt{\sum_{i=1}^{n} X_{ik}^2}\sqrt{\sum_{i=1}^{n} X_{jk}^2}} \tag{5.4}$$

其中，n＝3。在式（5.3）中，S_{ij}表示省份 i 和省份 j 之间的产业结构相似系数；X_{ik}表示省份 i 第 k 产业占整个三次产业的比重；X_{jk}表示省份 j 第 k 产业占整个三次产业的比重。这一系数的大小可以反映各个省份之间产业结构的相似程度：产业结构相似系数为0表示两个省份之间的产业结构不具有相似性；产业结构相似系数为1表示两个省份之间的产业结构完全相同；产业结构相似系数越接近1，表示两个省份之间的产业结构越相似。根据计算，求得东三省的三次产业结构相似系数，如表5－6所示。

表5－6　　　　2021年东北三省产业结构相似系数

省份	辽宁	吉林	黑龙江
辽宁	1	—	—
吉林	0.9978	1	—
黑龙江	0.9561	0.9728	1

通过表5－6得出的数据可以看出，各个省份之间的产业结构相似系数均大于0.9。其中，吉林和辽宁之间的产业结构相似系数为0.9978，黑龙江和辽宁之间的产业结构相似系数为0.9561，黑龙江和吉林之间的产业结构相似系数为0.9728，三个省份之间的产业结构有极大的相似性。

此外，测算1998年以来各个省份之间的产业结构相似系数（见图5－26），可以看出，东北三省之间的产业结构相似系数普遍在0.92以上的水平，表明产业之间具有极大的相似性。通过一定的研究发现，东北地区确实存在相似的产业结构，其中之一是煤炭产业。

从东北三省的原煤产量同比增长率看（见图5－27），每一年各个省份的原煤产量同比增长率都呈现出相同的增长趋势，表明各个省份在煤炭行业的发展趋势是相似的。

从辽宁、吉林两省原煤产量占能源生产总量的比重看（见表5－7），黑龙江目前统计年鉴中暂没有公布此类指标，所以暂不分析。自2001年以来，两个省份原煤产量占能源生产总量的比重基本相同，这也说明东三省内部之间确实存在产业结构相似的现象。

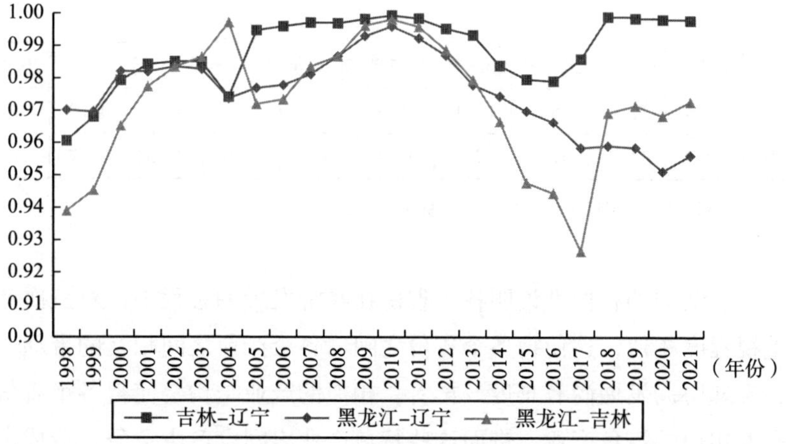

图 5 -26　东北三省产业结构相似系数

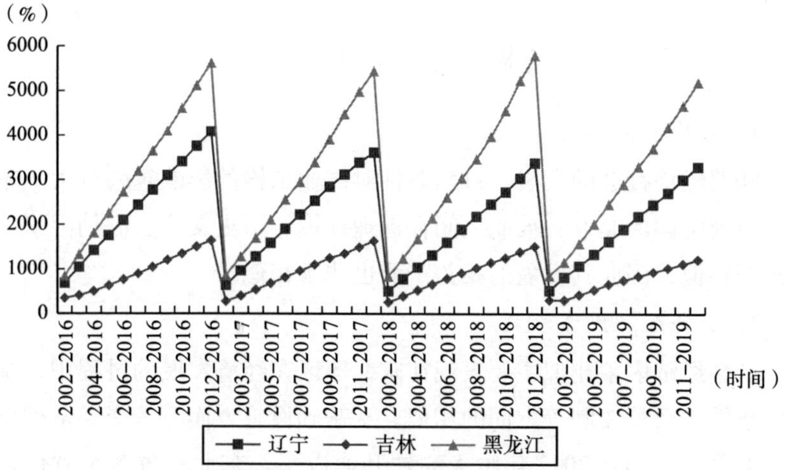

图 5 -27　东北三省原煤产量同比增长

资料来源：中国煤炭数据库。

表 5 -7　　辽宁、吉林原煤产量占能源生产总量的比重　　单位：%

省份	2001 年	2002 年	2003 年	2004 年	2005 年	2006 年	2007 年	2008 年	2009 年	2010 年
辽宁	59. 4	63. 6	66. 7	70. 3	67. 4	69. 8	69. 2	69. 7	73. 3	73. 9
吉林	57. 8	61. 5	65. 6	67. 3	62. 7	65. 0	67. 9	67. 4	70. 2	70. 0

续表

省份	2011 年	2012 年	2013 年	2014 年	2015 年	2016 年	2017 年	2018 年	2019 年	2020 年
辽宁	75.5	72.8	65.7	62.1	60.8	57.1	52.5	48.7	47.8	46.3
吉林	70.7	71.2	47.9	49.8	45.4	34.1	37.9	34.3	27.7	20.2

资料来源：2021 年辽宁统计年鉴、吉林统计年鉴。

产业结构的相似性说明各个省份在经济发展的过程中，对三次产业的重视程度相似，这使得各个省份之间、各个产业之间相互的带动性不大，实现协调发展尚有难度。再者，相似的产业结构会使得各个省份之间有着相似的特色产业，进而这些特色产业之间会产生竞争，造成市场经济发展的低效率，以及省份之间的重复建设和投资，这都会对经济的持续健康发展产生阻碍。

（二）区域产业结构趋同的原因

1. 自然条件相近

随着经济社会的发展，自然条件对产业结构的影响越来越大。东北三省地处中国的北方，彼此之间在地理环境、历史文化、制约因素等方面极为相似，因此其发展的相关产业也非常相似。

2. 社会经济因素相近

社会经济因素相似主要表现在东北地区在经济发展的过程中，基础设施条件、政策体制等方面的相似。从基础设施方面看，交通基础设施的影响最大，如自 2012 年哈大高铁开通以来，东北三省各个省份之间的经济联系越来越紧密，三个省份之间各种要素、资源的流动更加便利，产业以及技术之间的转移也更加普遍，从而使得东北三个省份之间的产业结构更加相似。从政策体制方面看，东北地区最初经济的快速增长主要是因为东北重工业发展较繁荣。在新中国成立之初，国家对东北的政策支持多体现在重工业的发展上，此后，随着改革开放的不断深入，东北地区经济发展逐渐落后，为改变此现状，国家提出了振兴东北老工业基地的战略，“十四五”规划也对“推动东北振兴取得新突破”

做出了部署，这些政策措施的提出都为东北地区整体经济发展状况好转提供了方向。东北地区在发展经济的过程中也会紧紧围绕这些方向推进各项产业的发展，因此东三省的产业结构极为相似。

三、地方保护主义意识较浓

（一）地方保护主义意识较浓的表现

各地在发展经济的过程中，往往追求整体利益的最大化方可实现经济的可持续发展，但现阶段东北三省“利益共同体”打造尚不全面。第一，东北地区每个行政区域的经济活动是地方各级政府组织的，受到政府的干预。政府在干预经济时倾向于追求本地区经济发展的利益最大化，保护本地区经济的发展，这会导致市场无法在资源配置中起决定性作用、统一的要素市场和产品市场难以建立等问题，造成地区之间经济的分割，加大一体化发展的难度。第二，各个地区经济主体缺乏整体利益最大化的意识。经济主体在进行相关的产业经济的发展时，往往考虑如何实现自身产业发展的利益最大化，淡化了要追求整个地区产业经济发展的利益最大化。这使得各个地方政府难以最大程度、最好效果地实施各种区域经济一体化的政策，从而导致整体难以形成有序的经济一体化模式。

（二）地方保护主义意识较浓的原因

1. 产业结构相似

从东北三省2014～2017年的工业产品产量看（见表5－8～表5－10），各个省份每年生产较多的工业产品种类具有相似性，如原煤、原油、焦炭、水泥、生铁、粗钢、钢材，这些种类工业产品的高产量在一定程度上说明东北三省都在积极地发展石化产业。由于重点发展的产业相似，为了保护各地自身产业的发展，最终自然容易产生地方保护，不利于一体化的发展。

表 5 -8 **辽宁工业产品产量** 单位：万吨

指标	2014 年	2015 年	2016 年	2017 年	2018 年	2019 年	2020 年
原煤	4900	4800	4200	3600	3400	3300	3100
原油	1021.89	1037.07	1017.31	1044.20	1036.90	1053.26	1049.40
机制纸及纸板（外购原纸加工除外）	41.20	36.00	54.12	106.90	118.68	134.17	186.28
焦炭	2141.46	2097.24	2131.47	2215.61	2213.73	2281.42	2297.07
硫酸（折 100%）	180.71	147.30	130.88	127.23	139.65	153.22	142.36
烧碱（折 100%）	64.70	64.60	70.70	71.95	76.31	76.67	76.47
农用氮、磷、钾化学肥料（折纯）	71.87	64.70	58.79	46.01	33.07	38.16	35.60
化学农药原药（折有效成分 100%）	2.10	1.30	0.95	1.11	0.93	1.28	1.55
初级形态塑料	300.22	321.63	352.37	319.76	362.50	401.30	542.72
化学纤维	12.60	28.45	26.99	26.46	20.48	23.84	18.79
水泥	5820.58	4567.71	4010.97	3796.97	4155.91	4677.41	5447.01
生铁	6307.53	6059.00	6033.92	6121.87	6331.84	6855.61	7235.20
粗钢	6507.76	6071.30	6028.96	6422.78	6873.92	7361.91	7609.40
钢材	6950.80	6321.60	5906.31	6392.99	6899.12	7254.43	7578.40

资料来源：中经网数据库。

表 5 -9 **吉林工业产品产量** 单位：万吨

指标	2014 年	2015 年	2016 年	2017 年	2018 年	2019 年	2020 年
原煤	3100	2600	1700	1600	1600	1300	1000
原油	663.93	665.48	610.70	420.94	387.81	385.70	404.40
机制纸及纸板（外购原纸加工除外）	63.10	76.40	75.15	61.73	64.76	51.59	52.24
焦炭	448.32	372.15	314.83	313.68	297.92	337.61	368.65
硫酸（折 100%）	64.40	71.30	33.20	86.88	79.78	86.00	79.91

续表

指标	2014 年	2015 年	2016 年	2017 年	2018 年	2019 年	2020 年
烧碱（折 100%）	14.80	8.50	2.21	2.21	2.17	2.61	2.58
农用氮、磷、钾化学肥料（折纯）	17.90	57.10	12.87	19.89	17.43	29.01	21.88
化学农药原药（折有效成分 100%）	1.30	2.30	2.13	1.87	1.67	2.08	1.82
初级形态塑料	100.20	105.00	124.43	131.47	117.05	127.71	135.51
化学纤维	28.61	30.20	35.35	36.02	36.92	32.18	40.28
水泥	3705.89	3325.02	2765.18	2715.19	1480.00	1815.06	2232.80
生铁	1132.80	974.90	843.06	906.48	1162.23	1257.07	1407.74
粗钢	1264.80	1066.80	832.03	910.68	1204.58	1356.55	1525.61
钢材	1412.20	1152.50	961.39	1028.01	1300.85	1544.24	1661.62

资料来源：中经网数据库。

表 5－10　黑龙江工业产品产量　　单位：万吨

指标	2014 年	2015 年	2016 年	2017 年	2018 年	2019 年	2020 年
原煤	7100	6600	5900	6200	6100	5400	5600
原油	4000.04	3838.60	3656.03	3420.26	3224.21	3110.02	3001.00
机制纸及纸板（外购原纸加工除外）	59.50	51.70	34.38	44.11	45.32	34.38	31.86
焦炭	802.80	687.46	674.52	761.25	875.80	1075.89	1062.66
硫酸（折 100%）	2.80	1.90	7.68	7.37	5.05	4.25	5.55
烧碱（折 100%）	11.40	15.80	17.98	20.49	21.35	22.50	22.67
农用氮、磷、钾化学肥料（折纯）	47.41	49.40	61.53	52.08	38.33	46.56	55.27
化学农药原药（折有效成分 100%）	0.30	0.10	0.10	0.09	0.36	0.41	0.50
初级形态塑料	178.61	161.10	197.72	214.94	197.82	236.29	247.07

续表

指标	2014 年	2015 年	2016 年	2017 年	2018 年	2019 年	2020 年
化学纤维	7.70	80.00	7.66	7.48	5.20	3.65	2.51
水泥	3715.19	3111.89	3381.03	2452.65	1955.16	1989.61	2409.91
生铁	456.70	408.90	354.03	438.76	695.68	800.72	863.13
粗钢	476.30	418.50	372.31	503.02	774.31	896.12	986.55
钢材	483.50	403.80	332.75	410.60	561.39	781.99	878.96

资料来源：中经网数据库。

2. 区域发展存在差距

改革开放以来，虽然东北三省的经济发展都受到了国家相关政策的支持，但是各个省份获得的政策支持力度以及时间还是有一定差异，如对外开放政策。1984 年，辽宁成为中国第二批对外开放的沿海城市之一，从此开始享受对外开放的优惠政策，也是从此时开始，辽宁与吉林、黑龙江两省之间的经济发展差距逐渐增大（马秀颖，2008）。在 20 世纪 90 年代初，黑龙江进入对外开放的行列。1993 年，在国家开始发展内陆省区的政策支持下，吉林开始实施对外开放政策，开始享受到对外开放所带来的经济利益。但此时，三个省份之间的经济发展差距已然很大。根据中经网数据库，在 1993 年，辽宁、黑龙江、吉林三省的人均 GDP 分别为 5015 元/人、2967 元/人、2825 元/人。省份之间的差距不断扩大，再加之省际产业结构的同质性，使得落后的省份通过加强本省产业保护来缩小与先进省份之间的经济发展差距，这在一定程度上加强了各地的地方保护主义意识。

四、创新驱动能力弱

（一）创新驱动能力弱的表现

创新发展是带动地区经济发展的重要动力，而带动地区创新发展要靠地区所拥有的科技创新人员、政府对于地区的创新支持以及各个省份所拥有的高素质人才等。本书将从以下三个方面说明东北地区的创新能力情况。

第一，对比东三省以及京津冀地区的研究与试验发展（R&D）人员数（见图5-28）可以看出，辽宁的研究与试验发展人员数在东北三个省份中最多。但是与经济发展水平较高的京津冀地区进行对比，东北三省的研究与试验发展人员数较少。在2020年，北京所拥有的研究与试验发展人员数为473304人，而辽宁仅有171347人，相差301957人。说明从事创新行业的人较少，这在一定程度上说明东北地区的创新能力不够强。

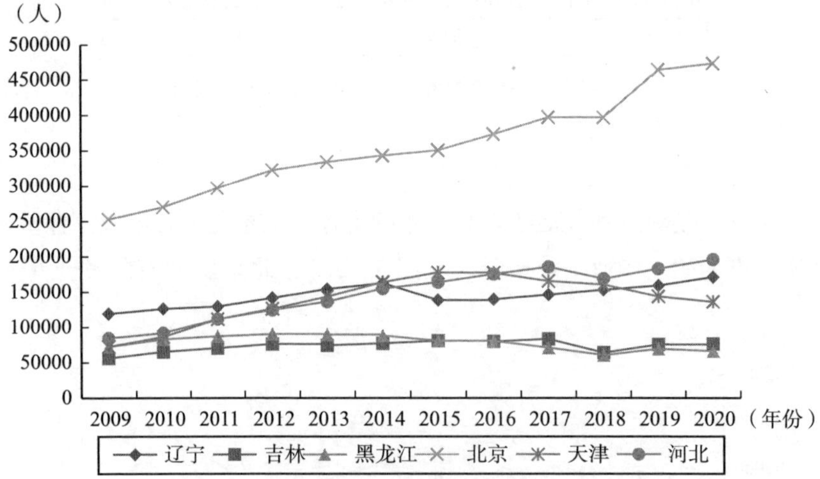

图5-28　各省份研究与试验发展（R&D）人员数

资料来源：国家统计局。

第二，从东三省以及京津冀地区的规模以上工业企业R&D经费支出（见图5-29）看，东北各个省份所得到的创新支持力度相对于经济发展水平较高的北京、天津和河北三个省份来说还是不够大。在2020年，河北规模以上工业企业R&D经费支出达到4854543.5万元，而辽宁、吉林、黑龙江三省的R&D经费支出分别仅有3353222.3万元、

776447.7 万元、1293714.3 万元，可见各个省份政府所给出的经费水平还不够高，对创新的支持力度还不够大。

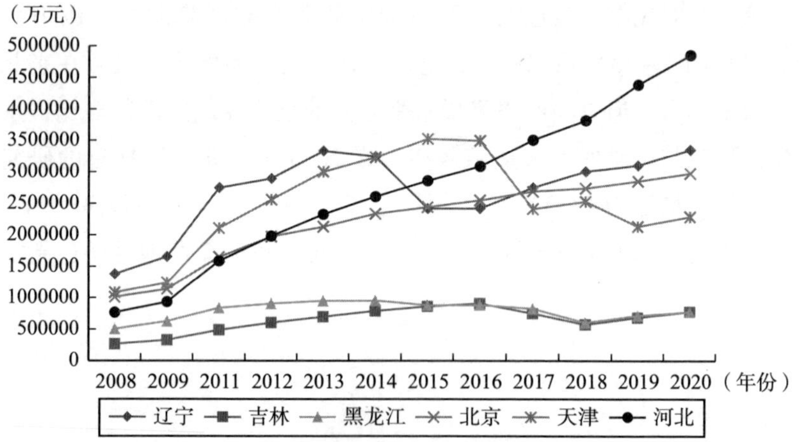

图 5-29　各省份规模以上工业企业 R&D 经费

资料来源：国家统计局。

第三，创新发展关键还要有人才的支撑，从东北三省以及京津冀地区所拥有的硕士毕业生数量看（见图 5-30），北京所拥有的硕士毕业

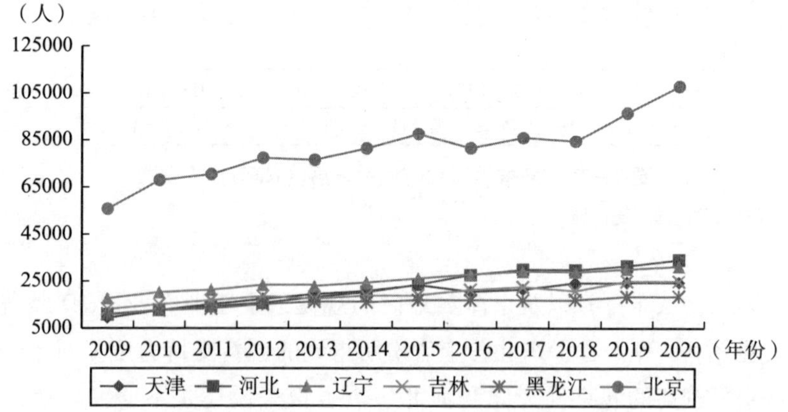

图 5-30　各省份硕士毕业生数量

资料来源：中国科技部、国家统计局。

生数量最多，其他各个省份的硕士毕业生数量明显相对较少。这在一定程度上说明了在经济发展的过程中东北地区拥有的人才数量较少，需要政府制定相关的政策来吸引人才，促进各个省份、各个地区创新能力的提高，带动东北老工业基地一体化发展。

（二）创新驱动能力弱的原因

1. 受浓厚的计划经济氛围的影响

在计划经济体制下，人们习惯性受政府、单位的支配，并对其有很大的依赖性、顺从性，缺乏相应的独立自主意识、创新创业意识、冒险意识。“东北现象”和“新东北现象”的出现更说明在东北经济发展的过程中缺乏打破原有旧体制形成新体制的意识；再者，在计划经济下人们形成的陈旧的行为习惯、思考方式和价值观念等，都直接限制着经济和一体化的发展。

2. 受地域文化中的消极因素影响

东北地区地广人稀，自然条件优越，农产品品质好、产量高。然而，正是这得天独厚的自然优势助长了东北地区地域文化中安于现状、怕变求稳的消极因素，从而使得良好的自然条件无法被充分发挥，抑制了大胆创新、积极进取的精神发展。

3. 对创新的重视程度不够高

创新的发展需要资金、人才的加持，但从东北三省的研究与试验发展（R&D）经费、人员数量等可以看出，三个省份在这些方面的资金、人员投入还不够大，重视程度还不是很高，影响创新的发展。

五、计划经济思想障碍

（一）计划经济思想障碍的表现

受历史因素的影响，东北相对东南沿海地区存在较浓的计划经济思维。从新中国成立初期到改革开放之前，计划经济体制在东北地区经济发展过程中发挥着重要的作用，在这一体制下国家给予东北地区很多的政策支持，所以这一时期东北地区的经济发展尤为迅速，成为拉动全国经济增长的重要动力（殷晓峰，2011）。但这一体制下的经济发展模式也成为后续，特别是改革开放之后东北地区经济发展的“绊脚石”。

第一，计划经济体制加大了东北地区向市场经济体制转换的难度。在计划经济时期，各种资源、产品的生产等都是按事先的计划进行的，市场缺少灵活性和应对各种风险挑战的能力。虽然早在 1992 年我国便确立了社会主义市场经济体制，这标志着计划经济时代的结束，但一直以来，计划经济体制深深根植于东北经济发展的过程中，人们还是会倾向于依靠政府部门的规划来进行经济活动。而且长期的计划经济体制导致政府的行政权力过大、人们市场观念淡薄、意识形态过于僵化，这是阻碍东北老工业一体化发展的关键障碍之一。

第二，浓厚的计划经济氛围使得东北三省的市场经济发展进程较为缓慢。下面根据《中国分省份市场化指数报告》中的市场化指数来分析东北三省的市场经济发展进程（见图 5－31）。从各个省份的市场化指数看，东北三省中辽宁的市场化指数较高，吉林、黑龙江两省的市场化指数较低。

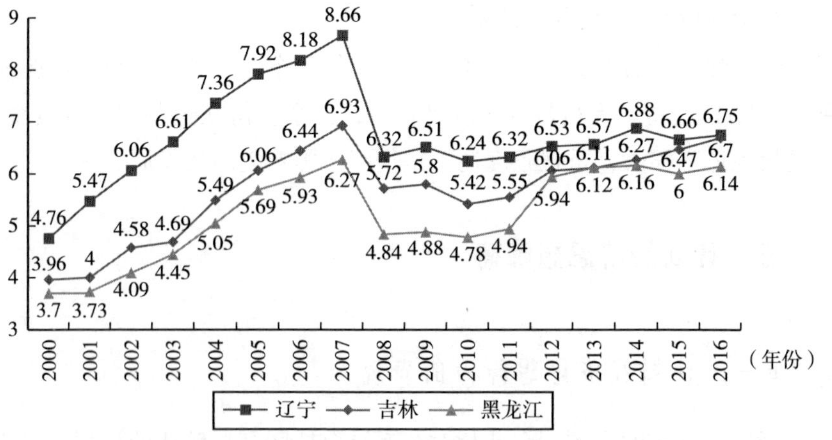

图 5－31　东北三省市场化指数

将全国31个省份的市场化指数进行比较和排序（见表5－11），可以看出在2016年，辽宁、吉林、黑龙江三省的市场化指数在31个省份中的排名分别是16、17、21；2015年三省的市场化指数排名仍旧分别是16、17、21；2014年三省的排名分别是12、19、20。这表明从全国各个省份的市场化指数看，辽宁、吉林、黑龙江三省的市场化进程明显发展较慢，甚至呈下降趋势，市场化指数较低。正是由于过去计划经济的氛围过于浓厚，使得东北地区转向市场经济变得愈加困难，从而使其无法适应现行经济发展的大环境，经济发展迟缓。由此，过去浓厚的计划经济氛围成为当今东北老工业基地一体化发展的障碍。

表5－11　　2014～2016年东三省市场化指数

2016年			2015年			2014年		
省份	市场化指数	排序	省份	市场化指数	排序	省份	市场化指数	排序
浙江	9.97	1	浙江	10	1	上海	9.77	1
上海	9.93	2	上海	9.73	2	浙江	9.73	2
广东	9.86	3	广东	9.68	3	江苏	9.64	3
天津	9.78	4	天津	9.44	4	北京	9.37	4
江苏	9.26	5	江苏	9.3	5	广东	9.3	5
福建	9.15	6	福建	8.96	6	天津	9.29	6
北京	9.14	7	北京	8.89	7	福建	8.09	7
重庆	8.15	8	山东	7.85	8	重庆	7.8	8
山东	7.94	9	重庆	7.69	9	山东	7.76	9
湖北	7.47	10	湖北	7.35	10	安徽	7.4	10
河南	7.1	11	湖南	7.09	11	湖北	7.16	11
安徽	7.09	12	河南	7.05	12	辽宁	6.88	12
四川	7.08	13	四川	7.01	13	河南	6.85	13
湖南	7.07	14	安徽	6.98	14	湖南	6.78	14
江西	7.04	15	江西	6.82	15	江西	6.74	15
辽宁	6.75	16	辽宁	6.66	16	四川	6.52	16

续表

2016年			2015年			2014年		
省份	市场化指数	排序	省份	市场化指数	排序	省份	市场化指数	排序
吉林	6.7	17	吉林	6.47	17	广西	6.48	17
陕西	6.57	18	河北	6.32	18	陕西	6.29	18
广西	6.43	19	广西	6.26	19	吉林	6.27	19
河北	6.42	20	陕西	6.21	20	黑龙江	6.16	20
黑龙江	6.14	21	黑龙江	6	21	河北	6.03	21
山西	5.66	22	山西	5.48	22	海南	5.87	22
海南	5.28	23	海南	5.21	23	山西	5.15	23
宁夏	5.14	24	宁夏	4.95	24	宁夏	5.15	24
贵州	4.85	25	内蒙古	4.84	25	内蒙古	4.96	25
内蒙古	4.8	26	贵州	4.52	26	贵州	4.81	26
云南	4.55	27	甘肃	4.5	27	云南	4.81	27
甘肃	4.54	28	云南	4.43	28	甘肃	3.86	28
新疆	4.1	29	新疆	4.15	29	新疆	3.45	29
青海	3.37	30	青海	3.13	30	青海	2.53	30
西藏	1.02	31	西藏	1	31	西藏	0.71	31

资料来源：2014~2016年《中国分省份市场化指数报告》。

（二）计划经济氛围浓厚的原因

1. 体制机制改革严重滞后

新中国成立以后，东北地区成为最早进入计划经济体制的地区；但在1992年确定社会主义市场经济体制之后，东北地区却没有最早转向社会主义市场经济的改革浪潮，反而成为最晚退出计划经济的地区，体制机制的改革与南方很多发达地区相比较为滞后。此外，体制机制改革滞后的另外一个表现是东北地区政府和市场的边界不清晰，主要表现在“越位”“缺位”“错位”。“越位”的主要表现是地方政府在经济发展过程中过多地干预经济，成为市场经济的主体，干涉企业特别是国有企业的人事安排、生产经营等活动。“缺位”主要表现在政府不能充分发挥其功能，为市场主体提供良好的市场环境。“错位”主要表现在各级政府部门以及部门内部的职能存在重复的现象。体制机制改革的落后，使得东北地区一直存在着计划经济的根基。

2. 人们对于政府的依赖性强

在长期计划经济体制的影响下，人们形成了深刻的“等、靠、要”思想，“官本位”意识盛行，对于政府高度依赖。

六、核心区域辐射带动效应不足

（一）核心区域辐射带动效应不足的表现

核心区域是指在一定区域范围内，人口较为集中，在政治、经济、文化、科技等方面的发展较为突出，经济发展综合实力较强，且对周边区域的发展有一定带动作用的区域。由前面的分析可知，东北三省各个省份均存在经济发展综合实力较强的城市，其更好的发展对东北地区一体化发展具有一定的积极作用。为此，本书选取各个省份经济发展水平较高的城市，即沈阳、大连、鞍山、长春、吉林、松原、哈尔滨、齐齐哈尔、大庆 9 个城市，通过对比各个城市的辐射带动能力发现，各个城市的辐射带动能力尚不足。

1. 研究方法

对于城市辐射带动能力的测度，不同学者采取了不同的方法。栾强等（2016）采用分形模型对都市圈中心城市的辐射力进行了综合评价；高建飞和刘俊芳（2017）构建评价指标体系，使用层次分析法对邯郸区域中心城市的辐射能力进行了测度；陈子真和雷振丹（2019）则采用断裂点分析法测算了核心区域对周边区域的辐射范围，以此作为一种城市辐射能力的分析方法。而本书采用熵值法构建城市辐射能力的综合评价指标体系，对东北地区三个省份核心区域的辐射带动效应进行测度。

2. 指标体系与数据来源

关于城市辐射能力的综合评价指标体系，范增和任怡康（2020）从经济综合、产业发展、科技教育、基础设施、对外开放5个层面对中心城市的辐射能力进行了测度。基于此，本书以东北地区各个省份经济发展水平较高的3个城市为研究对象，构建以经济实力、产业发展、基础设施、科教卫生、对外开放为着眼点的综合评价指标体系，包括11个二级指标、29个三级指标，利用熵值法对其核心区域辐射带动能力进行测度，并根据测度结果，分析各个城市辐射带动能力不足之处。

指标体系如表5－12所示，选取的数据时间范围为2013～2020年，主要来自中国城市数据库、《中国城市统计年鉴》、中经网数据库，对于缺失的数据，由各个城市的国民经济和社会发展统计公报进行补充，对于未寻找到的数据，采用插值法的方式进行补齐。

表5－12　核心区域辐射带动能力综合评价指标体系

一级指标	二级指标	三级指标	单位	属性
经济实力层面	经济总量水平辐射力	地区生产总值	亿元	正向
		社会消费品零售总额	亿元	正向
		地方财政一般预算内收入	亿元	正向
	人均水平辐射力	人均地区生产总值	元/人	正向
		城镇常住居民人均可支配收入	元/人	正向
		农村常住居民人均可支配收入	元/人	正向
	社会保障水平辐射力	城镇职工基本养老保险参保人数占年末总人口比重	%	正向
		城镇基本医疗保险参保人数占年末总人口比重	%	正向
		失业保险参保人数占年末总人口比重	%	正向
产业发展层面	经济结构辐射能力	第二、第三产业增加值比重	%	正向
		第三产业增加值	亿元	正向

续表

一级指标	二级指标	三级指标	单位	属性
产业发展层面	企业辐射力	规模以上工业企业数量	个	正向
		规模以上工业企业利润总额	万元	正向
基础设施层面	交通辐射力	城市公共交通客运总量	万人次	正向
		公路货运量	万吨	正向
	金融辐射力	年末金融机构存款余额	亿元	正向
		城乡居民储蓄年末余额	亿元	正向
科教卫生层面	科教辐射力	科学支出	亿元	正向
		教育支出	亿元	正向
		普通高等学校学校数	所	正向
		普通高等学校专任教师数	人	正向
	卫生辐射力	卫生机构数	个	正向
		医院、卫生院数	个	正向
		床位数	张	正向
对外开放层面	国际投资辐射力	实际使用外资金额	亿美元	正向
		进出口总额	亿美元	正向
		出口总额	亿美元	正向
	旅游辐射力	旅游人数	万人次	正向
		旅游总收入	亿元	正向

3. 熵值法

熵值法是指根据各项指标的观测值所提供的信息大小来确定权重，是一种较为客观的赋值方法。对于某项指标，可以用熵值来判断这一指标的离散程度，其信息熵值越小，表示该指标值的离散程度越大，提供的信息量越多，该指标对综合评价指标的影响就越大，即所占的权重就越大。本书使用熵值法对 2013～2020 年东北地区核心区域城市辐射带动能力进行测度，具体步骤如下。

（1）数据的规范化处理。

考虑到本书所使用的数据有着不同的两个量纲，需采用极差变换法对其进行标准化的无量纲化处理，而且本书所使用的29个三级指标均为正向指标，其规范化处理的公式为：

$$x_{ijt}^{*}=\frac{x_{ijt}-\min\{x_{jt}\}}{\max\{x_{jt}\}-\min\{x_{jt}\}} \tag{5.5}$$

其中，t=1，2，…，m，m=8，分别表示2013~2020年；i=1，2，…，n，n=9，分别表示沈阳、大连、鞍山、长春、吉林、松原、哈尔滨、齐齐哈尔、大庆9个地区；j=1，2，…，k，k=29，分别表示综合评价指标体系中的29个三级指标。x_{ijt}^{*}表示t年i地区j指标标准化处理的最终结果。

（2）求各个评价指标在各指标下的比重。

$$p_{ijt}=\frac{x_{ijt}^{*}}{\sum_{i=1}^{n}\sum_{t-1}^{m}x_{ijt}^{*}}(t=1,2,\cdots,m;\ i=1,2,\cdots,n;\ j=1,2,\cdots,k) \tag{5.6}$$

其中，p_{ijt}为i地区在第t年中第j个指标所占的比重。

（3）求信息熵e_j。

$$e_j=-\frac{1}{\ln m}\sum_{i=1}^{n}\sum_{t=1}^{m}p_{ijt}\times\ln p_{ijt}(t=1,2,\cdots,m;\ i=1,2,\cdots,n;\ j=1,2,\cdots,k) \tag{5.7}$$

其中，$e_j\geqslant 0$。在计算过程中，如果计算结果为0，则将值稍微调大一点，调整为1×10^{-6}。

（4）求冗余度d_j。

$$d_j=1-e_j(j=1,2,\cdots,k) \tag{5.8}$$

（5）求权重w_j。

$$w_j=\frac{d_j}{\sum_{j=1}^{k}d_j}(j=1,2,\cdots,k) \tag{5.9}$$

（6）计算各指标的综合得分$score_{it}$。

$$score_{it} = \sum_{j=1}^{k} w_j x_{ijt}^* \quad (t=1, 2, \cdots, m; i=1, 2, \cdots, n; j=1, 2, \cdots, k) \tag{5.10}$$

4. 核心区域城市辐射带动能力测度结果及分析

（1）经济实力和基础设施辐射力。

从核心区域城市经济实力辐射力看（见图5－32），各个城市的经济实力辐射力存在明显差距，且大致可以将各个城市的经济实力辐射能力分为四个等级：第一等级为大连、沈阳；第二等级为长春、哈尔滨；第三等级为鞍山、大庆、吉林；第四等级为齐齐哈尔、松原，这四个等级城市经济实力辐射能力逐渐递减，且前两个等级包含了各个省份的省会城市。就齐齐哈尔和松原两个城市而言，其经济辐射能力综合得分最低，表明这两个城市对周边城市的辐射能力最弱，在2020年，两个城市的经济实力辐射能力综合得分分别为0.0254、0.0178。就大连和沈阳两个城市而言，其经济实力辐射能力最强，2020年两个城市的经济辐射力综合得分分别为0.1453、0.1446，分别是经济辐射力最弱的松原的8.14倍、8.11倍；虽然在2014年、2015年两年两个城市整体的经济辐射能力有短暂的下降，但整体上看，自2013年以来，两个城市的经济

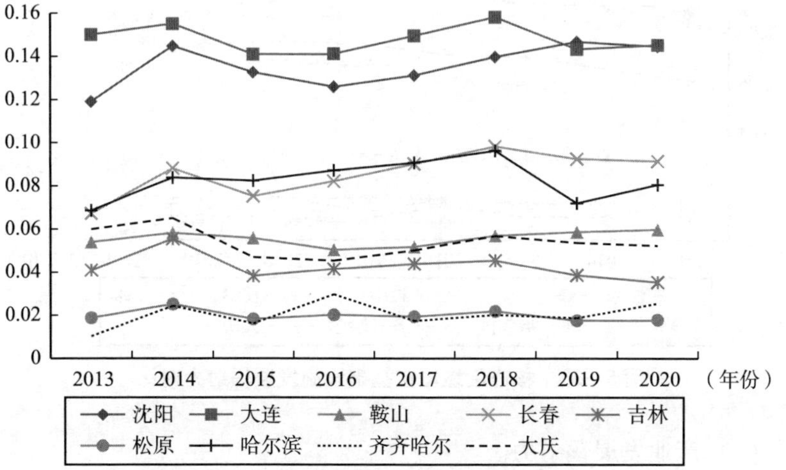

图5－32　核心区域城市经济实力辐射力对比

辐射能力呈现出递增的趋势。作为东北地区三个省份的省会城市之二，长春、哈尔滨两个城市的经济辐射带动效应还不够强，与沈阳的城市辐射带动效应相差很大。

各个核心区域城市的基础设施辐射力变化情况基本与各个城市的经济实力辐射力相对应（见图5-33），即经济实力辐射能力较强的城市，其基础设施发展对周边城市的辐射带动效应也较强。辐射能力较强的两个等级包括了东北地区的各个省会城市以及大连；而其他城市的基础设施发展相对落后，对周边城市的辐射带动能力也就较弱。如就代表一个城市基础设施发展状况的邮电业务总量而言，2020年，松原市的邮电业务总量仅为48600万元，而沈阳高达1077000万元，两个城市相差1028400万元。基础设施的发展在带动各个区域自身经济发展的同时，也会对周边其他城市经济的发展带来便利，从而带动东北地区一体化的发展。然而，上述研究发现，经济发展水平较高的城市的基础设施发展不够完善，需要进一步的发展从而带动自身以及周边城市，发挥其核心区域城市的辐射带动效应。

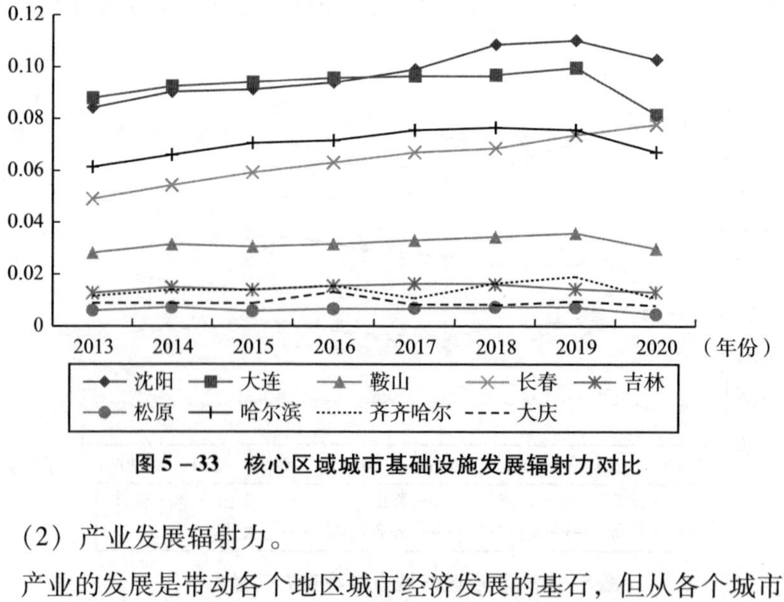

图5-33　核心区域城市基础设施发展辐射力对比

（2）产业发展辐射力。

产业的发展是带动各个地区城市经济发展的基石，但从各个城市的产业发展辐射力看（见图 5－34），各个城市的产业发展辐射力普遍不强。此外，整体上看，各个城市产业发展对周边城市的辐射带动能力处于逐渐减弱的趋势。虽然沈阳、长春、哈尔滨作为省会城市，本身各方面拥有着极其有利的产业发展条件，但其产业发展的辐射效应仍旧较弱，与非省会城市的差距不大。

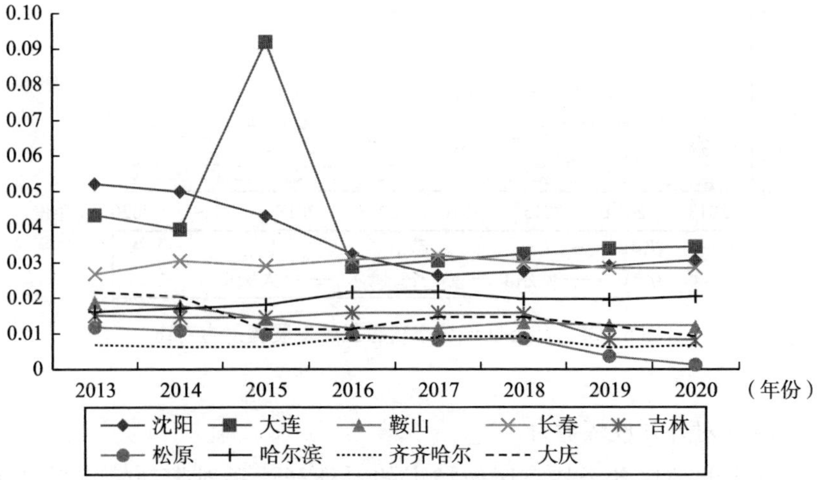

图 5－34　核心区域城市产业发展辐射力对比

（3）科教卫生辐射力。

科学教育发展是一个城市发展的动力，医疗卫生发展可以惠及民生，为人的发展提供保障，且其发展也会惠及周边城市。从东北地区各个核心区域城市的科教卫生辐射带动效应看（见图 5－35），可以将 9 个城市的辐射能力分为两个等级，第一个等级为各个省会城市，第二个等级为其他非省会城市。从整体上看，这两个等级各个城市的科教卫生辐射力一直以来保持稳定，没有很大幅度的上升；从各个等级看，第一等级各个城市的科教卫生辐射力综合得分均在 0.10 之上，而第二等级各个城市的这一得分却均在 0.06 之下，两个等级城市的辐射能力存在差距且差距较大。2020 年，哈尔滨的科教卫生发展辐射力综合得分为

0.1598，松原仅为0.0072，相差22.19倍，说明第二等级各个城市的科教卫生辐射能力较弱。

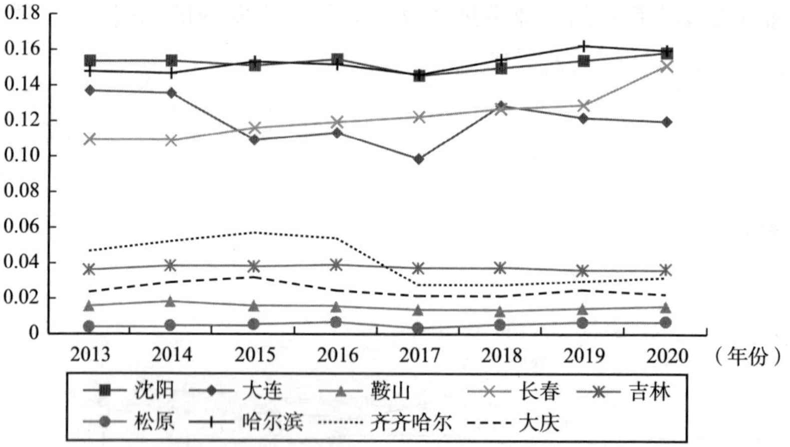

图5-35　核心区域城市科教卫生发展辐射力对比

（4）对外开放辐射力。

从东北地区各个核心区域城市的对外开放辐射带动效应看（见图5-36），大连作为沿海城市，有着对外开放发展的天然优势，因此其也会进一步带动周边城市的对外开放发展；但从图5-36中发现，2019年以来，大连的对外开放辐射带动效应开始减弱，如2013年大连的进出口总额高达688.23亿美元，到2020年下降到556.01亿美元。其他城市虽然位于非沿海城市，但其对外开放的发展对周边城市的辐射力明显不足，亟须带动这些城市的对外开放发展。

（5）综合辐射力。

从东北地区各个核心区域城市的综合辐射带动效应看（见图5-37），除哈尔滨和吉林两个城市外，各个城市综合辐射力逐渐呈现出下降的趋势，辐射带动效应不足。大连的综合辐射带动能力综合得分由2013年的0.6094下降到0.5044；松原由2013年的0.0411下降到0.0319。哈尔滨和吉林两个城市的综合辐射带动效应虽然呈上升趋势，但是增加得非常缓慢。另外，各个核心城市的综合辐射带动效应存在明显差距。就综合辐射带动能力最强和最弱的大连和松原而言，2020 年，两个城市的综合辐射能力得分相差已经达到 0. 4725。

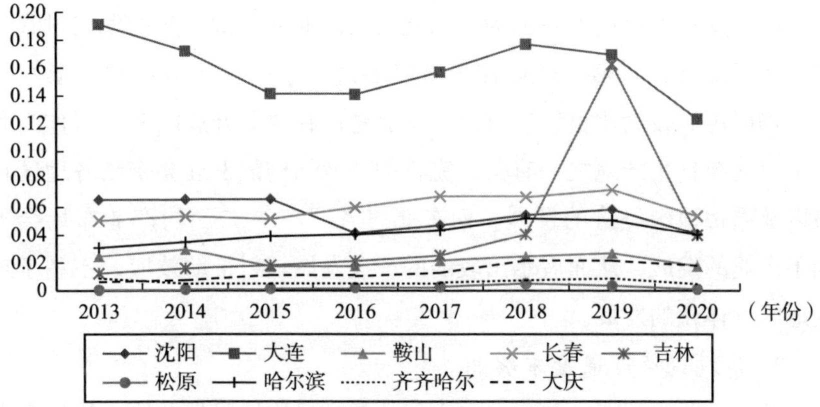

图 5－36　核心区域城市对外开放辐射力对比

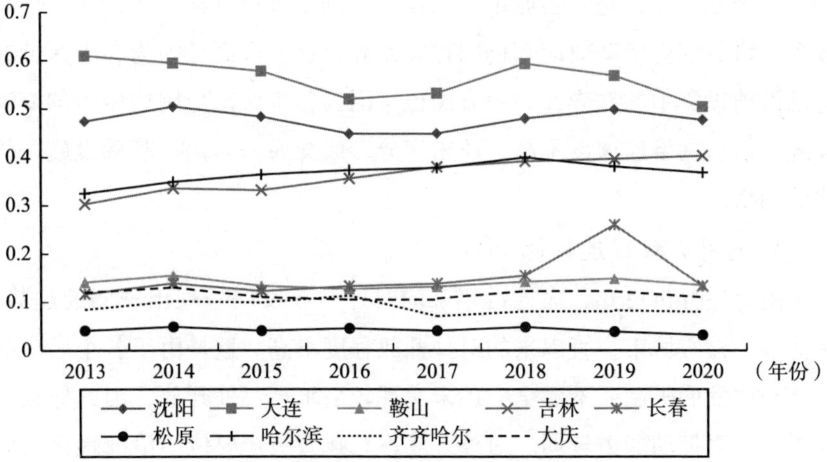

图 5－37　核心区域城市综合辐射力对比

（二）核心区域辐射带动效应不足的原因

1. 产业结构不完善

由前面的分析发现，东北地区核心区域各个城市的产业发展辐射能力偏弱，这很大程度上是因为：东北第二产业在三次产业的发展过程发展得较为缓慢，而第一产业在经济发展过程中所占比重仅次于第三产业，仍旧占据较大比重，这可能与东北地区在改革开放以来一直作为我国重要的粮食生产地之一有关。完善的产业结构的发展会带动各地区自身以及周边地区经济的发展，而东北三省“三一二”的产业布局会不利于产业的发展，从而展示出较弱的产业发展辐射带动效应，不利于东北地区一体化的发展。

2. 基础设施连通度不够高

前面的分析发现，各个城市之间的基础设施辐射带动能力均呈现出较大的差异，这与各个城市的基础设施联通程度有关。综合上述分析可知，各个城市尤其是省会城市和大连的基础设施投资在不断加大，但是各个城市的辐射带动效应却仍旧存在差异，这一方面是因为各个区域在基础设施投资中的差异，另一方面也是因为各个城市与周边城市的交通设施、信息网络连通度不高，还未充分形成交通一体化、基础设施一体化的网络。

3. 对外开放程度较低

由上述分析可知，大连近年来的对外开放发展呈现出减弱的趋势，其他各个核心城市一直以来的对外开放程度不高。这是由于各个城市的对外开放发展机制还不健全，还未实现较高水平对外开放，因此导致对外开放辐射带动能力较弱。对外开放不意味着一定要位于沿海地区，内陆地区的城市也要加强对外交流，发展对外旅游业、对外进出口等对外贸易活动。现阶段，对外开放也是带动城市经济发展不可缺少的一种方式，反观东北地区对外开放水平较低，这会不利于城市自身经济的发展以及东北地区的一体化发展。

七、城市功能定位与城市个性塑造不突出

（一）城市功能定位与城市个性塑造不突出的表现

沈阳、大连、长春、哈尔滨作为东北地区四个大区级中心城市，其经济实力、产业发展、人口规模等方面的发展水平在东北地区名列前茅，远远超过东北地区的平均水平。四个城市作为东北乃至中国重要的老工业基地，同时也对东北地区经济发展具有很大的影响力。然而，随着市场经济的发展，四个城市之间的功能关系在逐渐发生变化，渐渐展示出城市之间的功能、个性不够突出这一问题。城市之间在某些领域中也产生了一些冲突，如大连的经济发展水平逐渐赶超沈阳，两个城市之间产生了“龙头”城市的竞争等。

准确定位城市功能，突出城市个性，可以更好地统筹发展各个区域的经济发展，从而实现东北地区的一体化发展。然而，相关的研究数据表明，沈阳、大连、长春、哈尔滨四个中心城市存在城市功能定位不突出的问题。

城市职能是指某一城市对除这一城市之外的其他城市在政治、经济、文化等方面的作用，且这种作用通常是由该城市各个行业的就业人员来完成的。为此，本书采用纳尔逊城市职能统计分析法对东北四个中心城市的职能进行分类（许学强等，1997）。以劳动力在各个经济部门所占的比重作为衡量各个经济部门经济活动量和城市经济结构的指标（冯章献等，2008）。纳尔逊城市职能统计分析法主要包括以下几个步骤：

首先，根据经济发展现状，将东北四个中心城市的行业职能分为19类，分别为：①农、林、牧、渔业；②采矿业；③制造业；④电力、燃气及水的生产和供应业；⑤建筑业；⑥批发和零售业；⑦交通运输、仓储及邮政业；⑧住宿和餐饮业；⑨信息传输、软件和信息技术服务业；⑩金融业；⑪房地产业；⑫租赁和商务服务业；⑬科学研究、技术

服务业；⑭水利、环境和公共设施管理业；⑮居民服务、修理和其他服务业；⑯教育；⑰卫生和社会工作；⑱文化、体育和娱乐业；⑲公共管理、社会保障和社会组织。

其次，分别计算各个城市 19 个行业的劳动力结构百分比。

再次，计算各个城市 19 个行业的就业人员百分比的算术平均值（M）和标准差（S. D）。

最后，基于各个城市 19 个行业的就业人员百分比，以高于平均值加一个标准差作为城市主导职能的标准，以高于平均值几个标准差来表示该职能的强度。

基于以上研究方法，本书数据来源于 2013 ~ 2020 年各个城市统计年鉴，由于篇幅限制，本书只展示 2020 年东北四个中心城市各个行业就业人员的平均值和标准差（见表 5 - 13）。根据求得的 2013 ~ 2020 年东北四个中心城市各个行业就业人员的平均值和标准差，分别确定沈阳（见表 5 - 14）、大连（见表 5 - 15）、长春（见表 5 - 16）、哈尔滨（见表 5 - 17）四个中心城市的主要城市职能。其中，各个城市 19 个行业的就业人员百分比超过 M 在 0. 5S. D 与 1S. D 之间，用“ + ”表示；超过 M 在 1S. D 与 2S. D 之间，用“ ++ ”表示；超过 M 在 2S. D 以上，用“ +++ ”表示。

表 5 - 13　2020 年各城市各个行业劳动力结构百分比平均值和标准差

行业	平均值（M）	标准差（S. D）	M + 0. 5S. D	M + 1S. D	M + 2S. D
①	0. 0047	0. 0038	0. 0066	0. 0085	0. 0123
②	0. 0032	0. 0042	0. 0053	0. 0074	0. 0115
③	0. 2021	0. 0710	0. 2376	0. 2731	0. 3441
④	0. 0429	0. 0160	0. 0509	0. 0589	0. 0749
⑤	0. 0638	0. 0099	0. 0687	0. 0736	0. 0835
⑥	0. 0497	0. 0045	0. 0519	0. 0542	0. 0587
⑦	0. 0844	0. 0301	0. 0995	0. 1145	0. 1446

续表

行业	平均值（M）	标准差（S. D）	M + 0. 5S. D	M + 1S. D	M + 2S. D
⑧	0. 0132	0. 0045	0. 0154	0. 0177	0. 0221
⑨	0. 0433	0. 0234	0. 0550	0. 0667	0. 0901
⑩	0. 0680	0. 0091	0. 0726	0. 0771	0. 0862
⑪	0. 0320	0. 0076	0. 0358	0. 0397	0. 0473
⑫	0. 0431	0. 0237	0. 0549	0. 0668	0. 0905
⑬	0. 0331	0. 0077	0. 0369	0. 0408	0. 0485
⑭	0. 0188	0. 0037	0. 0207	0. 0225	0. 0263
⑮	0. 0073	0. 0038	0. 0092	0. 0111	0. 0149
⑯	0. 1121	0. 0147	0. 1195	0. 1269	0. 1416
⑰	0. 0711	0. 0091	0. 0756	0. 0801	0. 0892
⑱	0. 0110	0. 0020	0. 0119	0. 0129	0. 0149
⑲	0. 0962	0. 0130	0. 1027	0. 1092	0. 1222

表 5 - 14　　2013 ~ 2020 年沈阳主导功能分类

行业	2013 年	2014 年	2015 年	2016 年	2017 年	2018 年	2019 年	2020 年
①								
②	++	++	++	++	++	++	++	++
③								
④								
⑤	++	++	++	++	++	++	++	+
⑥							++	++
⑦	+	+		+	++	++	+	++
⑧			+	+	++	++	++	+
⑨								
⑩								
⑪								
⑫								

续表

行业	2013 年	2014 年	2015 年	2016 年	2017 年	2018 年	2019 年	2020 年
⑬	++	++	++	+	+	++	+	
⑭	++	++	++	+	+			+
⑮								
⑯								
⑰	+	++	++	++	++	++		
⑱							+	++
⑲							+	

表 5-15　2013~2020 年大连主导功能分类

行业	2013 年	2014 年	2015 年	2016 年	2017 年	2018 年	2019 年	2020 年
①								
②								
③	++	++	++	++	++	++	++	++
④								
⑤								
⑥								
⑦								
⑧							+	+
⑨	++	++	++	++	++	++	++	++
⑩	++	++	++	++	+	++	++	++
⑪	++	++	++	++	+	++	++	++
⑫								
⑬								
⑭								
⑮					++			
⑯								
⑰								

续表

行业	2013 年	2014 年	2015 年	2016 年	2017 年	2018 年	2019 年	2020 年
⑱								
⑲						+		

表 5 – 16　　2013 ~ 2020 年长春主导功能分类

行业	2013 年	2014 年	2015 年	2016 年	2017 年	2018 年	2019 年	2020 年
①								
②								
③					+	+		+
④	++	+	+	+	+	++	+	
⑤								+
⑥								+
⑦								
⑧								
⑨								
⑩								
⑪					+			
⑫	+	++	+	+				
⑬				+	+	+	++	++
⑭						++	++	++
⑮		++	++	+	+	+	++	++
⑯	+					+	++	+
⑰								
⑱	+	++	++	+	+	++	++	+
⑲								

表 5-17　　2013~2020 年哈尔滨主导功能分类

行业	2013 年	2014 年	2015 年	2016 年	2017 年	2018 年	2019 年	2020 年
①	++	++	++	++	++	++	++	++
②								
③								
④	+	++	+	++	+	+	++	+
⑤								
⑥	++	++	++	++	++	++		
⑦	++	+	++	+	+		++	
⑧	++	++	++	++		+		
⑨								
⑩			+	+	+			
⑪								
⑫	++		++	++	++	++	++	++
⑬								
⑭							+	
⑮	++					++		
⑯	+	++	+	++	++	++		++
⑰	+	+		+		+	++	++
⑱	++		+	+	+			
⑲	++	++	++	++	++	+	++	++

根据纳尔逊统计方法，可以得出以下结论：

第一，就沈阳而言，一直以来，采矿业，建筑业，交通运输、仓储及邮政业，住宿和餐饮业，科学研究、技术服务业，卫生和社会工作为其主导功能。近年来，文化、体育和娱乐业也逐渐形成其主导功能行业，且在 2020 年，这一产业在沈阳市 19 个行业中属于二级行业。

第二，就大连而言，其主导功能多分布在制造业、信息传输、软件和信息技术服务业、金融业、房地产业这五大行业中。

第三，就长春而言，电力、燃气及水的生产和供应业，居民服务、修理和其他服务业，文化、体育和娱乐业一直以来为其主导功能，近年来，制造业，科学研究、技术服务业，水利、环境和公共设施管理业，教育，卫生和社会工作这些行业也逐渐形成其主导功能产业。

第四，就哈尔滨而言，农、林、牧、渔业，电力、燃气及水的生产和供应业，租赁和商务服务业，教育，卫生和社会工作，公共管理、社会保障和社会组织一直为其主导功能。在2017年前，批发和零售业，交通运输、仓储及邮政业，住宿和餐饮业，金融业，文化、体育和娱乐业同样为哈尔滨的主导功能，但近年来，这些功能作用逐渐在降低。

综合上述，由各个城市的主导功能可以得出结论：一是沈阳、大连、长春、哈尔滨这四个城市的主导功能较为综合，其城市个性分布于各个行业之中，没有形成各个城市的突出、专业化城市职能；二是某些城市也形成了一定的主导行业，如科学研究、技术服务业在沈阳与长春皆属于主导产业，制造业是大连、长春两个城市的主导功能。但总体来看，这些主导功能产业的国际国内竞争力有待进一步提升，尚未形成引领的主导力量。

（二）城市功能定位与城市个性塑造不突出的原因

东北四个中心城市的功能定位与城市个性塑造不突出主要有两个方面的原因：第一，长期缺乏强有力的经济核心。一直以来，沈阳和大连两个城市经济发展一直较为突出，甚至大连一度超过了沈阳的经济发展水平：2020年，全国综合实力百强城市评选结果显示，大连的综合排名为22名，沈阳落后2名，为24名；大连2020年地区生产总值7030.4亿元，而沈阳仅为6571.6亿元。沈阳作为东北地区传统的中心城市，其地位在短期内是不会被替代的；而大连近年来的经济发展成果非常显著，有望成为另一个“龙头”城市，两个城市作为经济发展水平较强的城市，为了成为“龙头”城市，彼此之间存在一些不断消磨彼此经济发展水平的竞争，缺乏一个较强的经济核心来协调区域整体经济发展来带动各城市总体经济发展。第二，产业同质化严重。相似的主导功能行业使得各个城市之间容易产生无效的竞争，对各自城市的经济发展产生消极影响。此外，各个城市缺乏垂直分工，使得区域整体的竞争力降低，这都不利于东北地区一体化的发展。

第五节　结论与启示

一、结论

本书在构建东北 34 个城市一体化发展水平测度指标的基础上，对东北一体化及其影响因素进行分析后发现：

第一，东北地区一体化发展虽呈不断上升的趋势，但总体普遍处于较低水平；从城市群内外比较来看，城市群内部城市一体化发展起步较高，但后期发展乏力，与非城市群城市的差距逐渐缩小，尤其是沈大长哈四大中心城市一体化水平相对不高、与其他城市差距不明显，反映出东北以区域中心城市为核心的城市群并未明显表现出较强的辐射带动作用和协调机制；从具体省份来看，黑龙江一体化水平显著优于辽吉二省，这主要是由于黑龙江北部和东部城市以农为主的产业结构片面抬高一体化指数所致；从时间趋势上看，东北一体化发展水平围绕 2013 年、2016 年呈“两段式”变化，侧面反映了体制性、结构性的影响。

第二，体制因素是制约东北地区一体化发展受阻的症结所在。一方面，体制会单方面显著阻碍东北地区一体化发展；另一方面，单纯的结构性因素对一体化发展并不具有阻碍作用，但体制影响下的结构性问题会显著阻碍一体化的发展水平。

二、启示

第一，深化改革，破除体制机制障碍。受历史和资源禀赋等因素影响，东北体制机制障碍具有多维复杂性，必须要在改革上花大气力，坚决破除、化解体制机制障碍。首先，久久为功，解放思想。坚持宣传与治理同步，树立法治思维，建立健全容错、试错机制，摒弃“官本位”、“人治”和“等靠要”等观念。其次，深化政府体制改革，处理好政府与市场的关系。一方面，转变“生产型政府”观念，明晰市场和政府的界限，发挥市场在资源配置中的决定性作用，规避政府权力在资源配置中的“越位”、“缺位”与“不到位”，落实“三个清单”，打造阳光、高效和服务型政府；同时在制定产业政策和城市发展规划时要尊重市场规律，计较长远，摒弃“GDP至上”的规模扩张理念。另一方面，政府要简政放权，优化营商环境，治理“钓鱼执法”，降低市场主体的制度性交易成本。再次，国有企业要放开对一般竞争性领域的行业垄断，适度展开与非公经济的产业、研发创新和投融资合作。最后，要加大东北三省对话沟通和政策协调力度，利用、创新东北联席会议制度，增强区域体制联动性，合作化解体制机制障碍。

第二，结构转型，释放经济结构红利。在一体化发展过程中，经济结构性因素对其具有正面效应，在下一步的结构转型过程中，要坚持问题导向，补短板、强弱项，释放经济结构红利。一是释放产业结构红利。在深入推进供给侧结构性改革的基础上，坚持市场供需原则，培育壮大优势特色产业，要摒弃大而全、小而全的传统理念，着眼于整体布局，促进相关产业链上下游生产环节的合作；突出各地产业特点，整合黑龙江优势农业资源，壮大辽吉装备制造业发展，向专精特新发展。二是释放动力结构红利。首先，深化新旧动能转换，转变依赖投资的传统发展模式，避免过度投资、无效投资和重复投资，增强经济韧性和抗风险性；其次，营造创新氛围，充分利用域内优质密集的研教资源，开展产学研合作，通过财税手段支持企业的上游研发和下游品牌建设，加大对“三创空间”“创新、创业孵化器”的专项跟进培育，利用好数字经济、互联网和5G平台，培育壮大新产品、新技术等“新字号”，发挥创新驱动的乘数效应；最后，利用好中俄蒙经济走廊和毗邻日韩的优势区位，积极融入“一带一路”和RCEP等开放战略，扩大与日韩等国家在康养旅游、老龄化治理和绿色能源开发等领域的合作联系，坚持“引进来”“走出去”，扩大开放水平，提高一体化的质量。

第三，以点带面，做大做强中心城市。沈阳、大连、长春、哈尔滨四大域内中心城市GDP规模长期保持在25%以上，但对周围地区的辐射带动较弱，呈现“虹吸强、辐射弱”的模式。另外，从区域空间演化阶段以及东北上述实际来看，只有中心城市发挥引领带动作用，才能对域内城市体系实现整体性整合过程，实现一体化。所以增强中心城市的辐射效应，实现以点带面的一体化发展模式尤为重要。一方面，继续增强中心城市的经济集聚能力。一是强化先进制造业等主导产业集聚能力，加快形成特色主导产业集群，提升实体经济的核心竞争力，同时培育壮大现代金融等高端服务业，推动制造业与服务业的深层次融合发展；二是紧跟数字经济、5G大数据平台等新业态，利用数字化打破时空阻隔、扩大市场容量，落实人才落地和科技攻关，促进产业数字化与数字产业化协同发展，形成城市发展新业态、新模式。另一方面，适度增强中心城市的辐射带动能力。一是深化与其他城市的产业对接机制，鼓励中心城市自力更生，周边城市发展与其联系密切的配套产业；二是建立多种形式的城市联盟，建立对话沟通和帮扶机制，畅通人才、资源、要素流动，增强中心城市对域内城市的数字经济等新业态培训力度，鼓励优质企业、高校和研究院所主动下沉，加大对中小城市基础设施、公共服务和矿区环境治理的帮扶力度。

第六章

东北地区协调发展实证分析

产业发展和科技水平的不断进步推进了经济社会快速发展和人民生活水平的提高，但也给生态环境带来了重大破坏，人类赖以生存的生态系统已不再“自然”，其以往的均衡已不复存在，直接导致经济发展与生态环境系统出现了非协调性耦合。这种以牺牲生态环境为代价换取的经济发展，使人地关系出现了不可持续发展（Engels，1954）。早期恩格斯预言，“我们人类不要过分陶醉自然界的胜利，对于每一次的胜利，自然界都会对人类进行报复”（刘华军等，2022）。经济活动与生态环境的关系一直是世界关注的焦点（Rapport，1998），生态环境作为经济发展必不可少的基础载体，对经济发展的影响不言而喻，同时经济发展为生态环境保护修复提供坚实物质保障，经济发展与生态环境之间存在着相互制约又相互促进的辩证统一关系，二者协调则相互促进，不协调则相互掣肘。发展经济不能不顾生态环境竭泽而渔，保护生态环境也不能舍弃经济发展而缘木求鱼。因此，探究经济发展与生态环境的耦合协调关系，具有重要现实意义。

1987 年，联合国世界环境与发展委员会发布的《我们共同的未来》中，首次提及可持续发展问题。20 世纪 60 年代经济合作与发展组织（Organization for Economic Co-operation and Development，OECD）提出物质能耗在工业化初期随着经济增长而增长，在特定时期出现反方向变化，即脱钩理论（Decoupling Theory）（Kuznets，1955）；格罗斯曼（Grossman，1995）经过走访和调查得知，环境污染与经济增长也呈现倒“U”形曲线关系；拉波特（Rapport，1979）提出压力—状态—响应模型（Pressure-State-Response，PSR）；20 世纪 90 年代 OECD 和联合国环境规划署（United Nations Environment Programme，UNEP）对 PSR 模型进行修正，目的是评价人类活动对生态环境的影响程度（OECD，2001）。国内相关研究起步于 20 世纪 80 年代，学界从不同角度研究经济发展与生态环境的耦合关系，研究对象涉及全国、省级、县级和典型生态区等多个层面（张荣天和焦华富，2015；韩瑞伶等，2011；陈端吕等，2013），研究方法集中于因子分析法、灰色关联法和 SD 系统模型（张妍等，2005；刘耀彬，2007；马志远等，2022）。例如，刘华军等（2022）采用数据包络分析框架，从资源环境与经济协调性视角对中国绿色发展水平进行定量评估，指出进入新时代以来，中国资源环境与经济协调性不断增强，绿色发展水平持续提高。马志远等（2022）运用 CRITIC—熵权法组合赋权法、耦合协调度模型等方法，分析了 2010～2018 年长江经济带区域发展与资源环境承载力的耦合协调特征及发展类型，结果显示，耦合协调度呈低水平上升态势。师博和范丹娜（2022）探索了 2004～2018 年黄河西北地区城市经济与环境系统耦合协调度的时空格局及演进过程，结果表明黄河流域西北地区耦合协调度在波动中上升，基本处于勉强协调阶段。

进入新时代以来，在习近平总书记生态文明思想的指导下，我国始终坚持“绿水青山就是金山银山”理念，立足经济增长与资源环境协调发展，持续推动经济社会发展全面绿色转型，不断满足人民群众对美好生活的需要。经济发展和生态环境优化作为推动高质量发展的重要手段，两系统之间的耦合协调发展及变化趋势直接影响着我国可持续发展战略的落实和高质量发展进程。东北地区是我国最重要的老工业基地，是工业发展的摇篮。但东北地区长期过度依赖能源资源的产业发展模式致使结构性失衡矛盾突出（汤吉军和戚振宇，2019；孙平军和修春亮，2005），在经历了繁荣阶段的快速发展后，城市发展的蓄力消耗殆尽，发展陷入缓慢境地。经济和生态环境问题逐渐暴露，经济出现了“断崖式”下跌，资源型城市矿山裸露、近海污染及黑土地退化等问题也逐渐显露（方创琳等，2019）。因此，面对错综复杂的宏观经济形势，促使东北地区摒弃传统城市经济增长弊端，推动经济和资源环境协调发展是当下亟待解决的重要问题。然而，随着城市经济的快速发展、环境负载力的不断提高，东北地区经济发展与资源环境开发保护是否协调？耦合协调度如何？表现出怎样的内在空间演绎特征和规律？基于此，本书以东北地区 34 个城市为研究对象，构建经济发展和生态环境两大系统综合评价指标体系，利用熵值法和耦合协调度模型测度其耦合度与耦合协调度，并依据评价标准判定各城市两系统耦合协调关系及类型，借此提出东北地区经济与生态环境协调发展的优化路径，对于指导地方经济社会可持续发展具有重要的参考价值。

本章以东北三省 34 个城市为研究对象，从经济与生态环境协调发展的角度构建评价指标体系，利用熵值法和耦合协调模型测度两大系统的耦合协调度，研究结果表明：（1）东北地区经济发展水平、生态环境水平均有所提升，生态环境水平增长幅度更大；（2）东北地区经济发展与生态环境的耦合度 C 介于 0.702 ~ 1.000，处于磨合及高度耦合阶段，已达到较高水平的耦合；（3）东北地区经济发展与生态环境的耦合协调度 D 介于 0.162 ~ 0.588，处于重度失调、中度失调、轻度失调、濒临失调及勉强协调阶段，整体协调水平不高，但总体上有向好趋势；（4）从城市之间耦合协调度的空间分异状态看，东北地区整体呈现出“南高北低”依次递减的空间分布格局，沈阳、大连、长春和哈尔滨 4 个副省级城市处于领头地位，外围中小城市处于濒临、轻度和中度失调阶段。最后，利用经济发展与生态系统的综合分值排名，进行 4 种类型的象限划分，依据确定类型提出两大系统协调发展的优化路径与策略。

第一节　指标选取与数据来源

对一个地区经济或生态环境水平的评判，多维度指标能够弥补单一指标测算的偏颇，使得测算更加精确、合理。本书构建涵盖两大系统共18个具体指标的综合评价体系（见表6－1）。在选取经济系统的指标时，以“十四五”规划时期经济社会发展主要指标为基础，同时兼顾经济发展的数量与质量，借鉴现有相关文献（王勇等，2018；孙黄平等，2017），构建包括经济潜力（P）、经济规模（S）、经济结构（C）三个维度的综合指标体系。在选取生态环境系统的指标时，结合中共中央、国务院颁布的《关于加快推进生态文明建设的意见》以及中国科学院发布的《中国可持续发展战略报告》，遵循“共同抓好大保护、协同推进大治理”的建设原则，以生态保护的“压力—状态—响应”（PSR）理论为依据（孙黄平等，2017）构建生态环境指标体系，包括发展压力（P）、发展状态（S）和发展响应（R）三个维度。依照科学性、客观性、全面性、可比性等原则，具体指标多选取人均指标、比重指标。

表6－1　城市经济与生态环境耦合协调评价指标体系及权重

系统层	目标层	指标层	指标权重
经济发展系统（PSC）（0.4379）	潜力（P）（0.1155）	人均社会消费品零售总额（元，＋）	0.0588
		农村常住居民人均可支配收入（元，＋）	0.0301
		城镇常住居民可支配收入（元，＋）	0.0266
	规模（S）（0.2977）	人均GDP（元，＋）	0.0442
		地方财政一般预算内收入（万元，＋）	0.1542
		规模以上工业企业数（个，＋）	0.0994
	结构（C）（0.0247）	第二产业增加值占GDP比重（%，＋）	0.0115
		第三产业增加值占GDP比重（%，＋）	0.0059
		第三产业从业人员比重（%，＋）	0.0073
生态环境系统（PSR）（0.5621）	压力（P）（0.4178）	万元GDP工业废水排放量（吨/万元，－）	0.1006
		万元GDP工业二氧化硫排放量（吨/万元，－）	0.1515
		万元GDP工业烟粉尘排放量（吨/万元，－）	0.1656

续表

系统层	目标层	指标层	指标权重
生态环境系统（PSR）（0.5621）	状态（S）（0.1087）	人均园林绿地面积（公顷/万人，+）	0.0981
		建成区绿化覆盖率（%，+）	0.0046
		燃气普及率（%，+）	0.0060
	响应（R）（0.0356）	一般工业固体废物综合利用率（%，+）	0.0134
		生活垃圾无害化处理率（%，+）	0.0066
		污水处理率（%，+）	0.0156

本书的研究范围为辽宁、吉林和黑龙江的34个地级市，由于吉林省延边州和黑龙江省大兴安岭地区受统计口径的限制，不作为研究对象。数据来源于历年《中国城市统计年鉴》《辽宁统计年鉴》《吉林统计年鉴》《黑龙江统计年鉴》，其中少数缺失数据由各城市国民经济和社会发展统计公报、国研网数据库及插值法补齐。部分指标经计算后得到，其中人均公共绿地面积、建成区绿化覆盖率以市辖区为准，其余数据以全市范围为准。考虑到数据的可得性及完整性，时间范围选取2003～2020年，由于篇幅有限，仅列出2003年、2007年、2013年、2016年和2020年等重要节点年限的测度结果。2003年，中共中央、国务院发布《关于实施东北地区等老工业基地振兴战略的若干意见》，标志着首轮东北振兴战略开始实施；2007年，国务院批复《东北地区振兴规划》，东北振兴有了可供实施的具体规划依据；首轮振兴的十年，东北地区实现了较高水平的经济增长，这一时期被称为东北振兴的“黄金十年”，然而，2013年东北经济出现“断崖式”下跌，被称为经济新常态背景下的“新东北现象”，东北地区的发展陷入瓶颈；2016年，中共中央、国务院发布《关于全面振兴东北地区等老工业基地的若干意见》，开启了新一轮东北振兴战略；2020年为数据较全的最近年份。

第二节　区域协调发展水平测度方法

一、熵值法

熵值法属于客观权重赋值法，其出发点是根据各评价指标值中的差异系数来确定权重系数。熵值法在确定权重系数的过程中避免了人为因素的干扰，能够较为客观地反映各评价指标在综合评价指标体系中的重要性（姜琦刚和贾大成，2013）。鉴于熵值法能克服主观判断权重的不足，本书采用熵值法计算权重，测度经济发展与生态环境的综合水平，具体计算步骤如下：

第一，由于指标之间存在量纲差异，为消除量纲差异，本书采用极差归一化的方法对原始数据矩阵进行无量纲标准化处理，正向指标采用 $y_{ij}=(x_{ij}-x_{jmin})/(x_{jmax}-x_{jmin})$ 方式进行处理；负向指标为 $y_{ij}=(x_{jmax}-x_{ij})/(x_{jmax}-x_{jmin})$，其中，i=1，2，3，…，m；j=1，2，3，…，n。

第二，计算第 i 个评价对象在第 j 个评价指标上的指标值比值，如式（6.1）所示：

$$p_{ij} = y_{ij}/\sum_{i=1}^{m} y_{ij} \tag{6.1}$$

第三，计算各指标的信息熵。根据信息论中对信息熵的界定，信息熵 e_j 计算公式如下：

$$e_j = -\frac{1}{\ln n}\sum_{i=1}^{n} p_{ij}\ln p_{ij} \tag{6.2}$$

其中，$0\leq e_j\leq 1$，当 $P_{ij}=0$ 时，令 $\lim\limits_{p_{ij}\to 0} p_{ij}\ln p_{ij} = 0$

第四，计算评价指标 y_j 的差异性系数。根据式（6.2）可知，对于给定的 j，y_{ij} 的差异越小，则 e_j 越大。当 y_{ij} 全部相等时，此时 $e_j=e_{max}=1$，此时指标 y_j 对被评价对象之间的比较没有任何影响；反之，当 y_{ij} 的差异越大，则 e_j 越小，指标 y_j 对被评价对象之间的比较作用就越大。

在此基础上定义差异系数 $g_j = 1 - e_j$，g_j 的数值越大，越应该重视该指标在综合评价指标体系中的作用。

第五，据信息熵 e_j 计算公式，计算指标权重 w_j，计算公式如下：

$$w_j = g_j / \sum_{j=1}^{m} g_j \ (j = 1, 2, 3, \cdots, m) \tag{6.3}$$

第六，计算城市经济和生态环境的综合水平得分，计算公式如下：

$$PSC = \sum_{j=1}^{n} w_j y_{Eij}, \ PRS = \sum_{j=1}^{n} w_j y_{Sij} \tag{6.4}$$

其中，y_{Eij} 代表经济发展系统中各指标权重，y_{Sij} 代表生态环境系统中各指标权重，PSC 代表城市经济综合水平，PRS 代表生态环境综合水平。

二、耦合协调度模型

“耦合”是物理学领域的专有名词，原是指两个或两个上以上的系统或运动方式之间通过各种相互作用而彼此影响以至协同的现象，是在各子系统之间的良性互动下，相互依赖、相互协调、相互促进的动态关联关系。系统由无序走向有序机理的关键在于系统内部序参量之间的协同作用，它左右着系统相变的特征与规律，耦合度正是对这种协同作用的度量（朱喜安和魏国栋，2015）。耦合协调度模型使用耦合度阐释若干子系统之间的相互关系，并进一步使用协调发展度对整个系统进行综合评价与研究。因为该模型简便易算且结果直观，被广泛应用于各种领域（王淑佳等，2021）。随着社会的发展，单一系统水平的测度已不能全面地反映现实发展状况，基于协调水平与发展水平的整体均衡发展评价，更能体现现实发展关系，耦合效应与耦合协调发展度随之成为有效的评价研究工具。

综合考虑以往学者所使用的几类模型以及模型推广到 n 元系统的简洁性与实用性，耦合度模型的规范公式为：

$$C = \left[\frac{\prod_{i=1}^{n} U_i}{\left(\frac{1}{n} \sum_{i=1}^{n} U_i \right)^n} \right]^{\frac{1}{n}} \tag{6.5}$$

其中，n 为子系统个数（个），U_i 为各子系统值，其分布区间为［0，1］，因此耦合度 C 值区间为［0，1］。C 值越大，子系统间离散程度越小，耦合度越高；反之，子系统间耦合度越低。

本书在计算耦合度（Capacitive Coupling）时（吴玉鸣和张燕，2008），有经济发展系统和生态环境系统两个系统，因此 n=2，利用式（6.5）度量出经济发展与生态环境的耦合度 C：

$$C = \sqrt{\frac{PSC \times PRC}{\left(\frac{PSC + PRC}{2} \right)^2}} = \frac{2\sqrt{PSC \times PRC}}{PSC + PRC} \tag{6.6}$$

耦合度能够反映两个系统之间是否具有良好的水平，以及系统间是否具有和谐一致、相互影响的关系，当两者相辅相成，属于良性耦合；相互抵抗时，属于恶性耦合（徐晓光等，2022）。通常情况下 $C \in [0, 1]$，当 C 越趋近于 1 时，表明经济发展与生态环境越处于协调状态，反之亦然。根据以往研究成果，将耦合度 C 划分为以下几种类型：当 C=0 时，子系统之间的耦合度极小，系统之间处于无关状态且向无序发展；当 $0 < C \leq 0.3$ 时，系统处于初级耦合阶段；当 $0.3 < C \leq 0.5$ 时，系统处于拮抗阶段；当 $0.5 < C \leq 0.8$ 时，系统进入磨合阶段，两系统开始进行良性耦合；当 $0.8 < C < 1.0$ 时，系统处于高水平的耦合阶段；当 C=1 时，系统的耦合度最大，系统之间达到良性共振耦合且趋向新的有序结构。耦合度 C 区间划分如表 6-2 所示（魏金义和祁春节，2015）。

表 6-2　　耦合度判别标准与耦合类型

C 值	耦合程度评价
$0 < C \leq 0.3$	初级耦合阶段
$0.3 < C \leq 0.5$	拮抗阶段

续表

C 值	耦合程度评价
$0.5 < C \leq 0.8$	磨合阶段
$0.8 < C < 1$	高度耦合阶段

协调从词义上讲是指系统演变过程内部各要素的差异部分，在组成一个统一整体时的相互和谐一致的属性。生态环境对经济活动具有一定的承载能力，它决定了在一定条件下该城市所能容纳的污染物容量。经济发展和生态环境承载之间存在着一定的联系：经济发展以生态环境承载能力为前提，而城市中的生态环境又反过来受到经济发展的影响，耦合协调度模型可以更好地评判两个子系统交互耦合的协调程度。另外，由于耦合度 C 表征经济发展与生态环境系统耦合的时序状态，但在部分时间之内不能完全反映经济发展与生态环境整体的协同效应。比如，当经济发展与生态环境水平均比较低时，也能有较高的耦合度，但这种高耦合数值与高水平耦合的内涵不同，因此，构建耦合协调度 D 来判定两大系统的耦合协调关系，计算模型如下：

$$T = \sum_{i=1}^{n} \alpha_i \times U_i, \sum_{i=1}^{n} \alpha_i = 1$$

$$D = (C \times T)^{1/2} \tag{6.7}$$

由于本书对两个子系统进行判定，因此：$T = \alpha PSC + \beta PRC$，并且 $\alpha + \beta = 1$。其中，D 为耦合协调度，T 为调节系数，反映经济发展与生态环境两大系统的贡献度，α、β 为待定系数，由于经济发展系统与生态环境两大系统同等重要，分别令 α、β 取值 0.5。

通常 $D \in [0, 1]$，当 D 越接近于 1 时，说明经济发展与生态环境耦合协调关系越好，反之亦然。根据以往研究成果对耦合协调水平进行阶段划分，具体细分为 10 个区间（见表 6-3）（唐晓华等，2018），当 $0 \leq D < 0.5$ 时，两大系统处于失调状态，当 $0.5 \leq D \leq 1.0$，两大系统处于协调发展状态。系统从失调逐步向协调转变，由初始无序、失序的失调发展阶段，向协调有序方向发展，调整过渡至互相支持、促进的中级

协调阶段，进而达到有序、良性的高级协调发展阶段。耦合协调度具有外部性特征，分为正外部性和负外部性，当经济发展促使资源合理配置、高效利用，有效降低生态环境损耗量，则是正外部性，反之属于负外部性。

表6-3　　耦合协调度判别标准与协调类型

耦合协调度	0≤D<0.1	0.1≤D<0.2	0.2≤D<0.3	0.3≤D<0.4	0.4≤D<0.5
耦合协调类型	极度失调	重度失调	中度失调	轻度失调	濒临失调
耦合协调度	0.5≤D<0.6	0.6≤D<0.7	0.7≤D<0.8	0.8≤D<0.9	0.9≤D<1.0
耦合协调类型	勉强协调	初级协调	中级协调	高度协调	优质协调

第三节　测度结果分析

利用式（6.1）~式（6.7）计算东北地区34个城市的经济发展系统综合分值和生态环境系统综合分值，如表6-4所示。

表6-4　　经济发展系统综合分值和生态环境系统综合分值

城市	经济发展系统分值					生态环境系统分值				
	2003年	2007年	2013年	2016年	2020年	2003年	2007年	2013年	2016年	2020年
沈阳	0.082	0.187	0.339	0.283	0.291	0.063	0.074	0.107	0.134	0.411
大连	0.088	0.181	0.345	0.282	0.286	0.057	0.075	0.095	0.113	0.313
鞍山	0.053	0.087	0.159	0.127	0.138	0.037	0.040	0.059	0.060	0.117
抚顺	0.042	0.065	0.125	0.106	0.099	0.035	0.043	0.069	0.067	0.094
本溪	0.038	0.058	0.123	0.098	0.105	0.032	0.044	0.102	0.107	0.132
丹东	0.038	0.062	0.114	0.095	0.100	0.027	0.040	0.062	0.086	0.133
锦州	0.037	0.057	0.113	0.099	0.107	0.032	0.036	0.068	0.082	0.111
营口	0.046	0.072	0.144	0.117	0.136	0.040	0.043	0.075	0.071	0.110

续表

城市	经济发展系统分值					生态环境系统分值				
	2003 年	2007 年	2013 年	2016 年	2020 年	2003 年	2007 年	2013 年	2016 年	2020 年
阜新	0.027	0.038	0.082	0.074	0.085	0.036	0.039	0.048	0.073	0.115
辽阳	0.040	0.059	0.113	0.091	0.111	0.031	0.045	0.062	0.061	0.113
盘锦	0.042	0.063	0.138	0.123	0.153	0.056	0.065	0.067	0.076	0.225
铁岭	0.030	0.059	0.105	0.077	0.082	0.027	0.040	0.073	0.074	0.099
朝阳	0.027	0.045	0.092	0.075	0.089	0.026	0.029	0.082	0.098	0.151
葫芦岛	0.032	0.046	0.084	0.081	0.091	0.037	0.047	0.055	0.071	0.135
长春	0.053	0.083	0.177	0.208	0.204	0.067	0.068	0.100	0.212	0.273
吉林	0.042	0.064	0.130	0.138	0.101	0.036	0.041	0.068	0.069	0.080
四平	0.030	0.046	0.086	0.095	0.078	0.036	0.051	0.057	0.088	0.127
辽源	0.027	0.043	0.082	0.090	0.079	0.033	0.052	0.078	0.140	0.103
通化	0.032	0.048	0.095	0.104	0.095	0.036	0.034	0.058	0.085	0.093
白山	0.029	0.045	0.089	0.094	0.081	0.025	0.029	0.059	0.095	0.219
松原	0.028	0.047	0.097	0.101	0.083	0.035	0.055	0.081	0.206	0.155
白城	0.027	0.037	0.072	0.079	0.073	0.042	0.043	0.063	0.159	0.151
哈尔滨	0.060	0.087	0.182	0.201	0.185	0.047	0.068	0.104	0.151	0.351
齐齐哈尔	0.031	0.037	0.067	0.086	0.090	0.032	0.130	0.135	0.077	0.083
鸡西	0.028	0.036	0.068	0.074	0.088	0.032	0.040	0.050	0.090	0.064
鹤岗	0.024	0.034	0.060	0.063	0.074	0.032	0.033	0.049	0.057	0.079
双鸭山	0.024	0.032	0.063	0.065	0.075	0.035	0.043	0.046	0.055	0.084
大庆	0.053	0.080	0.154	0.149	0.147	0.060	0.078	0.130	0.142	0.184
伊春	0.024	0.030	0.051	0.059	0.074	0.032	0.041	0.056	0.066	0.149
佳木斯	0.029	0.036	0.074	0.086	0.089	0.027	0.038	0.069	0.129	0.199
七台河	0.026	0.035	0.056	0.064	0.071	0.030	0.041	0.050	0.061	0.119
牡丹江	0.035	0.046	0.096	0.108	0.115	0.032	0.040	0.076	0.102	0.188
黑河	0.021	0.026	0.051	0.065	0.085	0.040	0.067	0.060	0.087	0.088
绥化	0.027	0.031	0.067	0.075	0.084	0.062	0.070	0.073	0.168	0.149

一、经济发展与生态环境系统综合水平

从2003~2020年东北地区34个城市得分来看（由于篇幅有限数据未全部展示），综合得分介于0.052~0.703，经济发展系统得分介于0.021~0.345，生态环境系统得分介于0.024~0.411，整体来看，生态环境系统贡献略高于经济发展系统。研究范围的18年中，经济发展系统最高分主要集中在辽宁省的沈阳、大连两市，其中沈阳10次、大连8次，最低分主要集中在黑龙江省的伊春、七台河、黑河三市，其中伊春10次、七台河1次、黑河7次；生态环境系统最高分主要出现在辽宁省的沈阳市，吉林省的长春市，黑龙江省的哈尔滨市、齐齐哈尔市、大庆市、绥化市，分别出现2次、4次、1次、5次、2次、4次，最低分主要出现在辽宁省的阜新市、朝阳市，吉林省的白山市，黑龙江省的鸡西市、鹤岗市、双鸭山市、七台河市，分别出现1次、1次、7次、1次、5次、2次、1次。可以看出，辽宁经济发展情况明显优于吉林、黑龙江两省，特别是沈阳、大连两市表现突出。这两城市的服务业、高新技术产业等高附加值产业相对发达、人口密度较大，导致资金、技术、人力资本等各类生产要素不断集聚，对周边城市产生了挤出效应，进一步扩大了城市间的经济差距（孙久文和苏玺鉴，2020）。黑龙江生态环境发展状况良好，特别是齐齐哈尔、绥化两市，生态环境成果可观。黑龙江是生态大省也是资源大省，整体处于稳定的生态系统格局状态，环境保护和恢复治理工作已见成效，生态环境质量得到有效改善。

（一）经济发展综合水平

从图6－1可以看出，2003~2020年，东北地区经济发展综合得分呈逐年上升趋势，分值介于0.021~0.345，峰值主要分布于辽宁的沈阳、大连、营口、盘锦，吉林的长春，黑龙江的哈尔滨、大庆、牡丹江。具体来看，2003年，东北地区34个城市中经济发展水平综合分值最高的是大连，分值为0.088，而黑河得分最低，仅为0.021，两者相

差4倍；2007年，东北地区城市经济发展综合水平整体提升，得分最高的是沈阳，分值为0.187，较2003年的0.082增长2.290倍，分值最低的依然是黑河，分值为0.026；2013年，分值最高的是大连，最低的是伊春，两城市相差6.829倍；2016年，分值最高的为沈阳，分值最低的为伊春，两者相差4.827倍；2020年，分值最高的为沈阳，分值最低的为七台河，两者相差4.083倍。

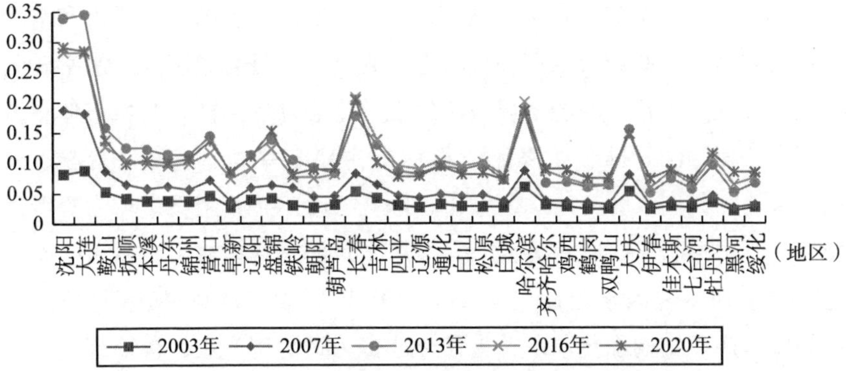

图6－1　东北地区城市经济发展系统得分

从以上分析可知，由于地理位置、发展基础条件等因素，东北地区城市之间经济发展水平有着较大的地域差异性。从时间变化趋势看，在2003年，东北地区多个城市受国企改革和资源型城市转型等因素的影响，仅有沈阳、大连、鞍山、长春、哈尔滨和大庆等综合分值较高，其余城市的得分都低于0.050，城市经济发展缓慢、水平较低。2013年城市经济发展平均得分增长至0.115，较2003年的均值0.037增长3倍，首轮东北振兴取得了可观成果。随着新常态的到来，东北经济再次陷入发展困境，出现了“断崖式”下跌，到2016年末，东北地区经济发展平均得分下降为0.110。经过第二轮东北振兴战略的实施，东北地区转变经济发展方式和结构性改革取得一定进展，东北老工业基地的发展活力得以回升，2020年城市经济发展平均得分为0.113。从东北区域内部看，辽宁省中部城市群经济发展水平增长最快，吉林省城市经济增长水平也有所增加，而黑龙江省仅有哈尔滨和大庆两市的经济发展水平略有增长，其余城市的经济发展得分较低，在空间分布上形成了“南高北低”依次递减的发展特征。

（二）生态环境综合水平

从图 6 - 2 可以看出，在 2003 ~ 2020 年，东北地区生态环境综合分值介于 0.024 ~ 0.411。排名始终比较靠前的主要有沈阳、大连、盘锦、长春、白城、哈尔滨、大庆等城市，包括了东北三省的省会城市和一个副省级城市，这些城市生态环境状态一直良好，且与经济发展水平较为一致，表现出了较大的经济规模和较强的生态环境韧性，与城市体量及城市定位相匹配。排名始终比较靠后的主要有阜新、抚顺、吉林、通化、鸡西、鹤岗、齐齐哈尔等城市，除齐齐哈尔外其余城市均为资源型城市，其中阜新、抚顺、鸡西、鹤岗属于资源枯竭型城市，城市生态环境改善受到多重因素阻碍（Valerie，2011），生态环境痼疾一直存在。这些城市产业结构固化单一，支柱产业多为资源型产业，接续替代产业尚未发展健全，城市转型表现出明显的路径依赖，未建立起资源型城市可持续发展的长效机制，资源产业与非资源产业、城区与矿区、经济与社会的可持续发展问题亟待解决。

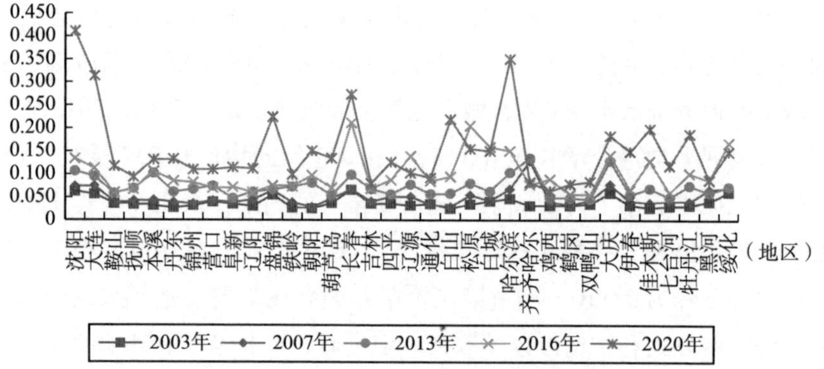

图 6 - 2　东北地区城市生态环境系统得分

生态环境改善成效最为明显的主要有白山、佳木斯、朝阳、牡丹江、丹东、七台河等城市，分别从2003年的第34名、第32名、第33名、第22名、第30名、第29名提升至2020年的第6名、第7名、第12名、第8名、第16名、第19名，分别提升了28个、25个、21个、14个、14个、10个名次。这些城市市内建成区绿化覆盖率、人均公共陆地面积、生活无害化垃圾处理率发展水平较高，向来重视生态环境保护，生态环境措施成效显著。城市生态环境状况严重恶化的主要有黑河、吉林、营口、双鸭山、通化、绥化、鸡西等城市，分别从2003年的第10名、第13名、第9名、第17名、第16名、第3名、第24名，跌落至2020年的第29名、第32名、第24名、第30名、第28名、第14名、第34名，分别下降了19个、19个、15个、13个、12个、11个、10个名次。这些城市生态环境历史欠账较多，加之城市环保设施和工业污染处理设施较少，导致生态环境发展水平较低，生态环境保护力度有待加强。

二、耦合度与耦合协调度整体情况

利用式（6.6）和式（6.7）计算出东北地区34个城市的耦合度C和耦合协调度D的均值（见表6-5）。

表6-5　东北地区城市经济发展与生态环境系统耦合协调度

城市	2003年		2007年		2013年		2016年		2020年	
	C	D	C	D	C	D	C	D	C	D
沈阳	0.992	0.268	0.901	0.343	0.854	0.437	0.934	0.441	0.985	0.588
大连	0.977	0.266	0.910	0.342	0.824	0.426	0.904	0.422	0.999	0.547
鞍山	0.984	0.210	0.930	0.243	0.889	0.311	0.935	0.296	0.997	0.357
抚顺	0.995	0.196	0.979	0.230	0.958	0.305	0.975	0.291	1.000	0.310
本溪	0.997	0.187	0.991	0.225	0.996	0.335	0.999	0.320	0.994	0.343

续表

城市	2003年		2007年		2013年		2016年		2020年	
	C	D	C	D	C	D	C	D	C	D
丹东	0.987	0.179	0.977	0.223	0.955	0.289	0.999	0.301	0.990	0.340
锦州	0.997	0.185	0.975	0.213	0.968	0.296	0.996	0.301	1.000	0.330
营口	0.998	0.208	0.968	0.235	0.949	0.322	0.969	0.302	0.994	0.350
阜新	0.991	0.177	1.000	0.196	0.966	0.251	1.000	0.271	0.989	0.315
辽阳	0.992	0.187	0.991	0.228	0.957	0.289	0.979	0.273	1.000	0.334
盘锦	0.991	0.220	1.000	0.253	0.938	0.311	0.971	0.311	0.982	0.430
铁岭	0.998	0.169	0.980	0.220	0.984	0.296	1.000	0.275	0.995	0.300
朝阳	1.000	0.162	0.976	0.190	0.998	0.294	0.991	0.292	0.967	0.341
葫芦岛	0.996	0.185	1.000	0.216	0.978	0.260	0.998	0.276	0.981	0.333
长春	0.993	0.244	0.995	0.274	0.960	0.364	1.000	0.458	0.989	0.486
吉林	0.997	0.198	0.976	0.227	0.950	0.307	0.943	0.313	0.994	0.300
四平	0.996	0.182	0.999	0.220	0.979	0.265	0.999	0.302	0.971	0.315
辽源	0.996	0.172	0.996	0.217	1.000	0.283	0.977	0.335	0.991	0.300
通化	0.999	0.184	0.986	0.202	0.969	0.272	0.995	0.307	1.000	0.306
白山	0.998	0.164	0.977	0.191	0.979	0.269	1.000	0.308	0.888	0.365
松原	0.994	0.177	0.997	0.226	0.996	0.298	0.940	0.380	0.953	0.337
白城	0.976	0.183	0.998	0.200	0.998	0.260	0.942	0.335	0.936	0.323
哈尔滨	0.993	0.231	0.993	0.277	0.962	0.371	0.990	0.417	0.951	0.505
齐齐哈尔	1.000	0.177	0.834	0.264	0.941	0.308	0.999	0.286	0.999	0.294
鸡西	0.998	0.173	0.998	0.195	0.987	0.241	0.995	0.285	0.988	0.274
鹤岗	0.990	0.166	1.000	0.184	0.995	0.232	0.998	0.245	1.000	0.277
双鸭山	0.983	0.171	0.987	0.193	0.987	0.232	0.996	0.244	0.998	0.282
大庆	0.998	0.237	1.000	0.281	0.996	0.376	1.000	0.381	0.994	0.406
伊春	0.989	0.167	0.987	0.188	0.999	0.230	0.998	0.250	0.941	0.324
佳木斯	0.999	0.167	1.000	0.193	0.999	0.268	0.980	0.325	0.923	0.364
七台河	0.997	0.168	0.997	0.195	0.998	0.231	1.000	0.250	0.969	0.303

续表

城市	2003 年		2007 年		2013 年		2016 年		2020 年	
	C	D	C	D	C	D	C	D	C	D
牡丹江	0.999	0.183	0.998	0.207	0.993	0.292	1.000	0.324	0.970	0.383
黑河	0.951	0.171	0.900	0.205	0.997	0.235	0.989	0.274	1.000	0.294
绥化	0.919	0.202	0.921	0.216	0.999	0.264	0.924	0.335	0.960	0.334

耦合度方面，在 2003～2020 年东北地区经济发展与生态环境系统两大系统的耦合度 C 值均在 0.702～1.000，依据判定标准，东北地区 34 个城市的耦合度处于磨合及高度耦合阶段，说明东北地区经济发展与生态环境经过了压力叠加和负重前行的关键期，已达到较高水平的耦合。

耦合协调度方面，在 2003～2020 年东北地区经济发展与生态环境两大系统的耦合协调度 D 值均在 0.162～0.588，处于重度失调、中度失调、轻度失调、濒临失调及勉强协调阶段，整体协调水平不高，但正逐步由不协调向协调发展。可以看出，东北地区经济发展与生态环境系统的耦合度 C 水平比较平稳，没有太大波动，耦合协调度 D 呈现出上升趋势，在研究期内东北地区耦合协调度逐渐向好。

三、耦合协调度时空格局演变

（一）耦合协调度的时序演变特征

通过东北地区 34 个城市的耦合协调度雷达（见图 6－3）可以看出，2003 年，除辽宁的沈阳、大连、鞍山、营口、盘锦，吉林的长春，黑龙江的哈尔滨、大庆、绥化 9 市处于中度失调阶段，其余 25 市均处于重度失调阶段。2007 年辽宁的沈阳、大连两市进入轻度失调阶段；辽宁的抚顺、本溪、丹东、锦州、辽阳、铁岭葫芦岛，吉林的吉林、四平、辽源、通化、松原，黑龙江的齐齐哈尔、牡丹江、黑河进入中度失调阶段；辽宁的阜新、朝阳，吉林的白山、白城，黑龙江的鸡西、鹤岗、双鸭山、伊春、佳木斯、七台河，仍处于重度失调阶段。就东北三省经济与生态环境协调整体发展状况而言，辽宁最优，吉林次之，黑龙江相对落后。2013 年，所有城市都不再处于重度失调阶段；辽宁的沈阳、大连两市进入濒临失调阶段；辽宁的鞍山、抚顺、本溪、营口、盘锦，吉林的长春、吉林，黑龙江的哈尔滨、齐齐哈尔、大庆，从中度失调过渡至轻度失调阶段；辽宁的阜新、朝阳，吉林的白山、白城，黑龙江的鸡西、鹤岗、双鸭山、伊春、佳木斯、七台河，从重度失调过渡至中度失调阶段；辽宁的丹东、锦州、辽阳、铁岭、葫芦岛，吉林的四平、辽源、通化、松原，黑龙江的牡丹江、黑河、绥化，仍处于中度失调阶段。2017 年，辽宁的沈阳、大连仍处于濒临失调阶段；吉林的长春、黑龙江的哈尔滨由轻度失调过渡至濒临失调阶段；辽宁的本溪、营口、盘锦，吉林的吉林，黑龙江的大庆，仍处于轻度失调阶段；辽宁的丹东、锦州、辽阳，吉林的四平、辽源、通化、白山、松原、白城，黑龙江的佳木斯、牡丹江、绥化，由中度失调过渡至轻度失调阶段；辽宁的阜新、辽阳、铁岭、朝阳、葫芦岛，黑龙江的鸡西、鹤岗、双鸭山、伊春、七台河、黑河，仍处于中度失调阶段；辽宁的鞍山、抚顺，黑龙江的齐齐哈尔，出现了倒退现象，又由轻度失调退回至中度失调阶段。2020 年，沈阳、大连、哈尔滨由濒临失调过渡至勉强协调阶段；长春仍处于濒临失调阶段；辽宁的盘锦，黑龙江的大庆，由轻度失调过渡至濒临失调阶段；辽宁的本溪、丹东、锦州、营口，吉林的四平、辽源、通化、白山、松原、白城，黑龙江的佳木斯、牡丹江、绥化，仍处于轻度失调阶段；辽宁的鞍山、抚顺、阜新、辽阳、铁岭、朝阳、葫芦岛，黑龙江的伊春、七台河由中度失调过渡至轻度失调阶段；黑龙江的齐齐哈尔、鸡西、鹤岗、双鸭山、黑河，仍处于中度失调阶段；吉林市出现反常现象，由轻度失调阶段回落至中度失调阶段。

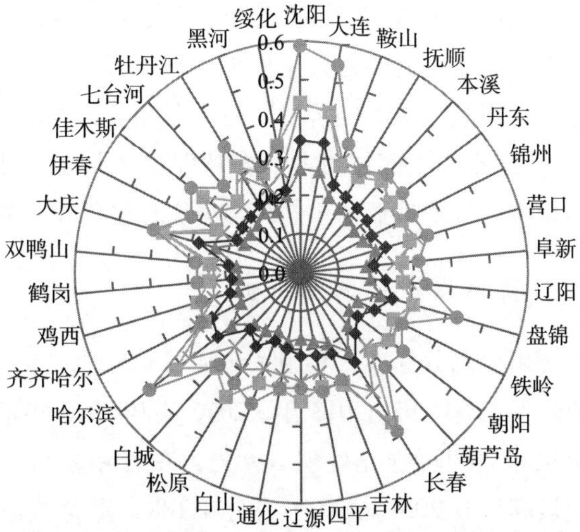

图6-3 东北地区经济发展与生态环境的耦合协调度

注：从内到外的折线分别代表2003年、2007年、2013年、2017年、2020年。

总体来看，东北地区部分城市已进入协调发展阶段，但仍有较多城市处于失调阶段。截至2020年，沈阳、大连、哈尔滨3个城市进入了勉强协调阶段，这些城市在东北振兴战略实施期间，“去产能、调结构”取得进展，生态系统保护和修复初见成效，两大系统由初期的胁迫发展转换为协调发展，新兴产业发展势头强劲，产业集群初具规模，生态环境持续改善，城市品质得以提升（刘贺贺和杨青山，2016）。盘锦、长春、大庆3个城市进入了濒临失调阶段，这些城市处于失调与协调的过渡阶段，说明经济发展与生态环境由胁迫发展向耦合发展阶段转化。鞍山、抚顺、本溪、丹东、锦州、营口、阜新、辽阳、铁岭、朝阳、葫芦岛、四平、辽源、通化、白山、松原、白城、伊春、佳木斯、七台河、牡丹江、绥化22个城市仍处于轻度失调阶段，吉林、齐齐哈尔、鸡西、鹤岗、双鸭山、黑河6个城市仍处于中度失调阶段。以上城市主要集中于辽宁省中部城市群和黑龙江省东北部地区，部分城市作为东北地区老工业基地，以资源开发、金属加工制造业、煤化工等污染行业为主导产业，从新中国成立之初直到20世纪90年代一直作为全国的能源供应基地，输出产业以初级资源为主，但是收入价格与开采成本存在“剪刀差”，导致这些城市无力建设更多环保设施和城市绿化设施，历史遗留问题严重影响了地方经济发展与生态环境的协调发展。即使进入21世纪以后，辽宁省中部城市群、吉林省和黑龙江省部分城市因受到资源枯竭的影响，经济发展与生态环境分离程度仍在不断加速。

（二）耦合协调度空间演变特征

根据耦合协调度划分标准，利用Arcgis 9.3软件，本书对东北地区34个城市2003年、2007年、2013年、2016年和2020年耦合协调度进行了数据矢量化和空间可视化处理。首先，在省际之间，2003年辽宁的耦合协调度最高为0.200，吉林次之为0.188，黑龙江最低为0.184。经过两轮振兴战略的实施，各省份经济发展与生态环境系统耦合协调发展水平有所提升。2020年辽宁的耦合协调度为0.373，吉林为0.342，黑龙江为0.337，三省排名没有变化，仍然呈现出“南高北低”依次递减的空间分布格局。其次，从城市之间空间分异状态看，2003年，沈阳、大连、长春和大庆的协调度较高，在东北地区处于引领地位，处于过渡发展阶段。哈尔滨、大庆、绥化等9个城市处于中度失调阶段，抚顺、吉林、齐齐哈尔等25个城市处于重度失调阶段。可以看出，辽宁中南部和吉林中部地区以及黑龙江北部地区经济发展与生态环境耦合协调度较低，集中连片形成了经济发展与生态环境系统耦合协调的“塌陷区”。2020年，沈阳、大连、哈尔滨进入勉强协调阶段，沿着哈大轴线形成了“串珠型”隆起带，盘锦、长春、大庆仍处于濒临失调阶段。而辽宁中南部城市、西北部城市鞍山、抚顺、阜新、辽阳、铁岭、朝阳、葫芦岛、本溪、丹东、锦州、营口，吉林的四平、辽源、通化、白山、松原、白城，以及黑龙江北部城市群佳木斯、牡丹江、绥化、伊春、七台河，仍处于轻度失调阶段，剩余齐齐哈尔等6个地级市处于中度失调阶段。

总体来看，耦合协调度极化效应明显，区域空间分异性突出，沿哈大铁路向外扩展的城市，耦合协调度水平在依次降低，形成了由中间向外围地区依次递减的空间分异特征，中心、轴线城市与周边中小城市的协调联动不足，单向吸收效应明显，周边城市成为被吸附的对象，资源向中心城市迁徙，对腹地经济区的辐射作用尚未充分发挥。这意味着，在东北地区人才外流、招商引资困难的发展境遇下，中小城市在实现协调发展方面仍面临诸多挑战和阻碍。因此，未来的发展中必须持续强化沈阳、大连等中心城市的空间溢出效应和增长极优势，辐射带动中小城市，以此实现城市高效联动下的经济与资源环境协调发展。

第四节　耦合协调发展类型划分与优化路径

根据2020年各城市经济发展与生态环境综合得分排名情况绘制散点图，以经济发展系统得分排名为横坐标x，以生态环境系统得分排名为纵坐标y，并划分为图中四种类型的等分区域（见图6－4），区域Ⅰ为双高型，即经济发展系统和生态环境系统得分均较高、排名靠前；区

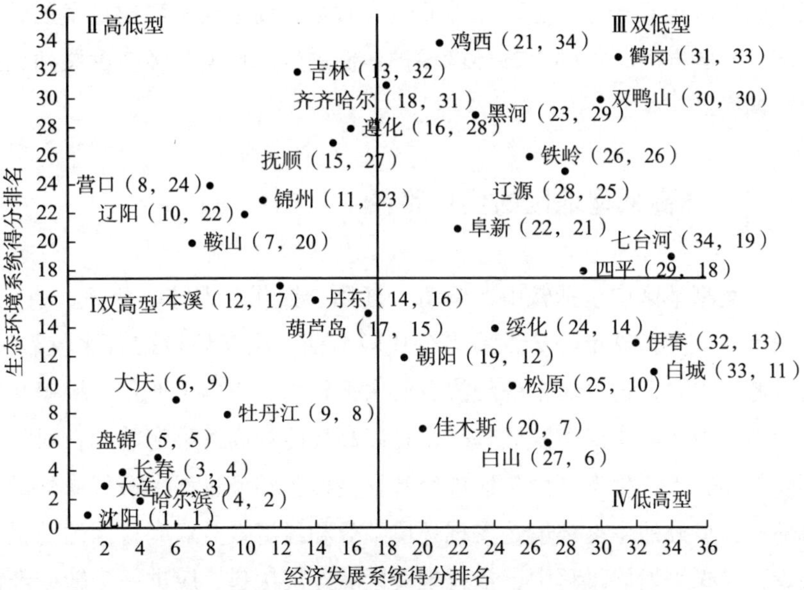

图6－4　2020年东北地区经济发展与生态环境系统耦合协调类型划分

域Ⅱ为高低型，即经济发展系统得分较高、排名靠前，但生态环境系统得分较低、排名靠后；区域Ⅲ为双低型，即经济发展系统、生态环境系统得分均较低、排名靠后；区域Ⅳ为低高型，即经济发展系统得分较低、排名靠后，但生态环境系统得分较高，排名靠前。根据四种类型特征有针对性地提出东北地区经济系统与生态环境系统耦合协调发展的优化路径与建议。

一、Ⅰ双高型地区的优化路径

本类型地区中包括沈阳、大连、哈尔滨、长春、盘锦、大庆、牡丹江、本溪、丹东、葫芦岛10个城市，城市经济发展和生态环境得到了明显的改善，经济发展对生态环境胁迫性较小，经济发展与生态环境协调逐渐走上了良性协调发展的轨道，两大系统得分较高。在未来发展过程中，处于该类型的城市应依托现有优势，借助良好的区位优势和政策支持，加速优化产业结构，发展绿色产业和科技密集型产业，将商贸物流、旅游与创意产业、金融证券业做大做强，促进经济高质量发展；在经济发展的同时，加强生态环境保护，促进生态环境与经济发展两大系统协调发展。

二、Ⅱ高低型地区的优化路径

本类型地区中包括鞍山、营口、辽阳、锦州、吉林、抚顺、通化7个城市。该类型城市经济发展得分比较靠前，生态环境排名比较靠后。通过考察得知，这些城市的经济发展水平较高，市内工业化、城镇化水平较高，但是城市经济发展基础多是以高耗能和高污染为基础，对生态环境破坏较大。生态环境是促进经济社会绿色转型过程中不可缺失的重要部分，良好的生态环境是实现环境绩效和经济效益双赢目标的前提和保障，在未来发展过程中，依托现有区域经济优势，应进一步转变经济增长方式，大力改善城市生态环境质量，摒弃粗放型经济发展模式，调整产业结构，形成循环经济产业链条，提升经济发展质量和生态环境发展水平。

三、Ⅲ双低型地区的优化路径

本类型地区中包括齐齐哈尔、鸡西、阜新、黑河、铁岭、辽源、四平、双鸭山、鹤岗、七台河 10 个城市，由于以上城市经济发展水平和生态环境得分都比较靠后，面临着提高经济发展水平和改善城市环境“双重”任务。这些城市大多数为资源型城市，自计划经济时期以来对能源矿产的过度开采和城市建设的无序扩张，已对当地生态环境及产业经济发展造成了难以逆转的负面影响，导致经济发展陷入瓶颈，更无力兼顾经济与生态环境的协调发展。应尽快破解能源枯竭及产业经济效益不佳的局面，努力补齐短板，切断地区持续陷入低值聚集的恶性循环路径。此外，这些城市主要位于省际边缘地区，受区位不利的影响，导致市内大型企业少，缺乏高科技人才，政府部门应关注该类城市，实施区域援助措施，同时在产业规划、生态环境保护、人才引进等方面与国内发达城市建立对口帮扶制度。

四、Ⅳ低高型地区的优化路径

本类型地区中包括朝阳、佳木斯、绥化、松原、白山、伊春、白城 7 个城市。以上 7 个城市的生态环境系统排名比较靠前，但是经济排名比较靠后。尽管上述城市在国家顶层战略的引导和支持下不断优化产业结构、提升区域经济活力，但这些政策在地方实施层面仍受制于人才匮乏、市场化程度低下等诸多客观因素而存在局限性和短期性，从而导致其经济发展仍处于较低水平（张明斗和翁爱华，2022）。该类型地区的城市应借助生态环境优势，将现有生态优势转换为经济优势，引进更多生态环境项目，做大做强生态经济，推进生态产业化、产业生态化。坚持绿色发展理念，利用互联网、物联网、云计算等技术手段，推动工业、农业、服务业绿色低碳发展。对传统产业进行数字化赋能，加快传统产业的改造升级，做大做强新兴产业集群，不断壮大绿色经济新动能。

第五节　小　　结

通过构建评价指标体系，利用熵值法及耦合协调度模型，对东北地区 34 个城市经济发展与生态环境综合水平、耦合协调度进行综合测度，在此基础上对耦合协调度进行类型划分，提出优化路径，得到以下结论：

首先，东北地区经济发展水平和生态环境质量水平都在不断提高，沈阳、长春、哈尔滨和大连的经济发展水平和生态环境质量向好趋势比较明显，两系统的耦合协调水平在不断提升。但由于受到早期重工业基地产业结构单一、资源型城市转型、计划经济遗留问题等因素的影响，部分城市经济发展与生态环境仍未到达高水平的耦合协调阶段，经济发展和生态环境质量改善速度较慢，经济发展仍然胁迫生态环境质量。

其次，在测度期内，东北地区经济系统与生态环境耦合度水平较高，处于磨合及高度耦合阶段，耦合协调度处于重度失调、中度失调、轻度失调、濒临失调及勉强协调阶段，但总体上向好趋势比较明显。同时，在东北地区城市之间，沈阳、大连、长春、哈尔滨和大庆等城市耦合协调度处于领先地位，其余外围中小城市处于濒临失调和轻度失调发展阶段，说明东北地区调整产业结构，促进环境质量提高，让两大系统协同发展还任重而道远。

最后，利用经济发展和生态环境综合排名，结合象限分析法，将东北地区 34 个城市划分为四种类型，即经济发展与生态环境双高型、高低型、低高型、双低型。双高型应促进经济发展与生态环境协调同步，实现市内高质量发展；高低型应发展绿色产业，发展循环经济和低碳产业，提高生态环境质量；低高型应将生态环境优势转变为经济优势，以绿色产业为基础，发展新型绿色产业；双低型在开发中保护，强调资金、人才和技术的引进，做好规划协调，促进经济社会发展与生态环境协同发展。

本章对东北地区经济发展与生态环境耦合协调度进行测度、结果分析和类型划分，从以上研究结果验证了经济与生态环境耦合协调发展，是在人地关系发展的背景下形成了由非协调向协调阶段过渡的过程，具有一定的必然性。鉴于在研究过程中受到数据可得性的限制，本章仅测度了副省级城市和地级市层面的经济发展与生态环境耦合协调性问题，在未来研究过程中，将会对数据进行补缺，缩小研究尺度，揭示经济发展与生态环境的相互作用、内在机理和调控路径等内容。

第七章

国内外区域一体化发展经验分析及启示

第一节　国内区域一体化发展策略模式及启示

区域一体化是自20世纪90年代以来最具活力的经济现象，它与经济全球化一同推进着世界经济快速发展，塑造了当今世界经济格局。双边或有限多边的区域一体化合作一路高歌猛进，成为目前最具研究价值和现实意义的经济活动之一。国内区域一体化发展主要包括长三角一体化、珠三角一体化、京津冀一体化、成渝城市群、粤港澳大湾区。

一、长三角一体化发展

长江三角洲地区是中国第一大经济区、国家定位的我国综合实力最强的经济中心、亚太地区重要国际门户、全球重要的先进制造业基地、我国率先跻身世界级城市群的地区，同时具备地理优势与经济优势，被誉为中国发展的“金三角”地区。国家在专项规划编制、项目安排、体制创新等方面给予积极支持，为促进长江三角洲地区加快发展创造良好的政策环境。

（一）背景

自1982年12月建立上海（长江三角洲）经济区以来，长三角区域一体化发展已经持续推进了41年。从地理概念的长三角上升至国家战略的长三角一体化，经历了区域合作试行期、自发合作期、一体化制度建设期、国家战略期四个时期。2018年11月，长三角一体化发展上升为国家战略，其核心就是要推进更高起点的深化改革和更高层次的对外开放，打造面向全国的进一步改革开放的载体。进入新时代，长三角一体化落实新发展理念，同“一带一路”建设、京津冀协同发展、长江经济带发展、粤港澳大湾区建设相互配合，构建中国特色社会主义现代化市场经济体系，完善改革开放空间布局。在新一轮科技革命机遇下，长江三角洲地区形成世界级城市群，并作为枢纽平台支撑“一带一路”与长江经济带发展。

（二）城市规模与空间形态特征

狭义的长三角城市群包括上海市和江苏省、浙江省、安徽省中的25个城市，广义的长三角城市群包括三省一市全部41个地级及以上城市。基于已有文献，若对长江三角洲地区不同城市的规模分布特征进行识别，则将区域内所有地级市市辖区、县级市和县按常住人口规模分为500万人以上、300万~500万人、100万~300万人、50万~100万人和50万人以下五类。整体来看，长江三角洲地区的城市较为密集，各个规模等级的城市都有分布且城市数量相应较多，尤其是500万人以上和300万~500万人的大城市。大城市的人口比重还在不断提升，规模分布的集聚特征具有日益增强的趋势，城市数量都有显著增加，相比之下，低规模等级城市的数量和人口占比则是逐渐减少。

长江三角洲地区目前在空间上初步表现出“中心城区—都市区—城市群”的多层次嵌套型的结构。从整体的空间层面来看，核心大城市主要集中在由“合肥—南京—上海—杭州—宁波”所构成的“之”字形沿线，即上海及与其相近的江苏南部和浙江北部地区构成了城市群整体的中心。并且随着时间的推进与经济的不断发展，“中心”地区的人口增加得更快，而“外围”地区的人口增加较慢甚至出现了城市收缩的现象，但集聚仍是长江三角洲地区现阶段发展的主要特征和趋势。

（三）主要举措与成效

长三角一体化发展重在追求高质量、一体化发展，推动区域从利益共同体走向命运共同体，需要率先探索推动区域一体化发展的路径举措。

（1）经济效能提高。根据《国务院关于进一步推进长江三角洲地区改革开放和经济社会发展的指导意见》，长三角经济圈是综合实力最强的区域，以占全国2%左右的国土面积和10%左右的人口，创造了全国GDP总量的20%以上。

（2）政务合作惠民效果明显。政府层面大力优化区域合作机制，形成决策层、协调层和执行层“三级运作”的区域合作机制，长三角战略决策一体化协作机制分工明确，具体机制设计包括主要领导座谈会确定任务方向、联席会议协作监督、联席会议办公室和重点合作专题组负责政策和项目落地。在此基础上，长三角一体化发展逐渐形成了12个重点合作专题，包括交通、能源、信息、环保、科技、信用、社保、金融、城市合作、涉外服务、产业以及食品安全，覆盖社会发展的重要维度。

（3）缩小城乡区域发展差距。完善农村的基础设施建设，保障城乡物资流通、信息交流。农村地区拥有着丰富的资源但流通受限，需要通达的交通设施和信息交互平台来实现市场一体化。建立城乡一对一互助机制，一方面由“先富带动后富”，由富有城镇为落后乡村建设提供资金、技术、经验等方面的支持；另一方面由农村地区为城市地区提供农产品、电力等资源，促进双方的经济社会发展。

（4）优化科技创新动能。为实现创新驱动发展，长江三角洲地区优化创新环境，为创新型企业提供宽松的政策和减税措施，以达到帮助科创企业孵化和发展的目的；为创新人才提供便利的落户政策和良好的生活环境，吸引劳动力流入。

（5）提高资源配置效率。保障科技要素自由流动，推动科技创新为产业赋能。在推动科技创新为产业赋能方面，完善高校、科研院所与企业的合作机制，推进科研成果转化为经济效益。推进云计算、人工智能等技术的产业化，发挥其产业结构调整方面的作用，提高长江三角洲地区资源利用效率。推动高新技术应用，提高企业信息化管理能力，从而提高长江三角洲地区供应链条的运作效率。

二、珠三角一体化发展①

珠三角靠近港澳地区，便于招商引资；毗邻港澳和东南亚，是我国著名的侨乡；地势低平，珠江有八大口入海，河网水系发达，港口众多，交通极为便利；具有十分突出的农业资源优势，土地肥沃，灌溉水源充足，农作物可全年生长。得天独厚的优势促使珠江三角洲将成为我国交通最发达的区域。

（一）背景

自 1994 年 7 月正式提出建立珠江三角洲经济区以来，作为我国经济发展水平最高、经济实力最强的地区之一，珠三角不仅是广东省经济社会发展的重心，也是全国最重要的区域经济增长极。根据 2008 年国务院颁布的《珠江三角洲地区改革发展规划纲要（2008—2020 年）》，珠三角地区包括 9 个城市：广州、佛山、肇庆、深圳、东莞、惠州、珠海、中山和江门，面积约 5.48 万平方千米，位于广东省中南部，毗邻港澳，被称为中国的“南大门”。凭借毗邻港、澳的区位优势，珠江三角洲在改革开放中先行一步，先后经历了乡村工业化、城市工业化、大都市区化发展阶段，从传统桑基和蔗基鱼塘地区演变为“世界工厂”，逐步发展成为全国重要增长极，同时也是中国市场化程度最高、最具经济活力的地区之一，与长江三角洲城市群、京津冀城市群共同引领中国经济发展。

① 珠江三角洲后已并入粤港澳大湾区，此处仅对其作简要分析。

（二）城市规模与空间分布特征

珠江三角洲城市群位于中国南部沿海地区，包括广州、深圳、珠海、佛山、东莞、肇庆、江门、中山、惠州 9 个城市，下辖 40 多个区县。区域内土壤肥沃，水资源充沛，动植物资源丰富，是全国光、热、水资源最丰富的地区之一。其中，粤中地区形成了“广佛肇”都市圈、珠江东岸和西岸形成了“深莞惠”“珠中江”都市圈，逐渐形成了“中部地区领先，东西两翼齐飞”的区域发展格局。珠三角地理位置优越，基础设施完备，产业体系丰富，相较国内其他地区拥有得天独厚的发展优势。

（三）主要成效

改革开放以来的持续高速发展为珠江三角洲空间的发展过程及模式的梳理提供了极好的契机。尽管珠江三角洲发展的宏观市场环境相似，但从改革开放开始就基于不同的资源禀赋和制度管治采取了不同的发展路径。

（1）政策力度强化，促进城市带动发展。珠江三角洲是我国经济发展的前沿地带，政策倾斜力度远高于其他地区，然而在珠江三角洲内部，广州和深圳等市的政策力度又远高于外围地区。中央政府在改革开放初期对珠江三角洲的分权和实验思路，使得各个城市通过结合本地情况和地方政府的制度实践形成不同的发展模式，从而建成密集发展的都市建设带。

（2）创新竞争加大，在经济全球化和知识经济快速发展背景下，创新活动和创新竞争开始在高度一体化的城市群尺度上展开。科技创新逐步回归于产业应用，历史上桑基鱼塘农业是珠三角最具代表性的传统农业生产模式，随着社会经济的发展和科技水平的提高，以生产现代化和功能多样化为特点的都市农业在珠三角城市群地区迅速发展，农业生产本身具有较高的脆弱性，在城镇化空间挤压农业生产空间、劳动力非农化转移、农产品市场价格波动等因素的综合影响下，都市农业的发展也充满不确定性。珠三角都市农业经历了由单一功能向多功能的转变，探讨其功能演变背后的权衡与协同机制有利于研判珠三角内部不同区位都市农业的发展方向和短板所在，扬长避短，进而推动都市农业的高质量、现代化、科技性发展，使都市农业的多功能效应得以充分发挥。

（3）区位优势开发，促进经济发展。珠江三角洲位于广东省中南部，是中国城市化水平最高的地区之一，其中位于伶仃洋两侧的广州、深圳、佛山、东莞、中山、珠海6市，以不到40%的用地创造了该区近90%的经济总量。根据2019年《广东统计年鉴》，珠江三角洲城市群GDP总量为8.69万亿元，约占广东省GDP总量的80%，常住人口为6446.89万人，城镇化率高达86.28%。

（4）要素资源明晰，核心优势互补。改革开放初期，珠三角有接近于无限供应的劳动力，而香港拥有发达的生产性服务业。珠三角的劳动力优势成为核心的比较优势，促进了“前店后厂”发展模式的形式。

三、京津冀一体化发展

京津冀区域经济一体化是我国区域经济研究的热点问题之一。京津冀地区整体科技竞争的实力较大，区域内蕴含了一条极有实力的高新技术产业带，同时拥有八大产业区，并且聚集了各类科研人才，使得三地有相互借力发展的空间。京津冀区域内的互补性包括生产要素互补、旅游资源互补、交通设施互补以及产业结构互补。区域性政策和规划的出台促进了京津冀都市圈的发展，国际产业转移格局的变动促进了京津冀都市圈产业结构的优化升级，周边省份的崛起为京津冀都市圈创造了良好的经济腹地。

（一）背景

2014年2月26日，习近平总书记在北京主持召开座谈会，专题听取京津冀协同发展工作汇报，京津冀协同发展上升为重大国家战略。

2015年6月，中共中央、国务院印发实施《京津冀协同发展规划纲要》，为推进京津冀协同发展提供了基本依据和行动指南。依据该纲要，2020年京津冀协同发展实现中期目标，初步形成京津冀协同发展、互利共赢的新局面。党的十九届五中全会指出，“十四五”规划期间要继续优化国土空间布局，推进区域协调发展，坚持实施区域重大战略，构建高质量发展的国土空间布局和支撑体系。2021年3月发布的《中华人民共和国国民经济和社会发展第十四个五年规划和2035年远景目标纲要》把“加快推动京津冀协同发展”放在“深入实施区域重大战略”的首位，并将其列为全国“加快打造引领高质量发展的第一梯队”。2020年是京津冀协同发展实现中期目标的收官之年。

2022年党的二十大报告指出，在经济社会进入高质量发展阶段的背景下，科学评价京津冀协同发展的成效，分析京津冀空间结构，总结发展经验，梳理发展存在的障碍，探讨进一步深入推进京津冀协同发展、重塑空间格局的路径。

（二）城市规模与空间分布特征

京津冀包括北京、天津、河北三省市，地域面积约21.6万平方公里，占全国国土面积约2.3%，2020年末地区常住人口1.1亿人，占全国总人口约7.81%，地区生产总值8.64万亿元，占全国约8.5%。[①] 京津冀同属京畿重地，濒临渤海，背靠太岳，携揽华北、东北和西北，战略地位十分重要。同时，京津冀地区还是我国经济最具活力、开放程度最高、创新能力最强、吸纳人口最多的地区之一，是拉动我国经济发展的重要引擎。京津冀地缘相接、人缘相亲，地域一体、文化一脉，具备良好的协同发展条件，长期以来三省市不断探索协同发展的路径。

京津冀城市群创新联系网络呈“极核式”发展特征，核心城市中心地位不断提高、城市群创新联系过度依赖于核心城市的中介作用，京

① 国家发展改革委．京津冀协同发展［EB/OL］. https：//www. ndrc. gov. cn/gjzl/jjjxtfz/201911/t20191127_1213171. html.

津冀的空间布局受到地区资源禀赋、交通基础设施、市场规模、生产性服务业、工业企业规模、政策制度等多方面因素的影响；其中，交通基础设施、消费市场规模、交通运输、邮政和仓储以及工业企业规模的影响起促进作用。京津冀的空间布局是产业技术经济关联、产业空间分布、地区贸易联系和地理空间距离四方面主要因素相互作用的结果，且中心城市起到关键性作用。

（三）主要成效

京津冀地区经济发展迅速，以北京和天津为经济增长的龙头，带动了京津冀地区经济的腾飞，使京津冀地区成为中国区域经济增长最快、经济发展水平最高的地区增长极之一。京津冀协同发展重在疏解非首都功能、解决北京“大城市病”等问题。

（1）优化经济结构，贯彻高质量发展。经济是影响地区高质量发展的决定性本底因素。北京、天津、唐山等“核心”地区经济基本面指数远高于邢台、邯郸等“边缘”地区，由于天津经济基本面指数持续下降，北京的核心地位更加凸显。同时，通过产业结构、科技创新、绿色发展等方面不断进行区域协调，从而优化经济结构，促进高质量发展。

（2）推进城市化水平，兼顾生态资源发展。城市化与生态环境之间是长期发展的关系，伴随着技术方法的革新，可以更好地了解城市化与生态环境发展的模式；通过改变人们的生活方式和传统消费理念来影响资源利用方式和环境保护治理效果；经济总量的增加，使城市更具能力进行环保投资，在一定程度上缓解生态压力。

（3）产业布局合理，城市空间关联紧密。产业链节点布局方面，天津、北京、石家庄、唐山、沧州为核心分布城市。天津制造业综合实力最为突出，北京在高技术和高附加值制造业方面具有绝对优势，石家庄在食品饮料、纺织皮革等制造业方面具有较大优势，唐山在金属冶炼和金属制品方面的优势地位突出。计算机、通信和其他电子设备，交通运输设备和汽车制造业的空间集聚水平较高。

四、成渝城市群一体化发展

城市群作为城市化高级阶段的产物，日益成为中国新型城镇化建设的主体形态。成渝城市群处于全国“两横三纵”城市化战略格局沿长江通道横轴和包昆通道纵轴的交汇地带，是全国重要的城镇化区域，具有承东启西、连接南北的区位优势。自然禀赋优良，综合承载力较强，交通体系比较健全。成渝城市群是西部经济基础最好、经济实力最强的区域之一，电子信息、装备制造和金融等产业实力较为雄厚，具有较强的国际国内影响力。人力资源丰富，创新创业环境较好，统筹城乡综合配套等改革经验丰富，开放型经济体系正在形成，未来发展空间和潜力巨大。

（一）背景

2003 年，中国科学院地理科学与自然资源研究所发布的报告显示，重庆和成都正在带动中国西部其他中心城市形成以人力资本、产业、技术和文化为一体的都市圈。其后，四川与重庆在农业、交通、旅游、科技、文化等方面不断加强协作，深入开展区域经济交流合作。2011 年 5 月 5 日，《成渝经济区规划》获得中央政府批准，两地加快政产学研合作以及区域资源共享。2016 年，成渝城市群的提出再次强调，成都和重庆作为区域领导者应该推动、加速其他城市进入一体化发展轨道，以此缩小中国西南地区城市之间的差距。2020 年初，中央第六次财经委员会首次提出推动成渝地区双城经济圈的建设，将该经济圈打造成为中国西部的重要增长极。成渝城市群是引领西部大开发、提升我国内陆开放水平、加快西部发展速度的重要支撑，在推进区域协调发展、全面建成小康社会中具有重要的战略地位，同时也是西部地区的创新高地，在西部的科研投入等创新要素中占有举足轻重的地位。2021 年 10 月，中共中央、国务院联合发布了《成渝双城经济圈规划发展纲要》，标志着成渝双城经济圈建设辉煌时代的到来。

（二）城市规模与空间分布特征

根据国家发展改革委2011年发布的文件、《成渝城市群发展规划》和成渝地区双城经济圈的规划，四川省共有15个城市，重庆市共有27个区县列入成渝城市群发展名单。成渝经济区包括四川省的成都、德阳、绵阳等15个地级市下辖的118个区、县，以及重庆市的渝中、江北、渝北等29个区、县，共计147个区、县级行政单元，总面积20.6万平方千米。成渝经济区2015年GDP为37980.46亿元，常住人口9281.18万人，城镇化水平约为45%。在成渝经济区的147个区、县级行政单元中，部分区、县空间区位邻近，其城市物质要素与空间形态在地理尺度上已发展成为统一整体，难以进行分割和剥离。成渝城市群最初以重庆、成都为中心城市，随着中心城市引领周围城市的不断发展，在进行区域优化扩张的同时发现，德阳、遂宁、万州、渝西片区有潜力成为经济圈中的中心城市。重庆和成都是成渝地区双城经济圈的双核，是中国西部重要的经济中心，是影响经济圈其他城市发展可持续性的领导者。

（三）主要进展与成效

城市群的本质是特定空间内由不同规模等级的城市在分工与协作基础上所形成的具有密切联系的一体化功能区域。成渝城市群位于长江流域的上游，是西部地区经济基础较好和增长潜力极大的区域，也是西部大开发的重要支撑点。基于西部的发展与环境的调和，成渝城市群在各个方面展示了西部城市的发展契机。

（1）加大政策扶持，深化经济发展。成渝城市群在政策扶持下将到达加速发展的阶段，这两个城市的城市人口、经济规模和基础设施投资相似。城市之间的合作与竞争有利于城市经济的飞速发展，并将经济效益辐射到附近的城市。四川省政府和重庆市政府共同构建步调一致的制度框架和实施细则，在建设成渝地区双城经济圈的背景下，进一步加强了公共服务体系建设和服务水平。

(2) 明确产业定位，发挥城市优势。成渝城市群主要以重庆、成都为中心，尽管目前很多城市的发展愈发显现出中心城市的特征，但仍旧存在产业空间分布不均，产业结构过度集中的情况。针对各个城市的发展状态及发展优势，在产业定位方面，明确了成渝经济圈中各城市的产业定位，强调错位发展、优势互补，形成特色鲜明的协同发展模式；在产业结构方面，推动了地区差异化、促进了上中下游以及关联产业的衔接。打造服务业产业集群，服务业整体的发展水平的明显提高。

五、粤港澳大湾区一体化发展

深圳、东莞和惠州是粤港澳大湾区的科技发展重地，均具有一定的科技发展基础，尤其是深圳的科技创新实力雄厚。东莞通过大力实施“科技东莞”工程，科技创新能力显著提升，制造业转型升级进程加速，产业结构逐步向中高端迈进。惠州近年来在科技创新方面逐渐取得了一系列亮眼的成绩，创新水平不断提高，在科技创新和科技产业方面具有明显优势。随着深莞惠的进一步融合发展，区域集聚程度的不断提高，为深莞惠支撑湾区经济发展提供了良好的发展基础。

(一) 背景

国际上著名的湾区有纽约湾区、旧金山湾区、东京湾区，这些湾区都是显著地带动了区域经济发展。我国主要湾区是粤港澳大湾区，粤港澳大湾区包含“三套法律体系”“两种制度”“三个关税区”，是我国重要的区域增长极。

2016 年国务院的《政府工作报告》中提出“研究制定粤港澳大湾区城市群发展规划”的设想。随后在 2017 年，国家发改委与广东、香港、澳门共同签署了《深化粤港澳合作推进大湾区建设框架协议》，提出要将粤港澳大湾区建设成为充满活力的世界级城市群和国际一流湾区。2019 年《粤港澳大湾区发展规划纲要》颁布，正式把建设粤港澳大湾区上升为与“京津冀”“长三角”比肩的国家战略。

当前粤港澳大湾区已经成为国内最发达的经济核心区之一。

（二）城市规模与空间分布特征

粤港澳大湾区包含的城市有：香港、澳门、广州、深圳、佛山、珠海、惠州、东莞、中山、江门、肇庆。粤港澳大湾区交通网密集，形成从1980年之前建设干线铁路、国省干线；1980～1990年，铁路干线改造、建设国道、开辟沿海枢纽港等举措；1990～2000年，通过高速公路、沿海港口、枢纽机场、干线机场的建设，初步形成了区域骨干交通网；2008年至今，大湾区的高铁、城际/轻轨、地铁等轨道网络建设加速，同时伴随广州、深圳、香港等地在机场、高铁、港口等重大枢纽设施的共建共享，与高铁、城轨、地铁织成了高密度的网络体系，为粤港澳大湾区的空间一体化提供稳固基础。

（三）主要进展与成效

粤港澳大湾区发展重在探索打破“一国两制”制度差异而强化大湾区协同发展的路径。同时，粤港澳湾区战略对消除粤港澳三地行政界线，促进要素、资本流动，推动地区合作与经济发展有着至关重要的作用。如今，粤港澳大湾区作为我国湾区经济的代表，已经取得了一定发展。

（1）制度优势突显。粤港澳大湾区的最大优势是港澳两个特别行政区，拥有“一国两制”特殊制度优势，国际化程度高，全球资源集聚能力强。长期以来粤港澳地区各大城市之间相互学习、相互渗透，在贸易发展、资金、技术引进等方面优势互补，形成跨边界、跨制度、紧密联系的区域合作整体。目前粤港澳大湾区不仅存在制度优势，还拥有深圳、珠海两大经济特区以及广州南沙、深圳前海、珠海横琴三大独立关税区，叠加了诸多的优势政策。“一国两制”和3个独立关税区为粤港澳大湾区的发展提供了灵活的制度安排。

（2）贸易紧密相连。粤港澳大湾区利用当地港口城市推动贸易，并在经济稳步发展的情况下，进一步完善通信、交通等各种类型基础设施建设，加强大湾区之间各个城市经济和社会联系，实现了高效协同发展，使得区域经济一体化逐渐凭借区位优势带来规模经济效益。

（3）科技人才高端培养。在湾区经济发展过程中，创新经济就是引擎，知识型创新经济产业是与科研投入和人才培养分不开的，当前我国湾区经济借助教育资源互动，吸引国际人才；同时，为了减少对于国际技术的依赖，湾区还提高科技创新主动权，发展高新技术产业，做好湾区内外部知识传递和学习。

（4）产业聚集效应增强。粤港澳大湾区的供应链已经根植在大湾区的各个城市，如广州、佛山、深圳、东莞、香港、澳门可以通过机场、港口、站点串联起各城市的教育科研、生产制造、产品金融、产品展贸、金融服务等产业链上不同的环节，按照需要组织产业链条合作。

这种供应链正在重构粤港澳大湾区新的比较优势，并且在不断强化大湾区的产业集聚效应。粤港澳大湾区在行业上具有相似性，可以通过共同发展降低发展成本，获得更大的溢出。大湾区的企业在空间上具有邻近性，能够共享知识溢出。创新空间的邻近可以让大湾区的企业实现更加快速的迭代与衍生，进一步促使大湾区成为紧密联系的有机整体。

六、对东北地区一体化发展的启示

通过对国内已有区域一体化实践的发展情况观测，城市不是孤立存在的，而是与周围地区存在着多方面的作用和交流，区域一体化在地理区位、基础设施、产业结构、生态环境、人才流动等方面都呈现出网络化特征。东北地区在政策供给不断加强、经济持续下滑得到扭转、营商环境明显改善、创新能力不断提升的情况下，应进一步推动东北一体化进行全方位，多方面的发展。

（一）发挥地理优势，积极融入东北亚一体化发展

东北地区是中国的一个地理大区，也属于第二阶梯的经济大区，具有重要的战略地位。东北地区包括辽宁、吉林、黑龙江，以及旧为东北

九省管辖之内的内蒙古东六盟市（呼伦贝尔市、兴安盟、赤峰市、通辽市、锡林郭勒盟、昆仑都区）在内148万平方公里的区域。东北地区作为中国接壤俄罗斯与日本最好的发展地区，其发展必然与东北亚一体化的发展趋势息息相关。

东北亚一体化作为世界第三大区域集团，能够加强科技开发、人才交流等方面的合作，成本小、效益高，大有可为。如今，中俄边境已建立起了有助于俄罗斯远东南部地区和中国东北各省相互促进发展的经济空间。4000多公里的边界线及经济上的互补性是俄罗斯远东地区与中国经济一体化发展的推动因素。俄罗斯远东地区自然资源丰富，而中国正处于经济快速发展阶段，急需各种资源。中俄两国在这方面存在着较强的互补性。

东北三省与俄罗斯、朝鲜、韩国以及日本相邻或相近，有许多独具特色的边境城市，港口贸易也十分盛行，并与这些国家在经济发展上存在很强的互补性。由于地理和历史上的原因，东北地区还形成了一些具有异国民族风情和文化特色的区域，加深了与相邻国家的文化沟通和贸易往来。东北地区应发挥区位优势，扩大开放，并积极融入东北亚区域经济一体化发展。

东北地区与内蒙古自治区东部的赤峰市、通辽市、兴安盟和呼伦贝尔市相邻。东北三省的矿产资源形势已经发生了很大变化，其矿产资源总体优势在逐渐丧失，其中石油、煤炭、有色金属、林木等资源的丰度已经明显下降，并不可避免地导致矿产采掘业的整体萎缩，资源产业走向衰退期。内蒙古东四盟市有丰富的矿产资源储备且开采度较低，这里有煤炭、黑色金属矿、有色金属矿、贵金属矿、非金属矿等；仅呼伦贝尔市的煤炭探明储量就是辽宁、吉林、黑龙江三省总和的1.8倍；赤峰市是国家重要的黄金产地和能源及有色金属基地，这些矿产资源为发展煤炭、电力、冶金、建材、化工提供了优越条件，为打造东北装备制造和原材料两个基地提供了广阔的发展空间和难得的机遇，为资源日渐枯竭的东北三省的许多城市提供丰富的有色金属原材料和煤电，为这些城市装备制造业的腾飞提供资源和能源依托；同时，也为内蒙古东部潜在的资源优势转化为现实的经济优势迎来了历史性机遇，为带动内蒙古东部的腾飞以及区域经济的协调发展提供了不可多得的契机。

（二）合理利用生态资源，推动产业绿色发展

东北地区占有促进农业发展良好的自然条件，水绕山环、沃野千里是东北地区地面结构的基本特征，土质以黑土为主，是形成大经济区的自然基础。南面是黄、渤二海，东面和北面有鸭绿江、图们江、乌苏里江和黑龙江环绕，仅西面为陆界。内侧是大、小兴安岭和长白山系的高山、中山、低山和丘陵，中心部分是辽阔的松辽大平原和渤海凹陷。东北平原面积高于全国平原面积的比重，东北平原（具体可分为松嫩平原、辽河平原、三江平原）、呼伦贝尔高平原以及山间平地面积合计和山地面积几乎相等；东北拥有宜垦荒地约1亿亩，潜力之大国内少有。

由于生态建设效果不稳定，省市间差距扩大，因此应加强生态管控，提升区域环境承载力。从生态环境角度看，近年来，东北地区在推进生态一体化进程中面临一些困境，如区域内工业排放的控制效率失衡、多主体协同治理环境难以进行融合以及跨区域生态污染治理的利益难以协调等。应进一步加强东北地区跨城市环境的治理合作，提升区域资源环境的承载能力。东北地区产业联系较弱，城际产业链不完整。产业链是区域发展与一体化发展的重要载体，东北地区要实现一体化发展，形成“经济圈”，现有的单打独斗已经无法实现，而是需要以产业集群的发展带动经济发展，形成城市与城市的协作，即城际产业链，这样才能在地方上形成更大的产业集群，从而产生整合协同效应。

为了实现生态与产业相融的目标，东北地区需扎实推进从单向度支持到多维度协同的过渡，将生态环境与产业提升融合，将同质化竞争调整为同城化合作，从而体现出各具特色的创新体系和创新生态，孕育世界级优质营商环境，以增强生态化对外开放的后劲。

（三）发挥区位交通优势，促进城市群发展

东北地区交通运输体系健全，交通网密度逐步提升。东北地区在抗

战时期就形成了相对完备且密集的铁路交通运输路线，随着高铁、轻轨等在全国盛行，东北地区城市铁路兴建发达，与周边城市建立起紧密的路线运输。交通运输能力饱和，但地区间差距较大，所以应优化城市功能，充分利用交通运输便利的优势，规划智慧交通网，建立城市群发展。例如，辽宁地区设立沈阳直辖市，形成包括抚顺、本溪、辽阳、辽中在内的半小时基础工业经济圈，再加上鞍山、铁岭在内的一小时基础工业经济圈，以集中东北钢铁、其他有色金属、机床和机械制造、飞机、兵器工业等产业，形成以基础工业为根基的新工业中心，发挥振兴东北工业的引领和榜样作用。吉林与黑龙江也在各自区域形成对应的基础经济圈以及重点产业形成圈，如环哈尔滨—长春—松原—绥化城市群及环渤海城市群，从而进一步加强沈大哈长四大城市在东北振兴的支撑作用。目前，东北地区已经初步形成区域交通综合骨干网络，但系统运输能力趋于饱和，三省的交通网络密度仍有提升的空间，尤其是与其他世界级城市群相比仍存在一定差距。辽宁、吉林与黑龙江要进一步加大三省城市群的发展，凸显三省各自优势，提升东北区域综合交通网络整体运行效率，增强东北地区交通服务的便捷性。

（四）发挥科研优势，提升创新水平

东北地区应加大创新投入力度，推动创新成果转化水平持续提高。东北地区的科研经费投入和科技人才投入等目前均处于创新投入水平不足的情况。政府倾向于通过创新补贴引导企业加大创新投入，但由于创新发展资金缺口较大，仅靠政府补贴是无法满足日益增长的创新需求的。而融资环境优化则能够弥补政府创新补贴不足、拓宽企业创新资本来源、优化金融资本配置、解决市场创新融资困难、吸引配套创新要素流入。

东北地区的高等教育领域具有很强优势，我国目前拥有 39 所“985”高校，其中坐落于东北的就有 4 所，分别是：大连理工大学、东北大学、哈尔滨工业大学、吉林大学。尤其是哈尔滨工业大学更是 C9 联盟中的一员，常年稳居各类高校前十名。除了“985”高校，“211”

高校在东北也有5所，分别是大连海事学院、辽宁大学、延边大学、东北林业大学、东北农业大学。如此一来，最顶尖的高校东三省就占据9个名额，在我国除了北京和上海之外，再也没有任何一个区域有如此高密度的高校分布。

东北地区作为重工业发展地区、农业待发展地区，技术人员是人才中的首要问题。新兴技术人员的引进不仅需要国家政策的支持，也需带动当地教育进步发展，其中，注重教育的实用性是至关重要的问题。此外，东北地区对当地高学生毕业生实行两助一补政策——助公平，防止黑幕；助机会，鼓励青年各路进军；补房款，毕业留省市的住房补贴。

第二节　国外区域一体化发展与国际合作的策略模式及启示

一、国外区域一体化发展

二战后，为了避免世界大战再次发生、维护国家间的和平，一系列的国际性组织应运而生，如1945年建立的联合国（United Nations，UN）和国际货币基金组织（International Monetary Fund，IMF）。随着法德的和解，加之发展经济的需要，欧洲国家深切感受到走向联合的必要性和重要性，并由此走上了一体化的道路。

（一）欧盟“多层治理”型模式

1. 欧盟一体化发展历程

1951年4月，法国、联邦德国、意大利、比利时、卢森堡和荷兰在法国巴黎签订了条约，即《巴黎条约》，并成立了欧洲煤钢共同体，成为推进区域一体化的初步尝试。根据《巴黎条约》的规定，欧洲煤钢共同体的使命是建立6个成员国之间的煤钢共同市场，取消内部关税、商品数量限制和其他歧视性措施，调整煤钢价格，对煤钢生产进行干预和协调，以发展经济、扩大就业、提高生活水平。

1955 年夏，欧洲煤钢共同体各成员国的外交部部长在墨西拿会议上讨论了比荷卢经济联盟的提议，并建立了由比利时外交部长史巴克任主席的政府代表委员会商讨相关事宜。1957 年 3 月 25 日，欧洲煤钢共同体的 6 个成员国在罗马签订了《欧洲经济共同体条约》和《欧洲原子能共同体条约》，即《罗马条约》，建立了欧洲经济共同体（European Economic Community，EEC）和欧洲原子能共同体（EURATOM），条约于 1958 年 1 月 1 日生效，其首要目标是建立共同市场，完全消除成员国之间的关税壁垒，建立共同对外关税和共同贸易政策。

1958 年成立欧洲经济共同体和欧洲原子能共同体，希望能够创造共同市场，促进会员国之间劳动力、能源、资金、服务的自由流动。

1961 年 7 月，爱尔兰首先提出加入欧共体的申请；随后，1961 年 8 月，英国和丹麦也申请加入欧共体；1962 年 4 月，挪威提出申请。

1965 年 4 月，法国、联邦德国、意大利、比利时、卢森堡和荷兰 6 个国家签订了《布鲁塞尔条约》，决定将欧洲煤钢共同体、欧洲经济共同体和欧洲原子能共同体三个机构合并成立欧洲共同体（European Community，EC），总部设在布鲁塞尔，但是这三个机构仍然各自具有独立的法人资格。

1973 年 1 月 1 日，只有英国、爱尔兰和丹麦三个国家成功加入欧共体，欧共体成员国增至 9 个。1975 年 6 月，希腊提出加入欧共体的申请；1977 年 3 月，葡萄牙提出申请；1977 年 7 月，西班牙提出申请，开始了欧共体第二次扩大的进程。此次欧共体的第二次扩大只有希腊成功完成谈判，并于 1981 年 1 月 1 日成功加入欧共体，欧共体成员国增至 10 国。1986 年 1 月 1 日，葡萄牙和西班牙终于完成了同欧共体在农产品和劳动力等艰难议题上的谈判，成功加入欧共体，欧共体成员国增至 12 国。

1991 年欧共体召开了两次关于货币联盟与政治联盟的政府间会议。由于各成员国的利益不同，对于共同体未来发展的观点也存在着巨大差异，新条约实施得相当困难，直到 1993 年 11 月 1 日，《马斯特里赫特条约》才正式生效。此决定最重大的意义之一在于建立了一个新的组织——欧洲联盟，包括三个部分：欧洲共同体、共同外交与安全政策以及司法与内政事务合作。欧盟的建立是欧盟一体化进程中的一次突破性飞跃，标志着从经济实体向政治实体方向转变，欧盟成员国把更多领域的管理权转让给欧盟，超国家性质日益增强。

1999 年 1 月 1 日欧元正式启动，欧洲中央银行正式代替欧元区各成员国中央银行确定利率。2002 年 1 月 1 日，欧洲中央银行及各成员国附属机构开始发行统一货币，并开始各国货币与新货币的兑换工作；2002 年 7 月 1 日，各国货币退出流通，欧元成为欧元区的唯一法定货币。这不仅提高了欧盟在国际金融体系中的地位，打破了美元一统天下的局面，减少了并逐步摆脱对美元的依赖；还极大地增加了各成员国之间的合作信心和士气，保证了货币稳定和经济货币联盟的正常运行。

2003 年 4 月 16 日，欧盟在希腊雅典举行欧盟首脑会议，马耳他、塞浦路斯、匈牙利、波兰、捷克、斯洛伐克、爱沙尼亚、拉脱维亚、立陶宛和斯洛文尼亚 10 个国家与欧盟正式签署入盟协议。2004 年 5 月 1 日，这 10 个国家正式成为欧盟的成员国，欧盟成员国的数量也扩大至 25 个。2007 年 1 月 1 日，罗马尼亚和保加利亚两个国家正式加入欧盟。2013 年 7 月 1 日，克罗地亚正式成为欧盟成员国。2020 年 2 月 1 日，英国退出欧盟，现有 27 个成员国。

2. 欧盟一体化特征

区域一体化一般由地理相邻、经济发展水平相近、经济及人员交往密切的几个国家、地区或经济体开始创建，再不断吸纳周边或者距离更远的地区成员加入。首创的六国都是欧洲经济发展水平较高、交往密切且地理邻近的国家，这些发达的工业化国家之间经济差距较小、政治制度接近、文化观念相近，一体化成本较小。而在 2004 年吸收的东欧 10 国、2007 年和 2013 年分别吸收的罗马尼亚和保加利亚、克罗地亚等国家，经济发展水平差距较大，致使成员国间的垂直型分工有所增加。

欧盟是一种全面的合作机制。经济越发达，其经济边界扩张得就越快且越大，当经济发展到一定阶段，经济发展边界就会大大超出其行政边界或国界的范围，组建跨界的区域就成为一种战略选择。欧盟之间的合作不仅包括贸易、投资等传统合作领域，在财政、税收、农业、能源方面执行共同政策、实现了关税同盟，又创建了统一大市场，促使资金、劳动力、技术等要素自由流动，并统一货币。此外，各成员国的行为还受到了具有强制性制度的约束，一体化程度逐渐加深。

一体化过程是由主要成员为核心与动力进行的。欧洲经济一体化以法德两国为核心集团，以法德等六国为主体建立的共同体，在欧洲区域一体化过程中，起到了主导、引领、规范和推动的重要作用。随着一体化程度的加深，制度、观念、文化、习俗不同的国家主动让渡某些领域的管理权，推动一体化的进程，共同塑造了一个超越国家主权性质的共同体。

欧洲一体化进程先易后难，经历了关税同盟、共同市场、货币统一后，基本实现了统一大市场。通过各种要素跨国界的自由流动，实现资源的优化配置和共同繁荣，成员国经部分领域主权交给组织后，形成越来越像联邦制国家的“欧洲模式”。目前，欧盟作为全球一体化程度最高的地区组织，不仅建立了关税同盟和共同市场，还在成员国之间实现了经济货币联盟和统一货币，成为当前影响力最大的区域经济组织。

（二）日本“政府主导型”模式

二战后，日本从战争的废墟中崛起，实现了近 20 年的经济增长。1968 年成为世界第二大经济大国，成为东亚地区经济发展的“领头雁”。

日本把发展教育作为经济恢复和增长的一个重要着力点，重视教育和经济的一体化发展。战后初期，日本便实行九年制义务教育，之后重点普及高中教育，成为全民族受教育水平最高的国家之一。除了学校教育，日本政府还比较注重对劳动者生产技能、协作精神和相互协作能力等方面的培训，从小学开始就设有手工课，普通中学都设有工农商等职业课程，而真正担负职业教育的是职业高中和高等专科学校。企业内教育是日本职业教育中最重要、最成功、最具特色的部分，大企业结合生产和经营状况，普遍实行全员培训和职务层次教育。日本重视不同层次知识传授和素质教育的做法，可满足经济发展对各类高素质人才的需求。

重视科技对一体化发展的推动作用。技术进步是经济增长的原动力。二战后，日本在立法、外汇、投资等方面为引进技术做好各种准备。1950年的《外资法》提出，对引进外国技术的企业给予奖励。在广泛吸收世界先进技术的基础上，日本在战后较短时间内实现了经济高速增长，继而达到赶超欧美的目标。据日本著名经济学家筱原三代平等测算，1952~1961年和1960~1971年，日本经济增长中分别有70.2%和51.5%是依靠引进和应用新技术得以实现的。日本通过引进并改良国外先进技术，节省了研发时间和资金，有效地促进了经济增长，而经济的快速发展，又为日本继续引进和研发新技术提供了条件。

为实现城乡一体化，日本政府也采取了一系列措施，发挥了政府的主导地位。日本政府在建立农村社会保障体系过程中，始终处于主导地位。例如，参与农村医疗保险的组织经营，实施强制性保险，严格按照相关法律和内部规章进行运作并予以监管。

增加社保资金的财政投入。日本政府重视保护农民这一弱势群体，增加财政投入，多渠道筹集社会保障资金，在财政拨款上注重向农村和农民倾斜。如国民健康保险的保费，由政府承担50%，在政府承担一定比例的保费之后，农民根据年龄和险种等不同负担不同比例的保费建立城乡统一的养老医疗保障体系。

建立农民年金制度。日本《农民养老基金法》中规定，1971年1月开始实施农民年金。年金由农民缴费、政府补助和年金运营收益构成。农民年金制度在调节城乡协调发展方面起到了很大的杠杆作用，不仅稳定了老年农民收入来源，缩小了城乡社会保障差距，而且使日本农业经营者保持年轻化。随着一系列政策措施的落实，日本逐步将纯农民、失地农民、兼业农民纳入社会保障，建立了城乡一体化的社会保障体系。

为保障一体化发展顺利进行，政府出台一系列具有连续性和稳定性的经济政策。日本政府践行依法治国的理念，通过制定相应的法规对各类经济活动进行规范和制约。战后初期，日本对《日本银行法》《商法》《保险业法》等原有法律作了重大修改，并制定和实施《农地调整法修正案》《经济力量过度集中排除法》《禁止垄断法》《劳动标准法》《地方财政法》《国土综合开发法》《工业标准化法》等。随着经济的发展，日本的法规体系也在不断完善。在制定和实施法规的同时，日本政府也十分注重宣扬法治观念，强化执法监督，确保政策的稳定和行之有效。

日本政府注重为企业营造良好的市场经济环境。战后初期，日本实施一系列改革，逐步建立起市场经济体制。政府通过产业政策等引导企业的经营行为。1946 年，吉田内阁推行的“倾斜生产方式”，将有限的物资进行统一调配和集中使用，通过金融支持、补贴等措施优先发展钢铁、煤炭等产业，以此带动其他产业发展。到 20 世纪五六十年代，日本开始实行“重化工业化”政策，对企业引进外国先进技术和重要机械设备减免征税，并成立日本进出口银行、日本开发银行等政策性金融机构。“重化工业化”政策对促进日本企业规模化、确立制造业强国地位发挥了重要作用。政府与企业的关系高度密切，政府通过制定长期经济计划及产业政策，运用大量的经费支持和政策激励等措施引导企业的发展。而企业通常都会尊重政府的意向，并会付诸实施。日本政府退休高官往往会到大企业任职，这种政企之间的角色转换极大地增强了政府与企业间的交流与合作。

进入 20 世纪 80 年代中期以后，日本不仅是世界经济强国、贸易大国，也成为对外投资大国。但是其市场日益饱和，本应进行全面体制改革的日本，仍陶醉于战后巨大的成功之中，然而随之而来的则是沉重的“泡沫经济”。

（三）美国“市场主导”型模式

20 世纪 30 年代罗斯福执政期间，形成了一种以“市场主导”为主要特征的国内区域经济一体化发展模式。在国内区域经济一体化发展方面，美国联邦政府通过对落后地区进行扶持、弥补市场机制缺陷，确保市场机制在地区间能够正常运行。

加大研发投入和就业培训。美国商务部经济发展署通过提供一定经费的方式，鼓励受援开发区内的研究机构，如大学和非营利性研究部门为本地区发展提供建议，以帮助区内企业更新产品、提升其市场竞争力。同时，美国劳工部负责对贫困工人及失业者进行就业培训管理，以减少失业。同时，各州培训中心按照相应的贫困线标准对低收入者和失业者实施职业培训。政府通过给劳动者发放迁移补贴费和住房补贴费、提供就业信息等方式，鼓励引导劳动者南移，发展南部经济。

联邦政府通过立法举措加大对落后地区的投资。为长期稳定农产品价格、促进农业自由市场竞争、提高农产品质量，美国陆续制定实施了《农产品信贷公司特许法》《农业法》《联邦农业完善和改革法》等。美国1993年颁布了《田纳西河流域管理法》，对田纳西河流域的贫困地区实施开发。1965年，在商务部下设置了经济发展署进一步加强对困难地区实施经济援助。1998年，签署《联邦受援区和受援社区法案》，旨在对受援地区自我发展能力进行培育。

减小城乡差距，重视基础设施的建设。自20世纪30年代以来，美国一直尤其重视农村的交通、水电、排灌、市场及教育、文化、卫生等基础设施的规划建设，并取得了显著成效。经过多年的持续努力，不仅美国大部分农村的基础设施和公共服务水平与城市几乎相差无几，而且基础设施的高度现代化使城乡之间的差距大大缩小，出现了许多景观优美、环境优雅、设施齐备的“都市化村镇”，吸引了近50%的美国人口居住在村镇，实现了真正意义上的城乡一体化。此外，美国从20世纪50年代后期起，还富有针对性地制定了一系列优惠的郊区税收政策，鼓励城市工厂迁往郊区，促进了农村地区工业化发展。

生态环境保护。美国联邦政府深刻吸取了在其西部开发初期因掠夺式开发而造成生态环境严重破坏的教训，先后颁布了《泰勒放牧法》《农业调整法》《土壤和水资源保护法》等多部法律来加强对生态资源的保护。为了对水土流失进行治理，联邦政府先后建立了科罗拉多水系工程、麦米伦克尔水利工程、田纳西河流域治理工程等。为了有效治理跨区域的大气污染问题，1976年加州政府建立了南海岸大气质量管理区，管理区内的三个主要职能部分管立法、执法和监测，通过联防联控、法律手段、市场手段等途径对大气污染进行治理，有效地解决了加州的跨区域大气污染问题，并改善了加州的空气质量。

美国联邦政府对低收入家庭实施救援。其一是配套拨款援助。联邦政府确定家庭贫困标准后，各州政府首先划出一定比例的财政援助资金，然后联邦政府再按相应比例拨款支付给州政府，最后由州政府下发给贫困家庭；其二则是住宅开发补助。在联邦政府拨款给各个州后，各州政府可将拨款直接发放给低收入家庭，也可用于对房地产开发商进行支持，并通过对盈利率进行控制的形式使开发商为低收入家庭提供低价住房；其三是联邦政府向低收入家庭提供公共医疗保险以达到援助。

颁布物流运输相关法案。1991 年，美国发布了《多式联运地面运输效率法案》，该法案将美国的基础设施规划及基础建设投资方向纳入多式联运的发展范畴。同时，将公路路面的延伸拓宽、桥梁道路的新建、列车的增设及调整纳入考虑。此外，还倡导设立国家多式联运委员会，引进优秀人才，提高多式联运的效率。美国在发展多式联运后，市场集中度不断提高，市场涌现出一大批快速成长的企业及职业经理人，物流运输业快速发展。

二、国际合作交流

（一）中蒙俄经济走廊

2014 年 9 月，习近平总书记在出席中俄蒙三国元首会晤时提道："中方提出共建丝绸之路经济带倡议，获得俄方和蒙方积极响应。我们可以把丝绸之路经济带同俄罗斯跨欧亚大铁路、蒙古国草原之路倡议进行对接，打造中蒙俄经济走廊。"① 在 2016 年，三方正式签署了《建设

① 人民网．习近平：打造中蒙俄经济走廊［EB/OL］. http：//politics. people. com. cn/n/2014/0912/c1024 -25645517. html.

中蒙俄经济走廊规划纲要》，旨在增加三方贸易量、提升产品竞争力、加强过境运输便利化、发展基础设施等领域实施合作项目，进一步加强三边合作。

1. 三国的合作优势

地缘上，中蒙边界在20世纪60年代初划定并勘定后，已进行了两次联合检查，两国间不存在领土争端。同样，中俄4300多公里的边界线走向也已于2004年全部确定。蒙俄通过2000年签署的《蒙俄边界划定议定书》，解决了苏联时期双方国界线的“模糊”状态，由此保证了中蒙俄三国边境地区的稳定与安全。三国互开的边境口岸也不断增加，合作领域已从边境贸易向资源开发、生产经营、技术交流和金融服务领域拓展，形成了极为活跃的东北亚次区域合作地带。

在国家关系上，中蒙俄三国间不存在悬而未决的政治和历史遗留问题。中蒙俄三国都曾经是社会主义计划经济转型国家，有着相同的发展经历，同处于发展阶段。三国有着发展经济、维护国家主权安全的共同需求，在许多问题上有着共同利益和发展目标。2014年8月，习近平总书记访问蒙古国，将中蒙关系提升为全面战略伙伴关系。2014年9月，普京访问蒙古国，解决了基础设施、过境运输、公民互免签证等重要问题，双边关系发展有了一次突破。中蒙俄首次举行的三国首脑会晤，以及三国副外长级磋商机制的建立，加深了三方政治互信。目前，中蒙俄三国双边关系均处于历史最好时期，成为推动合作发展的积极因素，也使三边合作有长期维持的可能。

在经济方面，自进入21世纪以来，中国与蒙古国及俄罗斯之间的经贸合作不断升级。中国是俄蒙的最大贸易伙伴以及蒙古国的第一大投资合作伙伴，且俄罗斯是蒙古国仅次于中国的第二大贸易伙伴；同时，我国与蒙、俄在资源结构、产业结构、技术结构、劳动力结构等方面具有较强互补性。这不仅有助于我国充分利用两种资源、两个市场，进一步扩大与蒙、俄的经贸合作；还进一步增强了蒙古国和俄罗斯扩大与中国之间经贸往来的合作意愿。因此，构建中蒙俄经济走廊，符合三方的经济发展需要，可为三方提供更为广阔的经贸合作平台，实现互利共赢。

2. 中蒙俄经济走廊背景下东北地区一体化发展面临的机遇

（1）地理位置优势。黑龙江位于我国最北端，不仅是中国沿边开放的重要窗口，还是亚洲与太平洋地区陆路通往俄罗斯和欧洲大陆的重要通道；辽宁坐拥环渤海经济圈、东北亚经济圈以及东北老工业基地，经济发展潜力巨大，重工业基础雄厚；吉林拥有沿边近海的优良地理区位，靠近日本、朝鲜、韩国等国家，拥有发展对外贸易的天然优势。中蒙俄经济走廊的东线通道以辽宁重要沿海城市大连作为起点，利用现有的哈大齐工业走廊，连接至内蒙古呼伦贝尔市，经满洲里口岸连接俄罗斯外贝加尔斯克，直至俄罗斯跨欧亚大铁路的赤塔站。此外，我国最大的陆路口岸满洲里口岸，不但与俄罗斯赤塔洲后贝加尔斯克区相毗邻，还与蒙古国相连，贸易辐射范围广。

（2）能源资源优势。20 世纪，中国东北地区被誉为新中国的“工业摇篮”，是我国工业化的重要发源地。辽宁省拥有雄厚的工业产业基础，是我国重要的重工业基地，其通用设备制造业、专用设备制造业实力在全国名列前茅；黑龙江是我国重要的粮食区，石油、煤炭资源丰富；吉林的粮食生产、汽车制造业、医药制造业对其经济发展举足轻重。随着近年来经济走廊的深度发展，东北地区不断扩大同蒙俄两国在能源资源领域的合作，在充分发挥东北老工业基地资源的基础上，也解决了东北老工业基地资源枯竭型产业的接续问题。

（3）交通优势。蒙古国资源丰富，是一个没有出海口的内陆国家。据统计，蒙古国运输贸易成交额的 95% 是通过铁路完成的，与第三国的贸易交易大多是从中国的天津港中转的。在过境运输、出海口等方面需要中国提供一定的交通便利。近年来，东北地区不断建设“陆海空网冰”五位一体的交通发展格局，交通便利，公路、铁路、海陆系统发达。区域内拥有众多优良港口，包括超亿吨大港——大连港、营口港。区域内的京哈铁路将东北与华北两个区域连接在一起，深入腹地带动经济发展。此外，黑龙江、吉林对接了俄罗斯“滨海 1 号”线和“滨海 2 号”线，形成了便利的交通路线。这都对于推动中蒙俄经济及走廊的发展具有重要影响。东北地区的交通网不仅解决了蒙古国对外贸易运输的燃眉之急，还极大降低了运输成本，为贸易往来提供便利。

（4）国际环境的推动。因乌克兰问题，俄罗斯受到欧美国家的联合制裁，其中，能源领域是欧美国家联合制裁的重点领域。在西方国家打压和国际油价低迷的影响下，为了应对西方国家的联合打击，摆脱经济衰退，俄罗斯将战略目光向东转移，中国作为其长久的战略合作伙伴，在原有合作基础上，两国之间经济活动往来更加密切。而东北地区作为两国交通的重要枢纽，其战略作用不言而喻。

（二）图们江区域国际合作示范区

图们江区域（珲春）国际合作示范区，地处中朝俄三国交界处，示范区的范围约 90 平方公里，不仅与俄罗斯、朝鲜相邻，还与韩国、日本隔海相望。既是我国直接进入日本海（东海）的唯一通道，也是我国从水路到韩国东海岸、日本西海岸，以及北美、北欧的最近点，是重要的战略地位。

从地理位置来看，图们江区域位于中国、俄罗斯、朝鲜三国的交界处，同时还影响到周边韩国、蒙古国、日本等国，是一个多国接壤地带，为东北地区向其他国家地区进行多边合作奠定了基础。图们江区域聚集了东北亚地区的多国港口，如罗津、先锋、哈桑等现代化的港口，方便实现海上多边贸易发展。不仅如此，图们江还是通过西伯利亚大铁路到达欧洲的大陆桥始发地，是最简洁的欧亚国际大通道。这一区域有俄罗斯远东地区最大的港口城市，朝鲜日本海北部的大海港，以及中国延边自治州州政府所在地延吉市。

从交通来看，截至目前，长春—满洲里—德国（简称为“长满欧”）国际铁路货运班列已联通包括欧洲在内的十几个国家，为上千家企业提供了优质的产品及服务，如三星电子、现代、起亚、高露洁等众多世界 500 强企业，涵盖了东北地区、长三角、珠三角、日本、韩国等地区。2015 年 5 月 24 日，从中俄珲春—马哈林诺口岸出发至韩国釜山港的国际陆海联运航线正式启航开通，全程仅需 44 小时，极大地缩短了货物运输时间、提高了运输效率。此航线为东北地区进行跨境货物运输开辟了一条新通道，打通了东北地区乃至内陆腹地连接其他国家的货运路线。

从自然资源来看，图们江区域的资源种类丰富，开发潜力巨大。在石油和煤炭资源方面，图们江地区是亚洲最大的储油地带之一，如俄罗斯的储油量非常丰富，同时俄罗斯、蒙古国等国的煤炭储量也很高；在矿产资源方面，东北亚地区金属和非金属矿产种类多，其中包括铁矿、银矿、锰矿、镁矿、石墨等。此外，东北亚地区淡水资源和土地资源丰富。图们江区域各腹地对自然资源的开发较晚，很多资源甚至尚未开发或很少被利用，具备无限的开发潜力。除了能源矿产资源外，中国东北地区土地肥沃，其特有的黑土地蕴含大量的有机质，适合农业种植开发，以及在区域内开展大规模机械化耕作，如大米、豆类，并且拥有高产量，农业发展水平高。

从劳动力资源来看，图们江区域劳动力总量较多，但劳动力资源的分布也不平衡，如中国、日本和韩国人口密度较大，俄罗斯和蒙古国则人口密度极低。此外，受区域内技术水平、社会经济发展、历史文化等因素的影响，图们江区域内劳动力素质存在明显差异，日韩两国劳动生产率高，而朝鲜的劳动力价格低廉，尤其是东北地区有大量的剩余劳动力。作为老工业基地，东北具有装备制造、机械加工优势，属于劳动密集型地区，而随着国内经济重心的转移，东北地区出现大量闲置劳动力，农村剩余劳动力转移困难，就业增长率低。俄罗斯远东、日本、韩国仍缺乏大量的非熟练劳动力，东北地区可以向劳动力需求缺口输送一定的劳动力，推动一体化发展。

在我国实施“一带一路”倡议和“走出去”战略的大背景下，有利于打开我国东北地区对外合作“窗口”，大大提高东北地区对外开放的广度与深度，掌握我国在东北亚区域合作中的主动权并占据在图们江地区国际合作开发中的主导权。2011 年发布实施的《中华人民共和国国民经济和社会发展第十二个五年规划纲要》提出实施“走出去”战略和自由贸易区战略；2016 年发布的《中华人民共和国国民经济和社会发展第十三个五年规划纲要》进一步指出，以“一带一路”建设为统领，加快实施自由贸易区战略，丰富对外开放内涵，提高对外开放水平，努力形成深度融合的互利合作格局，开创对外开放新局面，打造陆海内外联动、东西双向开放的全面开放新格局。国家发展改革委印发的《东北全面振兴“十四五”实施方案》指出，建设开放合作发展新高地，加大对内开放合作力度，提升东北亚国际合作水平，打造高水平开放合作平台。由此可见，加快中国图们江区域国际经济合作开发，是培育振兴东北老工业基地对外开放重要窗口的迫切需要，也是东北地区发展外向型经济的迫切需要。

（三）对东北地区一体化发展的启示

1. 重视市场机制的基础作用

第一，完善东北地区各区域的市场制度和交易功能，消除各经济地域的保护主义及市场限制制度，推动要素与商品的自由流动。通过发挥市场机制的功能，提高资源配置效率、企业竞争力，推动经济增长。第二，注重培育各地区的自我发展能力。其他发达国家政府注重培育各经济地域单元的自我发展能力，会先将财政援助资金投向教育事业，提高其劳动力素质。因此，东北地区应鼓励并支持社会各方参与地区开发和建设，不仅政府参与开发建设，社会其他方面均可以积极参加地区的开发建设。政府鼓励并支持各类资金流入落后地区，有利于通过投资生产以促进落后地域的发展。

2. 重视政府作用

第一，制定明确的区域经济规划和政策。区域经济规划和政策是政府干预经济发展及协调区域经济关系的主要工具。明确经济规划和政策的使用范围和对象，最终落实到切实的民生项目合作上，使各方人民共享发展红利。第二，要有完善的法律制度作为保障。以严格的法律制度作为保障，有助于制定、实施、监督与评估所研究的各项区域经济规划和政策，确保区域经济规划和政策的规范性与可行性。第三，对于促进东北地区一体化发展，应成立专门的区域经济开发机构。一些发达国家政府为了顺利实施区域开发与援助计划，通常成立专门的组织管理机构，对落后地区的开发进行领导、组织和协调，根据实际情况及时同时制定相应的区域经济政策并进行实时监督。第四，基础设施是区域经济一体化发展中必需的公共品，政府应在东北地区对基础设施实施大规模投资。

3. 发挥自身优势

黑龙江位于我国最北端，不仅是中国沿边开放的重要窗口，还是亚洲与太平洋地区陆路通往俄罗斯和欧洲大陆的重要通道；辽宁坐拥环渤海经济圈和东北亚经济圈以及东北老工业基地，经济发展潜力巨大，重工业基础雄厚；吉林拥有沿边近海的优良地理区位，靠近日本、朝鲜、韩国等国家，拥有发展对外贸易的天然优势；蒙东地区土地、矿产、旅游等自然资源十分丰富，还有银、铂等贵重金属矿产和铁、铬、锰等金属矿以及石油、萤石、水晶石等非金属矿。蒙东地区还拥有口岸优势，现有 18 个对外开放口岸，包括铁路口岸和公路口岸，满洲里口岸和二连浩特口岸是内蒙古自治区对俄、蒙贸易的主要口岸。利用区位优势，可以有效地促进资源优化配置，提高经济合作的水平。

第八章

东北地区一体化发展优化机制构建

第一节　构建东北地区一体化发展的市场机制

通过前面对东北区域一体化现状的分析与成熟地区发展经验的研究，促进东北一体化发展要着重解决“政府”与“市场”两个主体间的关系，让两者能够更好地相互促进。本节将提出完善东北一体化发展的市场机制的对策建议，从梳理“有效市场”与“有为政府”的关系出发，提出加快要素市场一体化体制机制改革、进一步推动东北城市群建设、构建高标准市场体系的具体措施。

一、厘清政府与市场关系，推动有效市场与有为政府共同发力

从确立社会主义市场经济体制到党的十八届三中全会，市场在资源配置中的作用，从“基础作用”到“决定作用”，体现出中国经济发展与转型的成功，“有效市场”和“有为政府”共同发力，使中国经济持续健康发展。但东北地区进入计划经济最早，退出计划经济最晚，“政府主导型”管制思维惯性较强，市场化程度较低，这一体制性问题导致东北国有企业占比高但竞争效率低，且民营经济相对不发达。因此，更

应着力增强市场的决定性作用，厘清政府与市场的关系。

（一）建设要素自由流动、公平竞争的“有效市场”

有效市场是指在完备的治理体系下，一个充满活力的、开放且竞争的市场。为建设有效市场，首先，深化要素市场化改革，依据比较优势选择技术等生产要素。因为产业竞争优势的形成依靠要素禀赋的比较优势，那么就需要有一个公平竞争、充满活力的市场来合理分配生产要素以此实现最优的资源配置（常庆欣，2021）。其次，利用有效市场不断提升经济运行效率，建立市场价格机制形成良性的供求竞争关系，使要素资源在市场中自由流动，提高市场对资源配置的效率。最后，推动东北地区民营经济在有效市场的持续发展，树立竞争中性发展理念，发挥民营经济、中小微企业的力量，破除针对民营经济在市场准入、要素获取、公开招标等竞争环节的歧视性规定，为民营经济发展营造公平且良好的市场环境，降低民营经济市场主体的制度性交易成本，从而帮助民营经济不断革新，提升自身竞争力。

（二）建设服务型“有为政府”

有为政府是指政府进行顶层设计完善市场经济，但是政府要把握好干预市场的尺度，明确政府职能（沈坤荣和施宇，2021）。要深化“放管服”改革，推动政府管理职能向服务职能转变，营造市场化法治化国际化营商环境。同时，优化政府对国企的经济管理形式，东北地区计划经济时期以来的发展战略导致东北地区资本密集型的大型国有企业数量较多，早期这些企业极大地推动了东北地区经济的发展，成为东北的支柱型企业，后由于资本、技术等要素的限制，政府对企业的政策性帮扶力度较大，其对经济的促进作用也越来越弱。由于东北地区国企的政策性负担及其制度革新的困难度，政府无法完全停止对国有企业的干预，软预算约束问题长期以来也为东北国有企业效率低下、腐败现象严重提供契机。在新一轮东北振兴与国企改革中，应改变传统政府直接管国有企业的经济干预模式，逐步剥离国企的政策性负担，推动商业类国企混合所有制改革，通过国有资本投资运营公司等市场化运作平台间接实现国有资本的优化配置。

（三）推动“有效市场”与“有为政府”更好结合

建设好有效市场与有为政府，还要厘清政府与市场的关系，推动有效市场与有为政府共同作用。政府与市场关系的论述中最重要的是明确政府与市场的边界问题（吴华强等，2022），经济发展的前提是有充分竞争的市场，在这个市场上实现技术创新、科技进步，但是企业无法对基础设施与制度进行改造，这就需要政府的参与。政府的参与并不是一以贯之、没有边界的，政府需要鼓励企业进行创新，并为试点企业提供补贴保障，让试点企业放心去干并顺利升级。在完成技术升级后，政府就不应继续干预市场发展了，但是在这一点上东北地区没有做得很好，也就是政府与市场的边界在东北没有被把控好。

此外，还要厘清东北地区政企关系方面长期存在的产权模糊问题，产权模糊会导致国有资产的大量流失。国有产权的非排他性以及个人利益驱使，导致公有地悲剧的发生，这在国有企业与其他企业进行交易时十分明显，由于国有企业所有者缺失，资产均为国家所有，加上政府监管的缺失，所以在进行交易谈判过程中会低价转让国有资产而导致国有资产流失。上述原因致使东北地区在经济转轨时期的市场经济发展受阻，官员权力过大，很多民营企业靠“拉关系”才能进入市场。产权模糊的状态下，东北国有企业的高交易成本、低效率运行会引发产权失灵导致资源配置低效。而且东北的市场经济与其他地区相比并没有那么完善，所以在不完善的市场经济下，有为政府显得更加重要。政府除了要优化公共服务体系，减少负外部性，维持市场的竞争性，反对不正当竞争和垄断行为，降低制度性交易成本，优化营商环境外，还要对市场经济建设进行完善，推动改革以弥补市场不足并构建良好的制度环境与营商环境，吸引人才流入，培育企业家精神（林毅夫，2017）。

二、推动要素市场一体化，提升资源要素配置效率

要素配置效率会影响经济的合理布局与创新能力的提升，因此要推动要素市场一体化改革，提升资源配置效率。关键的举措是破除阻碍要素流动的障碍，完善要素市场制度，实现要素自由有序的流动和资源的高效配置。但是东北地区在资本市场、人才市场、城乡土地市场、公共资源交易市场、数据、技术等市场的体制机制存在短板，各类要素市场的产权制度、交易制度等尚不完善，因此要推动要素市场一体化就要先解决现存的问题（甘文霄和霍小龙，2016）。

（一）推动人才市场改革

以人才市场为例，东北三省的人才流失率一直以来居高不下：一是因为经济重心南移，更多的毕业生选择去南方创业；二是因为东北三省自身没有跟上转型的脚步，各方面的机制不健全。人才市场不完善带来的严重后果就是最具活力的人口流失，这也是东北地区人口老龄化严重的原因之一。但是东北地区只要改变原来的模式，积极进行企业创新，学习发达地区的经验，发展潜力依旧很大。因为东北地区的人口受教育程度高，素质普遍较高，所以要积极转型并打破僵化的人才管理制度，使晋升机制合理化，完善人力资源市场配置机制，重视人才，留住人才，努力提高东北人才市场水平。

（二）推动劳动力市场与户籍制度改革

除上述问题外，东北地区的劳动力市场也需要进行改革，主要是户籍制度的改革，借此引导劳动力要素有序流动。劳动力要素是要素市场的关键之一，可以从户籍制度入手打破城乡歧视、地域歧视，使农村劳动力有序向城镇移动，解决农村居民就业率低的问题。还要通过户籍制度解决劳动力社会保障方面的问题，建设城乡一体化的社会保障机制，使得所有居民都能均等地享有社会福利，消除制度因素造成的劳动力市

场分割现象。除解决劳动力户籍的问题之外，还要使劳动力有能力持续发展，因此要规范劳动力要素市场培训体系，提升劳动者就业水平与自主创业能力，还可以在区域内分层次分类别对人才进行定向培养，政府要加强对劳动力职业培训的投入，重视低收入群体的职业技能教育，营造积极良好的劳动力市场环境（宋锦，2016）。

（三）完善要素市场一体化监管体系

推动要素市场一体化，还要注意要素市场的监管。加快要素价格机制的形成，对于市场定价的领域要避免政府通过补贴或者配额等方式的直接干预，保持市场竞争性。制定区域内统一的要素市场监管体系，利用现代化治理方式，提升监管能力和质量（余东华和张昆，2020）。探索有效的规则以加强要素价格管理，深化“放管服”改革，同时要加强要素市场的行为规范，反对一切反垄断和不正当竞争行为，对违规主体进行问责。对于要素市场的交易平台，要支持企业参与平台建设，与企业进行数据共享，帮助企业进行风险评估、价格评估、产权界定等。

（四）加强要素市场一体化平台建设

实现要素市场一体化，补齐各类要素市场的短板，还要有完善的基础设施保障。为推动东北地区要素市场一体化，需要建立统一的信息共享平台以作为东北区域内交流的区域服务中心。各部门的信息发布在这个平台上，有利于实现政务资源共享与数据对接。平台完善后将部分有价值的公共数据公布给大众，吸引更多的用户使用信息平台，达到数据资源的统一，并能够通过用户使用反馈来发现平台漏洞以进行更正修复。另外，还要建立东北地区的交通一体化网络，依靠东北地区发达的高铁网络，打造跨区域的物流系统，构建区域物流园区，降低物流成本，为区域贸易提供便利让生产要素等自由流动，提升资源的配置效率。

三、发挥集群辐射带动功效，推进东北城市群一体化发展

东北地区主要的城市群有辽宁沿海城市群、辽宁中部城市群、吉林中部城市群、哈大齐城市群以及黑龙江东部城市群，形成了以沈阳、大连、长春、哈尔滨为核心的若干小城市群，小城市群间互联互通构成大城市群的空间格局。“十三五”规划中就已经提到了“东北地区城市群”的建设，“十四五”规划中再次强调了东北振兴的意义，东北城市群建设有利于增强东北地区的区域竞争性，优化东北地区区域结构，提升空间利用效率，能够推动东北振兴战略的有效实施。

（一）强化东北城市群人才、产学研等多领域合作

首先，各城市群之间需要加强内部合作，定期举行研讨会分享先进经验，还要加强东北三省地区的毗邻党建。一方面，可以促进地区间的对接，通过党的基层组织互联互通实现人才交流，有效地融合各地区间的信息，实现资源的开放共享；另一方面，毗邻党建能够协调各个地方的力量，在党员队伍的引领下，实现区域的协调平衡，促进落后地区的经济发展。其次，在人才交流制度方面，可以吸引除了党员干部之外多方力量的参与。在企业与企业对接上可以定期开展“两方互学”活动。还应当进一步完善人才交流制度，运用党建平台，降低流动人才异地生活成本，促进更好的交流和更快的发展，推动东北城市群一体化建设。最后，东北三省还可以通过与周边发达省份合作，搭建产学研交流平台进行项目合作，吸引人才、资金、技术的流入。好的项目的执行能够给地区带来更好的经济发展前景，也能为人才的落户创造更便利的条件，具有正效应。

（二）构建城市群合作奖惩机制与第三方监管机制

根据珠三角地区的经验，东北地区可以对东北城市群的发展进行监测，通过与科研院所的合作，建立数字化平台，确定评估体系，让非政

府机构的第三方全程参与评估，保证评估过程的公开化透明化。制定年度目标，年末评估总结经验，调整发展方向。根据评估结果可以适当设置奖惩机制，对于发展任务完成较好的城市，给予加大税收减免力度、优先批复项目等奖励。

（三）完善交通网络，提高东北城市群产业承载能力

为了更好地发挥东北城市群的辐射作用和实现东北城市群一体化发展，在东北地区需要有更完善的交通系统来承接产业转移。交通基础网络的构建，能更快地衔接各个小城市群，实现物流运输一体化承接产业转移。利用庞大的交通系统，能够顺利展开全面的战略合作，如打造省际合作示范区承接产业转移项目，融入重大科技创新平台，重点培育跨区中小企业等。交通系统完善之后，有利于开展招商引资活动，继续推进“四接三引”，实现全方位对接，引进企业、资本、人才。在承接产业转移方面，要大力发展各地区特色产业，可以在原有基础上完善和加长产业链条。还要进行平台的对接，加强东北地区大型产业园区以及教育医疗机构的对接，促进产业合作。在资金与人才引入方面，加大企业改革和创新力度，吸引外来企业投资，而且交通的便捷还使得东北地区的招商引资更具有优势，从而吸引更多的创新人才及创业者，进一步推动产业振兴。

四、构建高标准市场体系，推动区域市场规则体系统一

党的十九届四中全会指出，建立高标准的市场体系就是要建立一个产品市场、要素市场等市场统一的体系，2022 年 3 月发布的《中共中央、国务院关于加快建设全国统一大市场的意见》进一步指出了建设高标准市场体系的要求和目标。在构建高标准市场体系的过程中要注意政府监管与市场运行的关系，发达的市场经济使要素资源在市场内自由地流通，但是市场不能完全调节经济的属性决定了市场不能缺少政府监管

这一环节①。我国正在实施的简政放权改革，不代表政府完全放手市场，而是在一定程度上给市场营造公平竞争、高效有序的制度环境。放在东北地区也是一样的目标，在处理好上述二者关系的同时，还要注意东北城市群间的协调性，打破城市群间的壁垒。政府间要秉持合作共赢的精神，制定区域市场的统一规则，建设城市群间的高标准市场体系。

首先，在东北地区城市群建立统一市场平台，实行统一的市场准入机制，各部门发布规范性的负面清单，维护市场运行规则，促进城市群内部市场一体化。将东北地区市场的不同功能进行整合，对企业实行统一的登记注册制，推动区域市场规则的统一。其次，东北地区可以建立统一的产品推广平台，与企业进行合作，帮助企业进行产品推广运营。良好的区域市场规则需要有法律制度的约束，因此在区域市场形成的同时，立法机关要出台相应的准则来约束不合理行为。此外还要有高效的维权途径，接受群众的意见反馈，认真对待消费者的投诉意见。最后，完善产权保护制度，平等保障各种所有制经济产权，推动区域市场规则的统一。以土地资源为例，为推进土地要素市场化最优配置，需要加快完善土地产权界定制度，这为土地的流转提供了保障。因此，需要尽快完善农村拆迁房的相关法规，尊重农民意愿，让农民全程参与，不能强拆强建，政府部门加大监督力度对违规行为进行处罚。还应当将土地管理与土地经营分离，由国有土地资产管理委员会专门负责土地经营等。上述措施都力图维护市场稳定与经济安全，推进统一大市场的建设。

东北地区在建设区域市场统一规则时，可以借鉴成功地区的经验，如粤港澳大湾区及长江三角洲地区。东北地区要实现一体化需要破除一些制度性壁垒，一些隐藏性的市场准入保护要杜绝，比如控制外地产品数量、对外地产品进行价格歧视等。有些地方政府进行招标时，虽然表面上公开透明，但是会设置一些门槛，这些门槛只有部分企业能够达到，这就破坏了其他企业公平竞争的机会，这种现象在东北十分常见，

---

① 国务院．中共中央、国务院关于加快建设全国统一大市场的意见［EB/OL］．（2022－04－10）［2023－01－15］．http：//www. gov. cn/zhengce/2022－04/10/content_5684385. htm.

需要大力整顿。在市场监管方面，需要营造更加公平透明的开放型市场，反对垄断与一切不正当竞争行为，这需要政府的大力支持，但是在东北却出现了政府不是“监管人”而是“障碍制造者”的现象，政府强制采购、区域价格歧视等都严重扰乱了市场秩序，导致资源配置效率很低。针对这一情况，首先，在法律层面，要将《中华人民共和国反垄断法》等相关法律法规的作用发挥出来，提高执法力度，完善市场机制提高综合能力。其次，政府要认清自己的职能，把握好政府与市场的边界，简化审批流程，弱化市场壁垒，政府内部进行反腐倡廉活动，对违纪之人做出相应的惩罚。最后，落实第三方监管机制，评估负面清单，让大众与政府了解问题所在与日后改进方向，降低交易成本（凌永辉，2022）。

第二节　构建东北地区一体化发展的政府机制

本节将提出完善东北一体化发展的政府机制的举措，东北地区政府在东北地区区域协调发展上起重要作用，所以需要构建起良好的政府机制来促进东北地区发展。本节厘清了行政区经济与经济区经济的关系，梳理了政府的角色定位，统筹规划形成了区域整体框架推动政策制定与实施执行协同化。

一、抑制“行政区经济”的负向效应，促进行政区与经济区适度分离

区域一体化主要强调的是经济一体化，经济一体化是市场经济发展而来的，但区域一体化也要求政府逐渐形成一体化的格局。我国在转轨的过程中出现了一种特殊的形式，也就是“行政区经济”，它是指地方政府为推动经济的发展，作为市场经营的主体，促进区域政治、经济的发展。“行政区经济”在中国发展初期极大地促进了经济的发展，但是

到了社会主义现代化时期，这种政府管控下的经济类型却阻碍着经济的发展，成为区域一体化下“经济区经济”发展的障碍。一方面，“行政区经济”使得地方保护主义盛行，地方政府为了利益利用权力制造行政壁垒，造成区域内部联系的分裂，不利于区域经济发展，而“经济区经济”的发展前提是构建统一的大市场，不能存在区域壁垒，这就产生了“行政区经济”与“经济区经济”的矛盾（林其屏，2005）；另一方面，在“行政区经济”下政府主导产业发展，政府一般秉持着最优发展战略，优先发展利润更高的产业，可能会忽视促进区域整体利益的产业。在这种情况下还会造成资源的浪费，阻碍“经济区经济”的发展。如果任由“行政区经济”的发展，还会造成经济的不规则波动，政府对某些项目的关注会使得该项目的相关资源价格上涨，导致通货膨胀，而政府对本土企业的保护又会造成通货紧缩，反复如此必定引起经济的不规则波动。在政府主导下，国家宏观调控政策的实施也会受到影响，各类资源市场流通也受到阻碍，从而影响我国市场优势。

要加快推动行政区经济向经济区经济的转变，充分发挥市场对资源配置的决定性作用。消除行政壁垒，让要素在市场内充分流动，借此来实现要素最优化的配置。还可以通过行政区的划分引导要素流动，利用中心城市的辐射作用，带动周边城市的发展。在抑制“行政区经济”负向作用的同时，要找到经济区与行政区最适宜的共处模式，既要充分发挥市场对资源配置的决定性作用还要更好地发挥政府作用。一是探索行政区与经济区适度分离的制度，要弱化“行政区经济”加强“经济区经济”，进行体制机制的创新，在东北地区形成以中心城市为核心的城市群经济区，采用经济区一体化审批机制，政府将部分管理权交给中心城市，允许并推动城市群经济区合作建成示范区，双方共同管理、共同承担风险和收益。二是深化“放管服”改革，建设服务型政府，对市场的管制放宽，但是对于违反市场原则以及破坏市场统一与竞争性的行为要严惩。

二、厘清地方政府的角色定位，打破自身“独赢”思维

在全面建设东北一体化发展的同时，地方政府的角色定位也要随着东北发展的步伐调整与改进，具体体现在地方政府在招商引资的角色定位，招商引资是发挥政府职能最重要的一个环节，对维护市场经济秩序起到重大作用。此外，数字化转型的背景下东北地区急需厘清政府与企业的关系与角色定位，发挥各自优势促进东北经济发展。计划经济时期开始，东北地区一直都以政府主导为主，社会组织很少参与公共服务，政府与社会组织对自我定位的传统认知已经不符合现代化进程的逻辑，因此要寻找政府与社会组织间的角色定位，建立政府与社会组织间的高效合作。

（一）明确政府在招商引资活动中的角色定位

招商引资在每一个地区发展中都起到了十分重要的作用，政府是招商引资工作的重要推手，这就要求政府营造一个良好的营商环境吸引投资者，具体体现在对基础设施的建设规划、人才培养计划、劳动力职业技能培训等方面。政府还应该最大力度地发挥服务型政府的职能，对区域进行政策引导，在合法合规的情况下大力开展招商引资工作并维护投资者权益。但是在东北地区进行招商引资的过程中还存在着地方政府角色定位的问题。首先，东北地区政府盲目招商导致招商引资的质量参差不齐，这并不利于东北经济的发展，而且在招商引资过程中，有些部门仅为了完成指标任务而进行招标，没有考虑实际的情况，这不仅损害了政府的公信力，还影响了整个东北地区的形象。其次，东北地区招商引资工作进行时间较短，没有专业招商引资人员的指导，会导致政府利用财政优惠手段吸引投资，这会对经济产生不好的影响，也难以树立东北地区良好的营商形象；同时，在体制机制上也不够完善，东北地区政府进行投资项目时忽视了公众的声音，招商引资的最终目的是经济的提升也就是人民生活水平的提升，所以居民的意见也是招商引资的关键，但

是由于缺少了相关机制的运行，部分政府部门会为了政绩而忽略群众。最后，招商引资的实践者是企业，但是在政府主导下，政府参与全过程，导致企业角色被弱化。最关键的是导致了项目进行不顺利，政府参与下的谈判就会出现一些不符合企业实际的条款，限制企业发挥，进而导致项目成本的提升甚至导致项目不能完成。这些问题的根源在于政府的角色定位不清晰，东北政府应当摒弃形式主义，将自己的角色转变为服务型政府，在招商引资过程中让企业充分发挥主观能动性，政府全程参与并解决招商引资项目中的问题，配合企业，而不是问题的制造者。政府可以搭建平台促进招商引资工作的进行，当一个企业间的中介者推动发展。为科学定位政府角色，还应当改善东北地区的营商环境，吸引投资者，使投资者对东北有信心；地方政府要注意政府信誉与政府形象，这会对投资活动产生巨大的影响，只有打造出诚信的营商环境，投资者才能放心投资。此外，政府要做一个制度的维护者，为招商引资提供良好的制度环境，政府需要完善市场规则、明晰产权，对各项行为进行规范，保障市场竞争公平有序。政府要划分区域，进行宏观规划，对不同地区进行符合地区生产实际的产业布局，充分发挥地区优势，借以招商引资提升经济实力。这样既可以避免盲目引资造成的资源浪费，还能发挥产业优势，形成良性循环。政府还要清楚政府是引导人而不是主导人，企业才是实际工作的主要力量，政府要认清自己的职能，简化招商引资环节的烦琐流程，为企业提供便利。政府作为引导人还需要建立共同的平台，一是方便投资方了解信息，二是给企业提供表达的机会以能够直接与投资方交谈。作为引导者，政府需要划分部门职能，将部门业绩与指标完成度挂钩，这样政府部门才有主动配合企业的积极性，做一个好的领路者。

（二）发挥政府在促进企业数字化转型中的辅助作用

随着“互联网 +”的广泛应用，数字技术正促进着各个领域的发展，企业和政府是数字化转型下的两个主体，对于推动经济发展与维持社会稳定方面具有重要意义，因此搞清楚政府与企业的关系以及各自的角色定位是很有必要的（姚怡帆和叶中华，2021）。政府与企业是紧密联系的，政府能够给企业带来税收补贴等方面的便利，但是关系密切也会产生政企勾结的现象，这就不利于经济的发展。数字化转型时期的政企关系不再是静态的，而是随着社会的需要而动态变化的，东北地区需要建立优势互补的政企关系，政府与企业合作为企业提供保障，能够提升企业的地位并对其他企业产生激励作用。除此之外，企业拥有更多的技术还能够掌握更多的市场信息，能够更好地应对数字化转型。在这种关系下，政府更多的是处于核心地位，扮演着引导者和服务者的角色。一是政府做出转型的宏观决策，完善体制机制为数字化转型做保证，完善相关制度，引领企业转型升级。二是政府可以为企业数字换型提供基础设施建设，如5G等数字技术并加大资金投入。企业在这种关系下一般起到辅助作用，一是企业能够利用新技术与产品结合创造出新成果并用新成果打造智慧城市等数字化项目，二是企业在参与过程中一方面能够扩展企业的业务范围，另一方面企业能够主动承担社会责任，提升社会形象。

（三）增强同社会组织之间的高效合作

社会组织也是东北一体化进程中的一个重要主体，政府在与社会组织合作中的角色定位也要合理化，才能达到最高效的合作关系。但是东北地区一直以来政府主导的形式阻碍了社会组织的自由发展，社会组织对政府的依赖性也因此越来越大，对自己的定位不明确。所以政府应当对自己有正确的角色认知，应当成为社会组织发展的支持者（如设立专项资金补贴社会组织），还应当利用政府权力成为组织的监管者，杜绝贪污腐败现象。另外，政府需要在宏观层面进行规划，成为各部门的协调者，协调社会组织无法协调的事情。

三、统筹规划，推动政策制定与实施执行协同化

2018年习近平总书记在东北三省考察后的座谈会上强调：“要认真

贯彻新时代中国特色社会主义思想和党的十九大精神，落实党中央关于东北振兴的一系列决策部署，坚持新发展理念，解放思想、锐意进取，瞄准方向、保持定力，深化改革、破解矛盾，扬长避短、发挥优势，以新气象新担当新作为推进东北振兴。”[①] 东北地区发展关乎国家发展，目前东北地区正面临着经济增长乏力、企业运行低效等问题，因此全面振兴要从经济发展、企业改革、社会进步、生态文明等全方位进行统筹规划。推动政策制定与实施执行协同化，发挥区位优势打造新的增长极，加强合作对接，拉动东三省经济快速增长，实现东北振兴。如何快速落实此目标，须借鉴其他地区区域一体化的发展经验，接着结合东北地区实际情况分方向、分产业、分区域的共同发展，利用东北三省各地优势，探索出一条新型城市化、城市群的发展道路。

首先，在建设东北城市群上，逐渐形成城市协同发展策略，克服东北地区部分城市资源不足的问题，通过东北地区的资源调整使得资源在更大范围内进行分配，中心城市向周边城市扩散，通过基础设施系统的衔接实现资源共享。一是将中心城市作为重工业发展的重点区域，将一些其他的低端产业向周围地区转移，可以提高周边不发达地区的就业率，也为中心城市产业高级化奠定了基础。二是其他地区可以利用中心城市辐射作用承接产业转移，为中心城市企业提供综合服务，在促进中心城市发展的同时也给自身带来了经济的增长，进而带动地区区域经济提高。

其次，利用产业集群使各城市的经济紧密结合起来，并进行合理的产业规划（秦黎和章文光，2018）。各个地区资源禀赋不同，产业发展的基础也参差不齐，所以应当选择各个地区具有优势的产业进行升级，以中心城市为依托将产业布局合理化。以大连、辽中地区为中心的经济区在钢铁、装备制造等传统优势产业的基础上，发展船舶制造等制造业产业，打造大型装备制造业基地，结合数字化技术优化产业结构发展智

① 新华社．习近平在东北三省考察并主持召开深入推进东北振兴座谈会［EB/OL］．https：//www.gov.cn/xinwen/2018－09/28/content_5326563.htm.

能制造；以长春、哈尔滨为核心的地区可以凭借优势打造汽车产业基地、石化产业基地等。这样既可以解决前面提到的重复建设问题，避免资源浪费，还能形成具有一定影响力的产业集群地。通过产业集群能够吸引更多的企业来投资，竞争力也会随之提升，加快东北老工业基地振兴。

最后，在产业集群的基础上落实区域一体化政策，把东北区域一体化的产业整合朝着更多层次的产业结构进行发展，加强产业间的合作。充分发挥市场的纽带作用，配合城市群发展，打破地区行政壁垒，建设统一的大市场。由于东北地区区域面积大，所以更应该完善区域一体化的协调机制，统筹规划区域内重大建设问题，共同营造东北地区良好的制度环境，促进东北健康发展。

第三节　构建东北地区一体化发展的组织机制

推动区域一体化政策、规划等顶层设计的实施，离不开各区各级政府之间的长效对接机制。促进东北区域在经济发展等重要领域一体化要依托完备的组织形式与行动载体，需要明确牵头机构和对接机制，促进社会各界广泛融入建言，打破行政壁垒，探索实施共享共担的合作机制。

一、完善跨行政区协调工作机制，强化沟通与规划对接

第一，建立有效的区域政府间协作机制。在府际合作中，地方政府之间的利益冲突必然离不开上级政府的协调。合作区域作为一个经济区域，虽然总体上被视为经济组织的重要组成部分，但是在内部存在着利益主体与管理主体不明确的问题（谷松，2014）。上级政府的协调作用取决于它的协调动机和协调能力，主要体现在行政控制、财政控制、政策实施等方面。地方政府的利益结构既包括地方利益，也包括政府官员

利益。为了避免地方政府为因实现自身利益最大化而滥用行政权力，必须建立有效的协调机制，并通过协调机制来规范地方政府的行为。

第二，下设各类一体化职能专业管理办公室，对内统筹各行政区资源要素配置，避免利益冲突，实现优势互补，共同发展[①]；对外则要作为跨区域政府的代表，发挥其影响力，增强区域整体竞争力。欧盟及其成员国的经验告诉我们，为确保实现区域公共事务合作治理，必须建立多种形式的区域机构基金。一是成立类似于“一体化委员会”的议事协调机构，赋予其重大决策权力，可审议、讨论和决定区域性重大政策问题。各机构主要领导人由各成员单位轮流担任，委员会成员由政府官员、专家学者、企业家、行业协会、公民代表组成，以确保裁决结果的公正性。二是建立超越行政区划的执法机构，负责监督地方政府履行合作协议的执行情况，有权采取强制措施或相应的惩罚措施，并承担违约责任。

二、培育非政府性跨地区合作组织，加强社会各界共同参与度

（一）转变观念，增强社会对非政府组织的认同感

新中国成立后，东北地区实行了几十年的计划经济体制，政府长期严格控制社会事务，导致整个地区的自主化水平严重不足，制约了非政府组织的发展，对非政府组织的认同感不足，尤其是在广大农村地区，非政府组织处于完全空白状态。因此，必须转变观念，增强对非政府组织的认同感，提高社会及公众对非政府组织参与社会公共事务的支持度。首先，政府应认可非政府组织在区域内不可替代的地位，在一定程度上给予非政府组织一定的政策支持和财政支持。其次，非政府组织要

① 北京国际城市发展研究院首都科学决策研究会课题组．关于建立区域协同利益分享机制的 10 条政策建议［J］．领导决策信息，2019（14）：24－25.

通过媒体积极报道来增强公众的信任感；同时，非政府组织应积极与政府合作，提高非政府组织对公共事务的参与度，与公众有更密切的接触，更好地为公众所接受。最后，政府和非政府组织要建立良好的互动机制，以相互尊重和信任为基础，规范两者之间的合作关系，为非政府组织营造良好的社会环境，促进非政府组织的持续发展（周丽，2019）。

（二）完善政府与非政府组织在公共危机管理中的良性互动关系

政府必须努力为非政府组织提供一个法律环境，使它们的职能范围得到法律规范。一是确保非政府组织在法律框架内正常运作。明确非政府组织的性质、宗旨、责任、筹资渠道等，使非政府组织的日常工作规范化、制度化，以及参与公共事务有法可依（李书巧，2012）；二是降低非政府组织的准入门槛，从传统的非政府组织登记向现代非政府组织的管理转变，简化登记和注册手续，形成统一的审批制度，使非政府组织获得合法身份，形成互动合作的法律机制，与政府共同参与公共事务；三是依法监督非政府组织，使其日常工作纳入法治轨道，建立长效机制和定期反馈机制。

（三）加快建立和健全各类跨区域、市场化的行业协会

东北地区政府要从直接型干预微观经济的管理模式中解脱出来，实行政企分离、政社分离，一些业务要相应地还给企业、市场和社会，因此必须加快建立和健全各种市场化的跨区域行业协会（韩佳，2008），这些协会既是东北地区政府、企业和市场的桥梁和纽带，又是协调东北地区社会多元利益的机构，有利于实现区域内行业自律、规范行业行为、开展行业服务、保障公平竞争、促进东北区域一体化发展。当前，政府对非政府公共行政职能的下放仍有很大空间，因此，东北各级政府要不断解放思想，大胆创新，放权于社会，轻装上阵。

（四）加强政府和非政府组织之间的信息交流

信息共享是合作伙伴关系的基础，在现代社会，信息往往起决定性作用，单一政府系统无法捕捉所有信息，政府行为包括信息收集本身也存在一定的滞后性（蔡放波，2009）。非政府组织扎根于民间社会，发挥其能动作用，通过建立政府和非政府组织信息共享机制，可以更好地发挥社会治理作用，提供公共产品。

三、构建跨行政区的利益共享与成本共担长效机制

（一）构建合作动力机制，实现利益共享

利益关系是横向府际关系最基本、最实质的关系，追求利益最大化也是地方政府参与合作的原动力。市场经济是一种以利益为导向的经济，如果没有利益目标，地方政府间的合作就无从谈起，只有坚持基本的利益共享原则，才能调动各方积极性，才能真正实现区域经济一体化（崔志新，2018）。同时，区域内各地方政府既是利益共享的主体，又是治理合作的责任主体，只有在区域一体化过程中平等承担部分责任，才能实现利益共享。但是，东北不同地方政府在区域地理位置、发展水平、资源禀赋、环境承载能力上存在较大差异，各地方政府应共同承担不同的责任，这是政府间成本分摊、利益共享的基础。在责任的界定上，应按照“谁受益、谁补偿”的原则，使受益地区承担更多的责任。

（二）建立合作运作机制，目标是利益补偿

在合作实践中，合作双方实力相差悬殊的情况下，利益补偿机制能够减少或化解因利益分配不公而产生的利益分化与合作矛盾，同时通过利益主体来补偿受损者的损失。区域经济合作机制是一项复杂的制度实施过程，涉及决策、协调、执行、监督控制等多个环节。从区域经济合作的角度出发，就利益共享和补偿机制而言，也需要对补偿机制的实现

方式、补偿内容、补偿对象、补偿标准、补偿渠道、补偿机制的实施和监督等方面做出具体的制度安排（林民书和刘名远，2012）。建立东北三省内部省际合作的横向补偿资金，在生态治理、粮食安全等领域达成协同合作。

（三）建立合作约束机制，重点是利益保障

由于外部环境的不确定以及政府自身的不完善，区域一体化进程中不可避免地会出现一些不规范行为，从而影响到合作进程和结果。因此，在合作过程中，必须建立一定的合作保障机制，监督与约束地方政府在合作过程中的行为。首先，要完善法律规制、政策规制和地方政府政绩考核制度（谷松，2014）。其次，为了规范合作行为，上级政府需要制定一系列的制度规范，如地方官员绩效考核制度、财政转移支付制度、税收制度，甚至还有合作推进的监督审查制度，这些制度规范能够发挥约束合作行为、协调利益关系、防范风险的作用。区域合作契约包括规制型契约、发展型契约、分配型契约，强化契约对合作主体行为的约束，能够保证合作主体履行责任，有利于降低监督成本与合作失败风险。从深层次上看，契约是区域合作的典型协调机制，甚至是治理模式，追求的是区域合作事务协同治理，本质上是政策文件而非法律法规。最后，必须树立合作共赢的理念，摒弃“封闭发展”的思维模式（李金龙和李朝辉，2011），将开放式合作理念内化为东北各地方政府稳定的思维模式与行为特征。

四、打破行政区划壁垒，强化协同监管体系建设

打破现有行政壁垒、提高政策协同水平是东北地区实施一体化的主要思路和举措之一。在新的产业转型阶段，由于过去高度计划经济遗留下来的行政壁垒阻碍了区域间全面开放和市场竞争，因此影响了区域间经济合作和政策协调，阻碍了区域经济一体化和高质量发展（邢焕峰，2008）。东北地区必须打破行政壁垒，加强政策协同。一是要改革地方

政府的经济职能，使其由直接的市场决策者、市场干预者转变为良好市场竞争秩序、市场环境的维护者（林善浪，2020）。二是要减轻地方保护主义对区域市场规则一体化的负面效应，降低地方政府维护本地产业的动力机制，如地方政府和地方官员的政绩评估不再以单一的地方绩效为标准，而是较多比例考察区域整体公共福利和推进一体化的绩效。三是鼓励和支持地方政府合作，建立各种协调合作机制。如规划、交通、环保、反垄断等领域让渡部分行政权力，并将其交给按照协议建立的协调机构，在各地监督下统一行使[①]。

加强协调监管体系建设，转变政府职能，强化事中事后监管，加快构建市场化、法治化、国际化营商环境。在监管规则和标准方面，健全制度化监管规则，各部门围绕服务企业发展分领域制定统一、简明易行的监管规则和标准，完善各领域行业标准，明确市场主体应当执行的管理标准、技术标准、安全标准、产品标准，严格依照标准开展监管；创新监管方式，依托数字化监管平台，实现精准监管、跨区监管；建立协同监管模式，加强政府协同监管[②]；建立跨部门、跨区域执法联动与风险防范机制。

第四节　构建东北地区一体化发展的合作机制

在借鉴长三角、珠三角等区域一体化合作经验基础上，结合东北实际情况，不断扩展区域一体化合作领域，形成多方位、深层次的合作机制，加强对各地区优势资源整合与合作交流平台建设。

① 新华社评论员．紧扣一体化和高质量这两个关键［N］．新华每日电讯，2020－08－24（001）．

② 中国政府网．国务院关于加强和规范事中事后监管的指导意见［EB/OL］．（2019－09－12）［2023－1－15］．http：//www. gov. cn/zhengce/content/2019－09/12/content_5429462. htm.

一、推进产业分工协作

从协同发展的角度看，东北三省要在明确各省各地内部产业比较优势的基础上，制定产业分工和合作规划。要从资源、区位、经济基础、产业现状、发展动力等方面进行统筹规划，合理分工，推进优势产业集群之间的项目合作与技术交流。

大力发展优势产业，延伸优势产业链。延伸东北三省现代农业产业链，以种养业为基础，大力发展农产品深加工产业。利用黑龙江大庆石化产业优势，整合原材料产业链条，充分发挥技术、设备、人才等优势；发挥吉林一汽、中车等工业企业优势，延伸汽车制造产业链，依托高校、科研院所，发挥吉林工业人才优势，拓宽相关产业链（姜彦坤和章磷，2018）；依托辽宁重型机械、精密仪器及相关产业，延伸机械制造等产业链。

积极发展第三产业。第三产业是吸纳就业人口最多的产业，第三产业发展水平反映了区域产业布局的合理性。要实现东北地区第三产业的发展，一是要优化第三产业宏观环境（朱岩和贾波，2015），健全市场机制，加快垄断行业市场化改革，除重要行业和关键领域实行国有控股外，其他领域可逐渐实行市场化，同时建立公开透明、高效规范的市场监管体制，保证市场的有序运行；进一步完善失业保障体系，扩大失业保险覆盖面，简化失业保险领取程序，解决第三产业人员的后顾之忧。二是要加大利用外资和国际科技合作力度，加大服务业招商引资力度，扩大招商引资规模，逐步缩小东部发达地区利用外资水平的差距；加强区域内第三产业的合作。第三产业链条设计要坚持互利共赢、优势互补、共同发展的原则。地方政府应加强合作，签订关于第三产业发展的合作协议，明确合作内容、合作重点和机制，使双方优势互补，指导东北地区第三产业发展。

二、推动跨区科技创新合作

（一）健全人才联合培养和引进机制

随着我国经济重心的南移，东北地区人才流失形式逐渐严峻，在着力引进外省和海外高端人才的同时，应更大力度留住本地人才、青年人才，这就需要加强对东北人才发展生态的优化力度，提升本地高端人才待遇。加强东三省技术型、复合型人才联合培养力度，增强东北高校间、高校与企业间的人才交流项目合作平台建设，鼓励企业通过开展高校就业创业指导、就业体验日、校企对接洽谈会、人才招聘交流会等活动，吸引东北高校人才在本地创业就业（邹环，2018）。在人才引进方面，探索联合柔性引才形式，发展“揭榜挂帅”等跨区域灵活的人才使用模式，增强东北三省人才引进数字化平台的建设与人才信息的互联互通。同时，要持续简化项目申报流程，多角度为科研人员松绑减负，深化科技成果产权制度改革，赋予科研人员职务科技成果所有权或长期使用权，激发科研人员创新活力。

（二）建设区域一体化重大科研设施和创新平台

一是整合东北地区现有重大科学设施，根据东北地区科技创新需求，建立重大科研基础设施群，扩大东北地区重大科学装置布局，加大重大科学研发装置的引进和制造基地的建设，增加智能机器人研发科研场所，提高对高精尖设备的投入，创建符合东北科技创新需求和经济发展需求的重大科技基础设施群（林常青和邹雨桐，2022）。二是稳定企业在市场、需求、投资、管理等方面的主体地位，倡导企业和高等院校紧密结合、相互协作，共同构建新型校企科技研发平台。支持三省企业组建创新联合体，结合产业链需求和社会发展重点领域的创新方向，推动科技创新联合体建设，引导创新要素向企业集聚。支持领军企业、骨干企业作为“盟主”，联合高校院所，组建符合东北地区产业链创新方向、技术研发目标明确的产学研联盟，通过优势整合、技术转移、利益联结、带土移植等，协同开展关键核心技术攻关，提升集成创新能力和成果转化应用效率（王卓，2020）。三是推动东北地区科技资源共享平台、工程技术研究中心、大型科研实验室等实现深度开放共享。联合建设大型科研实验中心、生命科学研究中心、战略装备中心等大型公共实验平台，配备专业先进的科研设备，充分发挥科技研发服务平台的综合调配作用，依据科技研发服务平台的实际情况，支持大型科研仪器设备资源全天候开放共享，对科研实验中心统筹实施并考核开放共享工作。成立东北地区企业技术创新工作委员会，鼓励、帮助和支持企业创新，提供技术咨询服务。构建东北地区科技成果转化公共服务体系，合理利用科技创新资源，提高资源利用率。建立和完善科技交易项目数据库，完善技术交易服务区域协作机制。健全以企业技术需求为导向的动态信息发布机制，促进科技项目对接，推动科技成果转移扩散。

三、促进跨区文旅资源整合

（一）加强东北地区旅游基础设施建设

结合东北地区旅游产业的实际情况，加快构建快捷、立体的旅游运输网络体系。同时，支持两翼高速、高等级公路建设、区域干线旅游公路建设，支持东北地区旅游连接公路网络建设，打造“城景快捷通达、景景环线串联、指示标识完备和停车服务配套”的旅游网络交通系统，有效解决好城与景、县与县以及景与景和重点区域交通互通互联、共同发展等问题。同时，加快服务设施建设，加快建设东北地区“两翼”旅游集散中心、公共厕所、停车场等配套设施建设。加强区域旅游合作，促进区域经济快速发展。近年来，辽吉铁路、丹大铁路、吉图珲高速铁路相继建成通车，极大地促进了辽吉旅游产业的发展（张晨瑶，2020）。比如号称东北最美高铁的吉图珲高铁，开通后，将蛟河红叶谷、吉林雾凇、拉法山、老白山、长白山天池、雁鸣湖等景区有机地连接在一起，既可以欣赏美景，又可以领略朝鲜族风情，同时也加强了东北亚地区之间的交流与合作，极大地促进了东北地区的经济发展。

（二）建立东北旅游管理部门协商合作机制

进一步以开放合作的原则全面推进东北旅游产业发展、为旅游企业提供便利条件、提供优质服务和产品、为多方交流合作提供平台支撑、打造旅游品牌等，均需东北旅游管理部门以及业界务实合作（李德春，2020）。在文旅资源互相推介、文旅精品路线制定、文创产品开发与宣传等多领域开展交流。可通过各方政府牵头组织文旅产业交流会的方式，集聚新闻媒体、文旅项目建设运营、文创产业、文旅投资、会展服务、电商物流等多领域文旅相关企业与单位，通过强强联合实现文旅领域多主体联动。

加强东北地区旅游资源共建共享，实现优势互补。东北地区区域旅游开发可通过联合实现资源互补，避免不必要的牺牲，达到“双赢”“多赢”目的。一是要加强区域合作和人才互补。旅游业的快速发展需要投入大量的人力、物力、财力。东北地区要通过区域合作共同培养和利用人才，实现人才互补。加强旅游人才联合培训、交流、互送，实现人才资源共享。二是要充分发挥合作优势，加强合作项目建设；东北地区应制定统一的融资政策，提供招商引资、投资、社会集资、合资经营、租赁和私人经营等优惠条件。当前，要特别注意吸引社会游资，把资金集中到一些有特色、有影响力、见效快的旅游项目上，形成循环式的滚动开发模式。加强季节性旅游互补合作，缓解季节性压力和冲击。东北地区受温带湿润、半湿润气候的影响，冬季漫长而严寒，夏天是短暂的、温暖的、潮湿的。因此，可结合东北地区自然条件开展冬季冰雪旅游。黑吉辽三省拥有丰富的冰雪资源（于晓菲，2020），可以将滑雪、冰灯、赏雾凇、赏雪等结合起来，形成极具吸引力的合作旅游线路。

四、加强生态环境协同治理

持续稳定的资金来源是绿色屏障建设顺利推进的关键。东北地区要充分利用国家及各省地方政府投资资金，建立生态环境合作基金，积极引进国家、社会资本，拓宽融资渠道（张天维和张楠，2021）。除大气、水污染、土壤和矿山生态修复、天然林保护外，还应鼓励和支持区域间生态治理技术联合攻关与创新，出台节能环保税收激励政策、节能环保产业政策。这样既可以优化空间结构，又可以促进人与自然的和谐发展，还能体现实事求是，因地制宜，差异施策。

生态补偿机制是实现东北地区生态环境治理成本共担、收益共享的重要制度保障，东北地区应尽快建立健全市场主导型生态补偿长效机制，探索建立多元化的政府横向补偿机制（王昱，2009），借鉴国内外成熟经验，明确补偿范围，规范补偿标准，创新补偿方式。例如，利用东北地区丰富的森林资源，开发森林碳汇，探索建立林业碳普惠制平台，探索森林生态补偿市场化、精准扶贫的新路径。同时，通过发行生态国债、生态彩票等方式，为东北地区的生态建设项目提供多种融资渠道。

监督协同生态治理。东北地区的生态环境污染具有跨界性和流动性特征，同样不能对行政区域内的生态环境污染进行及时控制，不可避免地向外排放污染物（刘明等，2019）。从东北地区的生态环境治理措施来看，目前省市协同治理机制正在逐步建立，但都局限于各省行政区划，没有形成协同治理机制。东北地区“各自为战”是生态环境问题的突出表现。只有通过区域协同治理，东北地区的生态环境状况才能得到根本改变。因此，东北地区亟须建立生态环境共建共享协调机制，发挥东北环保督察职能，根据不同环境污染特点开展联合督导和监管。多元主体间的生态监督同样重要，多元主体不仅要严格要求自身，还要健全多元主体间的监督机制，充分发挥社会力量对生态环境破坏事件的群众监督作用，并鼓励其积极举报各种生态破坏行为。

五、完善公共服务共建共享

加强公共服务共享，提高区域治理能力，增强人民群众获得感，促进基本公共服务标准化。建立基本公共服务标准体系，通过标准化促进均等化、普惠化和便利化①。要努力提高基本公共服务的便利化水平，构建东北公共就业综合服务平台，加快东北地区社会保险关系无障碍转移接续、跨省市异地就医门急诊医疗直接结算等服务。建立统一社会保障公共服务平台，逐步实现住房公积金转移接续、信息共享和政策协同。

促进东北地区教育、文化、体育资源共享。加强合作办学是基础，加强幼儿园、大学、基础教育、职业教育等方面的合作，统筹高职教育布局与专业设置，建立东北高校联盟，支持高校向区域中心城市布局。构建现代公共文化服务体系必须实现公共文化资源的共享，促进文化产业的发展。体育是生机勃勃的源泉，东北地区要在场地、人才、高水平赛事等方面共同推进体育事业的发展。

推动医疗、养老等领域的合作。东北地区要在健全重大突发公共卫生事件医疗救治体系、城市传染病救治体系、完善联防联控常态机制上下功夫，构建强大公共卫生服务体系。东北地区拥有优质的医疗资源，要合理配置医疗资源，确保不同层次、不同专业、不同形式、不同地域的医疗资源协调发展。为应对老龄化社会，东北地区应该进行跨区域合作，发展养老产业。

推动东北地区应急管理一体化。建立共同应对突发险情应急处置力量联援联动机制，加强防灾减灾一体化、安全宣传一体化、应急救援一体化，打破救援、防护壁垒。共同守护东北市场一体化安全发展环境，守护人民群众的安全生产生活。

---

① 成渝地区双城经济圈建设规划纲要 [N]. 人民日报，2021-10-21 (001).

六、实现高水平开放合作

（一）共同建设国际化营商环境

充分释放市场主体活力，促进包容性营商环境的创新和发展。首先，引进高端人才、创新人才共享、推进“两个结合”，加大引进和培养人才的力度。在引进人才的过程中应注意以下几个方面：创新人才共享机制，强化柔性人才与人才开发的一体化思维；推进人才服务体系建设，做到政府引导和市场引导相结合（秦浩，2016）。其次，规范资本运作，发挥地方金融引领地方经济发展的作用。提高国有资本运作的效率，引导民间资本流向实体；东北老工业基地国有重工业产业集聚、“国企改革”任务繁重，要规范产业发展基金的设立与使用，使国有资本增值，促进产业发展。最后，加大科技创新激励力度，推动科技创新由要素驱动向制度驱动、制度驱动向创新驱动。经济发展的路径一方面是产业升级，另一方面是科技创新。在鼓励企业和社会大胆探索、科技创新的同时，推动地方政府的制度创新显得尤为重要。要努力营造一个良好的政府、企业、社会三方共赢的环境，使其充满创新动力和活力。

（二）推动数字服务贸易领域合作

推动数字服务贸易的高水平开放。推动自由贸易试验区、自由贸易港、综合保税区等新型开放区，主动承担并加快落实服务业扩大开放先行先试任务。完善东北地区数字服务贸易产业联盟平台，依托东北亚数字经济产业协作创新中心等平台建立多方协作的磋商合作机制，推动经济管理、大数据、人工智能等领域的专家学者和数字服务企业、传统贸易服务企业等深度交流，整合东北地区政府、协会、行业资源，开展联合招商，打造优质数字服务贸易示范产业园区。加强数字服务贸易体系与国际标准接轨，促进政府公共治理的国际化（朱福林，2021）。

参考文献

［1］阿尔弗雷德·韦伯．工业区位论［M］．北京：商务印书馆，2011.

［2］奥古斯特·勒施．经济空间秩序——经济财货与地理间的关系［M］．北京：商务印书馆，1995.

［3］包明齐．中蒙区域经济合作研究［D］．长春：吉林大学，2016.

［4］北京国际城市发展研究院首都科学决策研究会课题组．关于建立区域协同利益分享机制的10条政策建议［J］．领导决策信息，2019（14）：24－25.

［5］彼得·罗布森．国际一体化经济学［M］．戴炳然，等译．上海：上海译文出版社，2001.

［6］伯特尔·俄林．区际贸易与国际贸易［M］．北京：华夏出版社，2008.

［7］蔡放波．政府与NGO的合作问题刍议——由汶川大地震中的非政府组织引发的思考［J］．武汉科技大学学报（社会科学版），2009（3）：16－21.

［8］蔡欣磊，范从来，林键．区域一体化扩容能否促进高质量发展——基于长三角实践的准自然实验研究［J］．经济问题探索，2021（2）：84－99.

［9］曹卫东，曾刚，朱晟君，等．长三角区域一体化高质量发展：问题与出路［J］．自然资源学报，2022（6）：1385－1402.

［10］常庆欣．有效市场和有为政府更好结合推进构建高水平社会主义市场经济体制［J］．山东社会科学，2021（2）：20－25.

［11］陈端吕，彭保发，熊建新．环洞庭湖区生态经济系统的耦合特征研究［J］．地理科学，2013（11）：1338－1346.

［12］陈军亚．西方区域经济一体化理论的起源及发展［J］．华中师范大学学报：人文社会科学版，2008，47（6）：57－63.

［13］陈群元，宋玉祥．东北地区可持续发展评价研究［J］．中国人口·资源与环境，2004（1）：80－85.

［14］陈婉玲．我国经济法的观念更新与当代转向——以经济结构调整为中心［J］．法学，2017（7）.

［15］陈喜强，姚芳芳，马双．区域一体化政策、要素流动与居民获得感提升——基于政策文本的量化分析［J］．经济理论与经济管理，2022（6）：96－112.

［16］陈耀．新一轮东北振兴战略要思考的几个关键问题［J］．经济纵横，2017（1）：8－12.

［17］陈甬军，丛子薇．更好发挥政府在区域市场一体化中的作用［J］．财贸经济，2017（2）：5－19.

［18］陈昭，林涛．新经济地理视角下粤港澳市场一体化影响因素研究［J］．世界经济研究，2018（12）：72－81，13.

［19］陈子真，雷振丹．粤港澳大湾区城市间经济辐射力及影响因素分析［J］．地域研究与开发，2019，38（5）：57－62.

［20］成渝地区双城经济圈建设规划纲要［N］．人民日报，2021－10－21（001）.

［21］崔志新．提升区域发展质量与促进区域协调发展——2018年中国区域经济学会年会综述［J］．区域经济评论，2018（5）：123－128.

［22］邓慧慧，李慧榕．区域一体化与企业成长——基于国内大循环的微观视角［J］．经济评论，2021（3）：3－17.

［23］邓明．中国地区间市场分割的策略互动研究［J］．中国工业经济，2014（2）：18－30.

［24］邓仲良，张车伟．国内大循环背景下人口流动与区域协调发

展［J］. 经济纵横，2022（10）：54-64.

［25］董洪超，蒋伏心. 交通基础设施对中国区域市场一体化的影响研究——基于动态面板模型的实证分析［J］. 经济问题探索，2020（5）：26-39.

［26］董爽. “东边道”建设与东北东部地区经济空间结构研究［D］. 长春：东北师范大学，2006.

［27］董晓菲，王荣成. 东北地区哈大交通经济带经济发展空间差异分析［C］. 中国地理学会百年庆典学术论文摘要集，2009：170.

［28］董志勇，李成明. 国内国际双循环新发展格局：历史溯源、逻辑阐释与政策导向［J］. 中共中央党校学报，2020（5）.

［29］都阳，蔡昉. 中国制造业工资的地区趋同性与劳动力市场一体化［J］. 世界经济，2004（8）：42-49.

［30］杜能. 孤立国同农业和国民经济的关系［M］. 北京：商务印书馆，1986.

［31］段亚丁，车维汉. 国外李嘉图比较优势理论实证研究之评述［J］. 国际贸易问题，2014，4（17）：164-172.

［32］法里佐夫. 发展中国家间的经济合作［M］. 北京：中国对外经济贸易出版社，1986：3.

［33］范方志，张立军. 中国地区金融结构转变与产业结构升级研究［J］. 金融研究，2003（11）：36-48.

［34］范增，任怡康. 西安提升中心城市辐射能力的规划策略研究［J］. 城市建筑，2020（5）：29-31.

［35］方创琳，崔学刚，梁龙武. 城镇化与生态环境耦合圈理论及耦合器调控［J］. 地理学报，2019（12）：2529-2546.

［36］方创琳. 京津冀城市群一体化发展的战略选择［J］. 改革，2017（5）：54-63.

［37］方创琳. “一带一路”背景下中国图们江区域城市国际经济合作战略与格局［J］. 东北亚经济研究，2017（1）：5-14.

［38］方兴起. 构建以国内大循环为主体、国内国际双循环相互促

进的新发展格局 [J]. 马克思主义与现实, 2021 (2): 68 - 74, 204.

[39] 冯章献, 王士君, 王学军. 中国东北地区四中心城市功能关系优化 [J]. 人文地理, 2008 (6): 50 - 54, 105.

[40] 干春晖, 郑若谷, 余典范. 中国产业结构变迁对经济增长和波动的影响 [J]. 经济研究, 2011, 46 (5): 4 - 16, 31.

[41] 甘文霄, 霍小龙. 京津冀土地要素市场一体化措施研究——以供给侧结构性改革为视角 [J]. 人民论坛, 2016 (14): 215 - 217.

[42] 高建飞, 刘俊芳. 邯郸区域中心城市辐射力研究 [J]. 中国统计, 2017 (10): 50 - 53.

[43] 高丽娜, 朱舜. 城市群一体化发展促进创新吗? ——来自长三角城市群的经验证据 [J]. 华东经济管理, 2018 (6): 66 - 71.

[44] 高月媚. 东北地区产业集群与经济空间耦合机理研究 [D]. 长春: 吉林大学, 2019.

[45] 龚六堂, 谢丹阳. 我国省份之间的要素流动和边际生产率的差异分析 [J]. 经济研究, 2004 (1): 45 - 53.

[46] 龚新蜀, 史雪然, 韩俊杰. 市场一体化对中国环境质量的影响研究 [J]. 工业技术经济, 2021, 40 (2): 146 - 152.

[47] 谷国锋, 王雪辉. 东北地区经济发展与生态环境耦合关系时空分析 [J]. 东北师大学报 (哲学社会科学版), 2018 (4): 154 - 160.

[48] 谷克鉴. 国际经济学对引力模型的开发与应用 [J]. 世界经济, 2001 (2): 14 - 25.

[49] 谷松. 黑龙江沿边开放带地方府际合作路径探究 [J]. 学术交流, 2014 (4): 124 - 127.

[50] 谷松. 建构与融合: 区域一体化进程中的地方府际间利益协调研究 [D]. 长春: 吉林大学, 2014.

[51] 顾海兵, 张敏. 基于内力和外力的区域经济一体化指数分析: 以长三角城市群为例 [J]. 中国人民大学学报, 2017 (3): 71 - 79.

[52] 郭克莎, 田潇潇. 加快构建新发展格局与制造业转型升级路径 [J]. 中国工业经济, 2021 (11): 44 - 58.

[53] 郭文君. 关于将图们江区域合作开发纳入“一带一路”战略的思考 [J]. 东疆学刊, 2016 (2): 85 - 93, 112.

[54] 国务院发展研究中心课题组. 国内市场一体化对中国地区协调发展的影响及其启示 [J]. 中国工商管理研究, 2005 (12): 22 - 25.

[55] 韩佳. 长江三角洲区域经济一体化发展研究 [D]. 上海: 华东师范大学, 2008.

[56] 韩瑞伶, 佟连军, 佟伟铭. 沈阳经济区经济与环境系统动态耦合协调演化 [J]. 应用生态学报, 2011 (10): 2673 - 2680.

[57] 韩永辉, 黄亮雄, 王贤彬. 产业政策推动地方产业结构升级了吗? ——基于发展型地方政府的理论解释与实证检验 [J]. 经济研究, 2017, 52 (8): 33 - 48.

[58] 侯赟慧, 刘志彪, 岳中刚. 长三角区域经济一体化进程的社会网络分析 [J]. 中国软科学, 2009 (12): 90 - 101.

[59] 胡艳, 胡子文. 长三角一体化战略背景下合肥都市圈一化水平研究 [J]. 山东财经大学学报, 2021 (1): 36 - 48.

[60] 华智, 李朝阳. 东京都市圈轨道交通发展对上海大都市圈的启示 [J]. 上海城市管理, 2018 (5): 63 - 68.

[61] 黄群慧, 陈创练. 新发展格局下需求侧管理与供给侧结构性改革的动态协同 [J]. 改革, 2021 (3): 1 - 13.

[62] 黄群慧, 倪红福. 中国经济国内国际双循环的测度分析——兼论新发展格局的本质特征 [J]. 管理世界, 2021 (12): 40 - 58.

[63] 黄松筠. 东北地域文化的历史特征 [J]. 社会科学战线, 2005 (6): 164 - 168.

[64] 黄义, 张清华. 国家创新体系中产学研协同机制研究 [J]. 科学管理研究, 2013, 31 (5): 1 - 4.

[65] 吉富星, 樊轶侠. 促进区域经济一体化发展的财政制度安排及优化路径 [J]. 经济纵横, 2021 (12): 83 - 89.

[66] 贾丹华. 发达地区经济一体化的困境及其出路 [J]. 现代经济讨论, 2003 (8) 19 - 21, 39.

[67] 姜琦刚，贾大成. 东北地区生态地质环境遥感监测 [M]. 北京：地质出版社，2013.

[68] 姜彦坤，章磷. 区域一体化中发展优势产业研究——基于辽、吉、黑产业协同发展视角 [J]. 大庆社会科学，2018 (2)：86-88.

[69] 姜扬. 新时代东北地区优化营商环境的现实困境与路径选择——基于市场主体的视角 [J]. 吉林大学社会科学学报，2022 (2).

[70] 蒋欢，廉扬. 东北地区农业灌溉与生态环境问题探讨 [J]. 农业机械化与电气化，2007 (4)：44-45.

[71] 金碚. 关于"高质量发展"的经济学研究 [J]. 中国工业经济，2018 (4)：5-18.

[72] 金世斌. 国外城市群一体化发展的实践成效与经验启示 [J]. 上海城市管理，2017 (2)：38-43.

[73] 康乐. 大学社会责任理念与履行模式 [D]. 大连：大连理工大学，2012.

[74] 克里斯塔勒. 德国南部中心地原理 [M]. 北京：商务印书馆，2010.

[75] 雷娜，郎丽华. 国内市场一体化对出口技术复杂度的影响及作用机制 [J]. 统计研究. 2020，37 (2)：52-64.

[76] 李德春. 加强区域旅游联合促进东北经济发展 [J]. 吉林工商学院学报，2010 (3)：5-7.

[77] 李国强. "一带一路"倡议与图们江区域合作的新机遇 [J]. 东疆学刊，2016 (4)：93-99.

[78] 李嘉图. 政治经济学及赋税原理 [M]. 北京：商务印书馆，1972.

[79] 李金龙，李朝辉. 我国区域旅游中地方政府间的竞合关系探析 [J]. 经济地理，2011 (6)：1031-1035.

[80] 李晶. 大连高新技术产业对东北地区经济发展的空间效应分析 [J]. 计划与市场探索，2003 (11)：27-28，24.

[81] 李培鑫，张学良. 长三角空间结构特征及空间一体化发展研

究［J］. 安徽大学学报（哲学社会科学版），2019（2）：148－156.

［82］李书巧. 我国非政府组织参与公共危机管理研究［J］. 理论月刊，2012（6）：97－101.

［83］李天籽. 中国东北地区城市经济的空间分布与演化［J］. 工业技术经济，2014，33（5）：87－93.

［84］李小建，等. 经济地理学［M］. 北京：高等教育出版社，1999.

［85］李雪松，孙博文. 长江中游城市群区域一体化的测度与比较［J］. 长江流域资源与环境，2013（8）：996－1003.

［86］李苑君，吴旗韬，张玉玲，等. "流空间"视角下高速公路交通流网络结构特征及其形成机制——以广东省为例［J］. 地理研究，2021，40（8）：2204－2219.

［87］梁卜心. 东北全面振兴背景下东北地区物流枢纽网络布局研究［D］. 长春：吉林大学，2022.

［88］梁双陆，程小军. 国际区域经济一体化理论综述［J］. 经济问题探索，2007（1）：40－46.

［89］廖信林，张棋飞. 区域商品市场一体化与高质量发展——以安徽省为例［J］. 东北农业大学学报（社会科学版），2020，18（5）：1－13.

［90］林常青，邹雨桐. 推进东北地区区域科技创新一体化发展的基本思路［J］. 辽宁经济，2022（4）：8－12.

［91］林民书，刘名远. 区域经济合作中的利益分享与补偿机制［J］. 财经科学，2012（5）：62－70.

［92］林其屏. 从行政区经济向经济区经济转化：我国区域经济快速发展的必然选择［J］. 经济问题，2005（2）：2－4，27.

［93］林善浪. 在新发展格局下推进长三角一体化高质量发展［J］. 人民论坛，2020（32）：56－61.

［94］林毅夫，巫和懋，邢亦青. "潮涌现象"与产能过剩的形成机制［J］. 经济研究，2010，45（10）：4－19.

［95］林毅夫. 中国经验：经济发展和转型中有效市场与有为政府

缺一不可［J］. 行政管理改革，2017（10）：12－14.

［96］凌永辉. 新发展格局下建设全国统一大市场：体制障碍、突破路径与政策取向［J］. 新疆社会科学，2022（4）：53－62，188－189.

［97］刘国斌. “一带一路”基点之东北亚桥头堡群构建的战略研究［J］. 东北亚论坛，2015（2）：93－102，128.

［98］刘昊，祝志勇. 成渝地区双城经济圈劳动力市场一体化及其影响因素研究［J］. 软科学，2020（10）：90－96.

［99］刘贺贺，杨青山. 东北地区城镇化与生态环境的脱钩分析［J］. 地理科学，2016（12）：1806－1869.

［100］刘鹤. 加快构建以国内大循环为主体国内国际双循环相互促进的新发展格局［J］. 资源再生，2021（9）：51－54.

［101］刘华军，邵明吉，孙东旭. 新时代中国绿色发展的实践历程与重大成就——基于资源环境与经济协调性的考察［J］. 经济问题探索，2022（9）：133－147.

［102］刘嘉伟，岳书敬. 周期协同视角下的长三角区域经济一体化：时变测度与决定因素［J］. 南京社会科学，2020（3）：54－63.

［103］刘军，陈亚欣. 市场一体化能否推动区域经济高质量发展？——基于长三角城市群的空间计量分析［J］. 金融与经济，2021（10）：47－53.

［104］刘明，陈亚杰，刘继为. 京津冀区域存在的生态环境问题及协同治理研究［J］. 河北省科学院学报，2019（3）：76－82.

［105］刘乃全，胡羽琦. 区域一体化可以缩小城市间收入差距吗？——来自长三角地区的经验证据［J］. 浙江社会科学，2022（10）：12－24，155.

［106］刘乃全，吴友. 长三角扩容能促进区域经济共同增长吗［J］. 中国工业经济，2017（6）：79－97.

［107］刘瑞明，石磊. 国有企业的双重效率损失与经济增长［J］. 经济研究，2010，45（1）：127－137.

[108] 刘盛博，周雨晴．创新辐射能力视角下的高校创新责任研究——以我国东北三省76所高校为例［J］．管理现代化，2021，41(5)：47－50．

[109] 刘伟，张辉，黄泽华．中国产业结构高度与工业化进程和地区差异的考察［J］．经济学动态，2008（11）：4－8．

[110] 刘文秀，汪曙申．欧洲联盟多层治理的理论与实践［J］．中国人民大学学报，2005（4）：123－129．

[111] 刘修岩，梁昌一．中国城市群一体化水平综合评价与时空演化特征分析——兼论城市群规模的影响［J］．兰州大学学报（社会科学版），2021（2）：49－61．

[112] 刘学潜，孙兴福．武汉城市圈区域经济一体化测度与评价研究［J］．经济研究导刊，2022（11）：48－50．

[113] 刘耀彬．城市化与生态环境耦合机制及调控路径［M］．北京：经济科学出版社，2007．

[114] 刘志彪．长三角区域市场一体化与治理机制创新［J］．学术月刊，2019（51）：31－38．

[115] 刘志彪，孔令池．长三角区域一体化发展特征、问题及基本策略［J］．安徽大学学报（哲学社会科学版），2019（3）：137－147．

[116] 刘志彪．区域一体化发展的再思考——兼论促进长三角地区一体化发展的政策与手段［J］．南京师大学报（社会科学版），2014(6)：37－46．

[117] 刘志彪，仝文涛．双循环新发展格局视角下推进区域协调发展——论东北老工业基地振兴［J］．江苏行政学院学报，2021（1）．

[118] 刘志伟，王东峰，刘澄．区域经济一体化的福利经济学分析［J］．现代管理科学，2007（2）：3－5．

[119] 卢明华，李国平，孙铁山．东京大都市圈内各核心城市的职能分工及启示研究［J］．地理科学，2003（2）：150－156．

[120] 陆大道．区域发展及其空间结构［M］．北京：科学出版社，1998（6）．

[121] 吕典玮，张琦. 京津地区区域一体化程度分析 [J]. 中国人口资源与环境，2010，20 (3)：162 - 167.

[122] 栾强，罗守贵，郭兵. 都市圈中心城市经济辐射力的分形测度及影响因素——基于北京、上海、广州的实证研究 [J]. 地域研究与开发，2016 (4)：58 - 62.

[123] 罗杭. 城市群一体化与政府互动的多智能体模拟 [J]. 大连理工大学学报 (社会科学版)，2013 (2)：46 - 52.

[124] 罗蓉，罗雪中. 论区域经济一体化演进机制及城市主导作用 [J]. 社会科学战线，2009 (9)：6.

[125] 马波，王双. 论区域经济一体化过程中地方政府的角色定位 [J]. 经济纵横，2005 (7).

[126] 马开森，李朝奎，杨文涛，等. 长株潭城市群交通通达性及一体化水平研究 [J]. 测绘科学，2019 (5)：55 - 60.

[127] 马秀颖. 东北地区地方市场分割问题研究 [D]. 长春：吉林大学，2008.

[128] 马志远，段学军，王磊，等. 长江经济带区域发展与资源环境承载力空间耦合特征及高质量发展路径 [J]. 长江流域资源与环境，2022 (9)：1873 - 1883.

[129] 毛艳华，李敬子，蔡敏容. 大珠三角城市群发展：特征、问题和策略 [J]. 华南师范大学学报 (社会科学版)，2014 (5)：108 - 115，163.

[130] 毛艳华，杨思维. 珠三角一体化的经济增长效应研究 [J]. 经济问题探索，2017 (2)：68 - 75.

[131] 潘鸿，妥燕芳. 吉林省产学研协同创新问题研究 [J]. 中国商论，2017 (29)：127 - 131.

[132] 佩鲁. 略论增长极概念 [J]. 经济学译丛，1988 (9).

[133] 彭彦强. 区域经济一体化、地方政府合作与行政权协调 [J]. 经济体制改革，2009 (6).

[134] 千慧雄. 长三角区域经济一体化测度 [J]. 财贸研究，2010

(5)：24－31.

[135] 乔颖，孙晓燕．中国的内部区域经济一体化现象断思 [J]．济南大学学报，2005 (2)．

[136] 秦浩．以人才强省战略推动东北振兴的对策思路——基于辽宁省的分析 [J]．环球市场信息导报，2016 (42)：24－25.

[137] 秦黎，章文光．我国产业转型升级中政府的角色定位 [J]．经济纵横，2018 (8)：50－58.

[138] 饶品贵，等．高铁开通与供应商分布决策 [J]．中国工业经济，2019 (10)：137－154.

[139] 上海经济区发展战略课题组．上海经济区发展战略纲要 [J]．浙江经济杂志，1985 (18)．

[140] 沈昊，马晶．"一带一路"倡议下图们江区域合作开发的路径探究 [J]．东北亚经济研究，2018 (1)：15－24.

[141] 沈坤荣，施宇．中国的"有效市场＋有为政府"与经济增长质量 [J]．宏观质量研究，2021 (5)：1－15.

[142] 盛斌，廖明中．中国的贸易流量与出口潜力：引力模型的研究 [J]．世界经济，2004 (2)：3－12.

[143] 师博，范丹娜．黄河中上游西北地区生态环境保护与城市经济高质量发展耦合协调研究 [J]．宁夏社会科学，2022 (4)：126－135.

[144] 宋冬林，齐文浩．东北区域经济一体化演变的社会网络分析 [J]．吉林大学社会科学学报，2018 (4)：97－107.

[145] 宋锦．中国劳动力市场一体化的主要问题研究 [J]．东南大学学报（哲学社会科学版），2016 (6)：103－109，148.

[146] 孙博文，孙久文．长江经济带市场一体化的空间经济增长与非对称溢出效应 [J]．改革，2019 (3)：72－86.

[147] 孙赫．新时期对技术差距论的重新诠释和启示 [J]．现代商贸工业，2013 (12)：51－52.

[148] 孙黄平，黄震方，徐冬冬，等．泛长三角城市群城镇化与生

态环境耦合的空间特征与驱动机制［J］. 经济地理，2017（2）：163－170，186.

［149］孙久文，苏玺鉴. 论东北振兴中的城市精明增长战略［J］. 社会科学辑刊，2020（5）：50－62.

［150］孙开钊，赵慧娟. 商品市场畅通国内大循环的机理、嵌入障碍与优化策略［J］. 商业经济研究，2022（13）：5－8.

［151］孙平军，修春亮. 熵变视角下的吉林市城市化与生态环境的耦合关系判别［J］. 应用生态学报，2005（8）：1051－1056.

［152］孙文远，裴育. 长三角劳动力市场一体化进程：基于工资视角的分析［J］. 江苏社会科学，2010（2）：244－248.

［153］汤放华，古杰，吕贤军，等. 新区域主义视角下长株潭城市群区域一体化过程与影响因素［J］. 人文地理，2018（4）：95－101.

［154］汤放华，吴平，周亮. 长株潭城市群一体化程度测度与评价［J］. 经济地理，2018（2）：59－65.

［155］汤吉军，戚振宇. 新时代深化改革推动东北地区经济高质量发展——加快东北老工业基地全面振兴高端论坛综述［J］. 中国工业经济，2019（3）：5－6.

［156］唐为. 要素市场一体化与城市群经济的发展——基于微观企业数据的分析［J］. 经济学（季刊），2021（1）：1－22.

［157］唐晓华，张欣珏，李阳. 中国制造业与生产性服务业动态协调发展实证研究［J］. 经济研究，2018，53（3）：79－93.

［158］田俊峰，王彬燕，程利莎，等. 政策主导下的区域土地利用转型过程与机制——以中国东北地区为例［J］. 地理研究，2020，39（4）：805－821.

［159］托马斯·A. 普格尔，彼得·H. 林德特. 国际经济学［M］. 李克宁，等译. 北京：经济科学出版社，2001.

［160］王成金，李绪茂，谢永顺，等. 新时代下东北地区高质量发展的战略路径研究［J］. 中国科学院院刊，2020，35（7）：884－894.

［161］王东升. 辽宁优势产业产学研协同创新研究［J］. 全国流通

经济，2018（30）：77－78.

［162］王海南，崔长彬．京津冀劳动力市场一体化水平测度与完善对策［J］．经济纵横，2020（8）：40－51.

［163］王怀宇，郭晓立．东北三省产学研协同创新能力对比分析［J］．时代漫游，2014（1）：112－113.

［164］王姣娥，景悦，杨浩然．中国高铁—民航竞争网络的空间演化模式及影响因素［J］．地理科学，2020，40（5）：675－684.

［165］王磊，李金磊．区域一体化、地方政府行为与服务业结构升级——基于长三角城市经济协调会的准自然实验［J］．华东经济管理，2021（7）：17－27.

［166］王绍博，罗小龙，郭建科，等．高铁网络化下东北地区旅游空间结构动态演变分析［J］．地理科学，2019，39（4）：568－577.

［167］王淑佳，孔伟，任亮，等．国内耦合协调度模型的误区及修正［J］．自然资源学报，2021（3）：793－810.

［168］王微，刘涛．以强大国内市场促进国内大循环的思路与举措［J］．改革，2020（9）：5－14.

［169］王晓芳，谢贤君，孙博文．区域一体化的技术进步效应路径研究——基于长江经济带的经验数据［J］．华东经济管理，2019（3）：64－71.

［170］王新贤，高向东．中国流动人口分布演变及其对城镇化的影响——基于省际、省内流动的对比分析［J］．地理科学，2019，39（12）：1866－1874.

［171］王雪辉，谷国锋，王建康．东北地区经济发展与生态环境时空耦合关系研究［C］．第五届海峡两岸经济地理研讨会摘要集，2014：37.

［172］王颖，张婧，李诚固，等．东北地区城市规模分布演变及其空间特征［J］．经济地理，2011，31（1）：55－59.

［173］王勇，李海英，俞海．中国省域绿色发展的空间格局及其演变特征［J］．中国人口资源与环境，2018（10）：96－104.

［174］王雨，张京祥．区域经济一体化的机制与效应——基于制度

距离的空间发展解释［J］. 经济地理，2022，42（1）：28－36.

［175］王昱. 区域生态补偿的基础理论与实践问题研究［D］. 长春：东北师范大学，2009.

［176］王再文，李刚. 区域合作的协调机制：多层治理理论与欧盟经验［J］. 当代经济管理，2009（9）：48－53.

［177］王志华，陈圻. 测度长三角制造业同构的几种方法——基于时间序列数据的分析［J］. 产业经济研究，2006（4）：35－41.

［178］王卓. 基于创新生态系统的产业联盟协同创新机制研究［D］. 哈尔滨：哈尔滨理工大学，2020.

［179］魏金义，祁春节. 农业技术进步与要素禀赋的耦合协调度测算［J］. 中国人口资源与环境，2015（1）：90－96.

［180］魏勇强，苗迎春. 京津冀一体化进程中产业结构问题研究［J］. 改革与战略，2017（10）：150－154.

［181］温焜，张旭萌. "一带一路"背景下中蒙俄经济走廊贸易潜力研究［J］. 工业技术经济，2017（6）：111－118.

［182］邬建国. 什么是可持续性科学［J］. 应用生态学报，2014（1）：1－11.

［183］吴朝阳. 区域经济一体化的组织经济学分析［M］. 北京：经济管理出版社，2007.

［184］吴华强，才国伟，何婧. 新发展格局下的全国统一大市场建设［J］. 南方经济，2022（7）：54－68.

［185］吴曼. 东北三省城镇化发展差异与区域协调对策［D］. 长春：东北师范大学，2016.

［186］吴玉鸣，张燕. 中国区域经济增长与环境的耦合协调发展研究［J］. 资源科学，2008（1）：25－30.

［187］伍新木，高鑫. 区域经济发展"双倒U型假说"——对倒U型理论的完善与发展［J］. 理论月刊，2006（4）.

［188］肖仁桥，王宗军，钱丽. 技术差距视角下我国不同性质企业创新效率研究［J］. 数量经济技术经济研究，2015，32（10）：38－55.

［189］肖太梁．东北地区经济发展的空间关联分析［D］．大连：辽宁师范大学，2014.

［190］新华社评论员．紧扣一体化和高质量这两个关键［N］．新华每日电讯，2020－08－24（001）.

［191］邢程程，王英明．供给侧改革背景下东北地区创新发展的法治路径［J］．党政干部学刊，2020（2）：35－39.

［192］邢焕峰．东北经济区整体化发展及其协调机制研究［D］．长春：东北师范大学，2008.

［193］徐充，张志元．东北地区制造业发展模式转型及路径研究［J］．吉林大学社会科学学报，2011（5）.

［194］徐现祥，李郇．市场一体化与区域协调发展［J］．经济研究，2005（12）：57－67.

［195］徐晓光，寇佳丽，郑尊信．产业结构升级与生态环境优化的耦合协调［J］．宏观经济研究，2022（8）：131－156.

［196］许学强，周一星，宁越敏．城市地理学［M］．北京：高等教育出版社，1997：98－117.

［197］薛波．东北区域经济一体化进程中地方政府经济行为协调机制研究［D］．沈阳：东北大学，2012.

［198］薛领，张晓林，张天骄．区域一体化、地方品质对产品质量的影响——引入质量的新经济地理学模型［J］．经济问题探索，2021（7）：136－147.

［199］亚当·斯密．国民财富的性质和原因的研究［M］．北京：商务印书馆，1972.

［200］杨逢珉，张永安．欧洲联盟经济学［M］．上海：华东理工大学出版社，2008.

［201］杨威．大力推动东北地区科技创新成果就地转化［J］．中国经贸导刊，2016（27）：55－57.

［202］杨艳丽．中蒙俄经济走廊的战略审视［D］．长春：吉林大学，2016.

［203］姚鹏，王民，鞠晓颖．长江三角洲区域一体化评价及高质量发展路径［J］．宏观经济研究，2020（4）：117－125.

［204］姚彦青．东北地区资源环境承载力评价研究［J］．未来与发展，2020，44（1）：64－69.

［205］姚洋，章奇．中国工业企业技术效率分析［J］．经济研究，2001（10）：13－19.

［206］姚怡帆，叶中华．数字化转型中的政府与企业：角色定位与关系建构［J］．郑州大学学报（哲学社会科学版），2021（4）：26－31.

［207］叶必丰．区域经济一体化的法律治理［J］．中国社会科学，2012（8）.

［208］叶婷婷．欧盟新老成员国间商品市场一体化的实证研究［D］．上海：复旦大学，2010.

［209］衣保中，张洁妍．东北亚地区“一带一路”合作共生系统研究［J］．东北亚论坛，2015（3）：65－74，127－128.

［210］殷晓峰．地域文化对区域经济发展的作用机理与效应评价［D］．长春：东北师范大学，2011.

［211］于晓菲．东三省冰雪旅游资源空间结构及其影响因素研究［D］．长春：东北师范大学，2020.

［212］余东华，张昆．要素市场分割、产业结构趋同与制造业高级化［J］．经济与管理研究，2020（1）：36－47.

［213］余淼杰，季煜．构建全国统一大市场的价值意蕴及路径探析［J/OL］．新疆师范大学学报（哲学社会科学版），2022（11）：1－11.

［214］袁航，朱承亮．国家高新区推动了中国产业结构转型升级吗［J］．中国工业经济，2018（8）：60－77.

［215］曾刚．长三角城市协同发展能力评价及其区域一体化深化路径研究［J］．华东师范大学学报（哲学社会科学版），2021（5）：226－236，242.

［216］曾刚，王丰龙．长三角区域城市一体化发展能力评价及其提升策略［J］．改革，2018（12）：103－111.

[217] 张晨瑶．推动东北地区深度融入“一带一路”建设研究［D］．大连：大连海事大学，2020.

[218] 张荐华．欧洲一体化与欧盟的经济社会政策［M］．北京：商务印书馆，2001：170.

[219] 张军，吴桂英，张吉鹏．中国省际物质资本存量估算：1952—2000［J］．经济研究，2004（10）：35－44.

[220] 张军．“珠三角”区域经济一体化发展研究［D］．成都：西南财经大学，2011.

[221] 张可云，朱春筱．东北地区现代化经济体系建设——基于产业—空间—创新环境三维分析框架的探讨［J］．吉林大学社会科学学报，2021，61（5）：5－18，235.

[222] 张龙泉．东北地区市场一体化程度的测度与分析［D］．长春：东北师范大学，2016.

[223] 张明斗，翁爱华．东北地区产业结构优化与城市土地集约利用协调性［J］．自然资源学报，2022（3）：734－752.

[224] 张荣天，焦华富．中国省际城镇化与生态环境的耦合协调与优化探讨［J］．干旱区资源与环境，2015（7）：12－18.

[225] 张天维，张楠．东北生态环境协同治理的路径选择［J］．东北之窗，2021（2）：52－53.

[226] 张晓瑞，华茜．徐淮宿区域一体化发展综合测度研究［J］．中国人口资源与环境，2018（S2）：91－96.

[227] 张秀杰．东北亚区域经济合作下的中蒙俄经济走廊建设研究［J］．学习与探索，2015（6）：105－108.

[228] 张学良，陈建军，权衡，等．加快推动长江三角洲区域一体化发展［J］．区域经济评论，2019（2）：80－92.

[229] 张学良，李丽霞．长三角区域产业一体化发展的困境摆脱［J］．改革，2018（12）：72－82.

[230] 张学良，林永然，孟美侠．长三角区域一体化发展机制演进：经验总结与发展趋向［J］．安徽大学学报（哲学社会科学版），

2019，43（1）：138－147.

［231］张亚丽，项本武．城市群一体化水平的测度及其经济增长效应研究——来自中国十大城市群的经验证据［J］．宏观经济研究，2021（12）：136－148.

［232］张妍，杨志峰，李巍．城市复合生态系统中互动关系的测度与评价［J］．生态学报，2005（7）：1734－1740.

［233］张跃，刘莉，黄帅金．区域一体化促进了城市群经济高质量发展吗？——基于长三角城市经济协调会的准自然实验［J］．科学学研究，2021，39（1）：63－72.

［234］赵东霞，韩增林，赵彪．东北地区城市经济联系的空间格局及其演化［J］．地理科学，2016，36（6）：846－854.

［235］赵俊平，付会霞，姚丽霞．区域经济一体化理论和实践［M］．哈尔滨：黑龙江大学出版社，2012.

［236］赵伟，程艳．区域经济一体化的理论溯源及最新进展［J］．商业经济与管理，2006（6）：58－62.

［237］赵映慧，姜博，郭豪，等．基于公共客运的东北地区城市陆路网络联系与中心性分析［J］．经济地理，2016，36（2）：67－73.

［238］赵曌，石敏俊．东北地区市场潜力分析与区域经济发展［J］．地理研究，2009，28（1）：203－214.

［239］甄艳．东北区域市场一体化问题研究［D］．长春：东北师范大学，2011.

［240］甄艳，刘力臻．东北区域经济一体化初探当代经济研究［J］．当代经济研究，2006（4）：30－31.

［241］郑伟．“一带一路”倡议下构建中蒙俄经济走廊的路径选择［J］．北京工商大学学报（社会科学版），2016（5）：31－38.

［242］郑艺文，李福杰，刘晓煌等．工业化背景下30年来中国东北地区自然资源时空变化及其生态环境效应［J］．中国地质，2022（5）：1361－1373.

［243］中国财政科学研究院“降成本”东北调研组．东北三省实

体经济企业成本与负担情况调研 [J]. 财政科学, 2016 (9): 5-16.

[244] 中国政府网. 国务院关于加强和规范事中事后监管的指导意见 [EB/OL]. (2019-09-12) [2023-1-15]. http: //www. gov. cn/zhengce/content/2019-09/12/content_5429462. htm.

[245] 周大成. 实现东北区域经济的一体化 [J]. 党政干部学刊, 2009 (5): 23-25.

[246] 周恩毅, 胡罡, 徐晓飞. 区域空间结构演进理论视域下的我国城乡空间一体化协调发展问题研究 [J]. 改革与战略, 2011, 2 (27): 104-107.

[247] 周广亮, 赵丛郁, 陈昱, 等. 我国产学研协同创新绩效评价及空间格局分析——基于两阶段 DEA 及 Malmquist 指数 [J]. 信阳师范学院学报 (自然科学版), 2022, 35 (2): 217-223.

[248] 周丽. 共治逻辑下政府与社会组织关系研究 [D]. 南京: 南京大学, 2019.

[249] 朱福林. 中国数字服务贸易高质量发展的制约因素和推进路径 [J]. 学术论坛, 2021 (3): 113-123.

[250] 朱喜安, 魏国栋. 熵值法中无量纲化方法优良标准的探讨 [J]. 统计与决策, 2015 (2): 12-15.

[251] 朱岩, 贾波. 东北地区第三产业发展的 SWOT 分析及对策 [J]. 沈阳师范大学学报 (社会科学版), 2015 (4): 69-71.

[252] 卓凯, 殷存毅. 区域合作的制度基础: 跨界治理理论与欧盟经验 [J]. 财经研究, 2007 (1).

[253] 邹环. 对口合作促进东北产业转型升级的效应分析——基于广东省与黑龙江省对口合作的实证 [J]. 经济研究参考, 2018 (70): 63-75.

[254] Baier S L, Bergstrand J H. Economic Determinants of Free Trade Agreements [J]. *Journal of International Economics*, 2004 (1): 29-63.

[255] Baldwin R E, Venables A. "*Regional Economic Integration*",

in G. Grossman and K. Rogoff, eds [M]. Handbook of International Economics, Vol. Ⅲ, Amsterdam: North Holland Press, 1995: 635 -659.

[256] Boudeville J B. *Problems of Regional Economic Planning* [M]. Edinburgh: Edinburgh University Press, 1966.

[257] Bradford David F et al. The Environmental Kuzenets Curve: Exploring a Fresh Specification [R]. *CESifo Working Paper*, 2000: 367.

[258] Bruszt L, Campos N. Economic Integration and State Capacity [J]. *Journal of Institutional Economics*, 2019, 15 (3): 449 -468.

[259] Bruszt L, Mcdermott G. Leveling the Playing Field: Transnational Regulatory Integration and Development [J]. *Oup Catalogue*, 2014 (4): 175 -184.

[260] Endoh M. Quality of Governance and the Formation of Preferential Trade Agreements [J]. *Review of International Economics*, 2006 (5): 758 -772.

[261] Engels. *Dialectics of Nature* [M]. Moscow: Foreign Languages Publishing House, 1954.

[262] Friedman J R. *Regional Development Policy: A Case Study of Venezuela* [M]. Cambridge: MIT Press, 1966.

[263] Gatsios K, Karp L. Delegation Games in Customs Unions [J]. *Review of Economic Studies*, 1991, 58 (2): 391 -397.

[264] Glaeser E L, Ponzetto G, Zou Y. Urban Networks: Connecting Markets, People, and Ideas [R]. *Working Paper Series*, 2015.

[265] Hanson G H. Economic Integration, Intraindustry Trade, and Frontier Regions [J]. *European Economic Review*, 1996 (40): 941 -949.

[266] Grossman G M, Krueger A B. Economic Growth and the Environment [J]. *Quarterly Journal of Economic*, 1995, 110 (2): 353 -377.

[267] Havens R M, Balassa B. *The Theory of Economic Integration* [M]. London: Allen & Unwin, 1962.

[268] Hitgerdt F. The Case for Multilateral Trade. Americal Economic Review [J]. *Papers and Proceedings*, 1943, 33 (1): 393 - 407.

[269] Hooghe L, Marks G. *Multi-level Governance and European Integration* [M]. Lanham: Rowman & Littlefield Publisher, 2001.

[270] Illingworth V. *Penguin Dictionary of Physics* [M]. London: Penguin UK, 2011.

[271] Jayathilaka R, Keembiyahetti N. FTA Negotiations in Asia - Pacific Region: An Empirical Study on the Determinants FTA among the Bilateral Trading Partners [J]. *Journal of the Korean Economy*, 2009 (1): 93 - 125.

[272] Johnson H G. An Economic Theory of Customs Unions [J]. *Pakistan Economic Journal*, 1962, 10.

[273] Jong - Ⅱ Choe. An Impact of Economic Integration Through Trade: on Business Cycles for 10 East Asian Countries [J]. *Journal of Asian Economics*, 2001 (12): 569 - 586.

[274] Keating M. The Regionsalism in Western Europe: Territorial Restructuring and Political Change [J]. *Edward Elgar*, 1998.

[275] Krugman P. *Development, Geography and Economic Theory* [M]. Cambridge: MIT Press, 1995.

[276] Krugman P. The Lessons of Massachusetts for EMU. In F. Torres & F. Giavazzi (ed.) *Adjustment and Growth in the European Monetary Union* [M]. London: Cambridge University Press, 1993.

[277] Kuznets S. Economic Growth and Income Inequality [J]. *The American Economic Review*, 1995, 45 (1): 1 - 28.

[278] Mansfield E D, Milner H V, Rosendorff B P. Why Democracies Cooperate More: Electoral Control and International Trade Agreements [J]. *International Organization*, 2002 (3): 477 - 513.

[279] Manzocchi S, Ottaviano G I P. Outsiders in Economic Entegration, the Ease of a Eransition Economy [J]. *Economics of Transiton*, 2001,

9 (1): 229 – 249.

[280] Meade E. *Trade and Welfare* [M]. Oxford: Oxford University Press, 1955.

[281] Meijers E. Polycentric Urban Regions and the Quest for Synergy: Is a Network of Cities More than the Sum of the Parts? [J]. *Urban Studies*, 2005 (4): 765 – 781.

[282] Moritz J B. *The Crumbling of Empire: The Disintegration of World Economy* [M]. London: Allen & Un – win, 1938.

[283] Myrdal G. *Economic Theory and Underdeveloped Regions* [M]. Duckworth: Methuen. 1957.

[284] OECD. Decoupling: A Conceptual Overview [EB/OL]. http: //www. researchgate. net. [2001 – 01 – 22].

[285] Porsner M. *International Trade and Technical Change* [M]. Oxford Economic Papers, XIII, 1961.

[286] Posner M V . International Trade and Technical Change [J]. *Oxford Economic Papers*, 1961, 13 (3): 323 – 341.

[287] Rapport D J. *Ecosystem Health* [M]. Oxford: Blackwell Science Inc, 1998: 31 – 35.

[288] Scitovsky T. *Economic Theory and Western European Integration* [M]. London: Allen & Unwin, 1958.

[289] The Commission on Global Governance. Our Global Neighborhood – The Report of the Commission on Global Governance [M]. Oxford: Oxford University Press, 1995.

[290] Vina J. *Studies in the Theory of International Trade* [M]. New York: Carnegie Endowment for International Peace, 1950.

[291] Whalley J. Why Do Countries Seck Regional Trade Agreements [R]. *NBER Working Paper*, 1996.

[292] Williamson Oliver E. The Theory of the Firm as Governance Structure: From Choice to Contract [J]. *The Journal of Economic Perspec-*

tives, 2002, 16 (3): 171 -195.

[293] Yeaple S R. The Complex Integration Strategies of Multinationals and Cross Country Dependencies in the Structure of Foreign Direct Investment [J]. *Journal of International Economics*, 2003 (60): 293 -314.

后　记

《新发展格局下东北地区一体化发展研究》是"十四五"规划时期国家重点图书出版专项规划项目《推动东北振兴取得新突破系列丛书》之一，同时也是辽宁大学应用经济学国家"双一流"建设学科国民经济学方向又一阶段性研究成果。多年来，学科团队围绕东北经济社会发展重大现实问题、国家有关东北振兴等重要决策及政策重点，以及地方经济发展现实需求展开研究，尝试为东北新一轮全面振兴、全方位振兴提供必要的理论研究和实证分析支撑。

学科团队发挥密切联系地方经济社会发展的优势，提供决策咨询、经济规划、专业讲座等社会服务，推动地方经济发展，同时也推进了相关学科建设、专业人才培育和区域经济研究的深入进行。本书是团队在这方面研究的又一项阶段性总结与呈现。

新发展格局下东北地区一体化发展，既对东北地区推动新一轮体制机制创新，促进全面振兴、全方位振兴具有重要意义，也对进一步扩大改革开放，特别是推进东北地区面向东北亚区域合作具有重要价值，是一项影响深远的区域发展战略。本书尝试对这一战略进行基础性研究，以探讨东北地区一体化发展面临的关键问题，推动东北地区一体化发展研究更加全面深入，更好地服务于东北振兴大局。

全书共分为八个部分，各章写作分工如下：第一章（牛娟娟、耿维琪、张勇之、和军）；第二章（李江涛、张凯赫）；第三章（张勇之、魏巍）；第四章（郭安皓、张凯赫、桂琳、吕航）；第五章（刘勇、牛娟娟、王同玥）；第六章（周永斌、牛娟娟、岳颖）、第七章（耿维琪、岳颖、和军）；第八章（张依、吕航、房夕盟）。博士生刘思伽，硕士生王同玥、徐阔参与了资料、数据收集和书稿校对等工作。全书由我负责选题、框架内容设计、修改和定稿。

在本书即将付梓出版之际，谨向多年来关心、支持与帮助辽宁大学国民经济学学科发展的各界同仁、专家学者表示最诚挚的谢意，也感谢为本书出版付出辛苦劳动的经济科学出版社的各位领导和编辑。本书的出版也得到了辽宁省“兴辽英才”计划、辽宁省社科基金（L20WTA016、L20WTB010）以及辽宁大学应用经济学世界一流学科建设项目的大力支持，在此一并表示感谢。当然，由于水平所限，错误在所难免，希望得到各界专家、同行的批评指正。

和军

于沈北三字斋

2023 年 3 月